AF329003

FACULTÉ DE DROIT DE PARIS.

THÈSE

POUR

LE DOCTORAT

Par L. AUDIAT,

AVOCAT A LA COUR IMPÉRIALE.

PARIS,

VINCHON, FILS ET SUCCESSEUR DE Mme VEUVE BALLARD,

Imprimeur de la Faculté de Droit de Paris.

RUE JEAN-JACQUES ROUSSEAU, 8.

1853.

FACULTÉ DE DROIT DE PARIS.

Thèse

POUR LE DOCTORAT.

L'Acte public sur les matières ci-après sera soutenu,
le samedi 6 août 1853, à huit heures et demie,

Par E. AUDIAT,

Avocat à la Cour impériale.

Président : M. DEMANTE, Professeur.

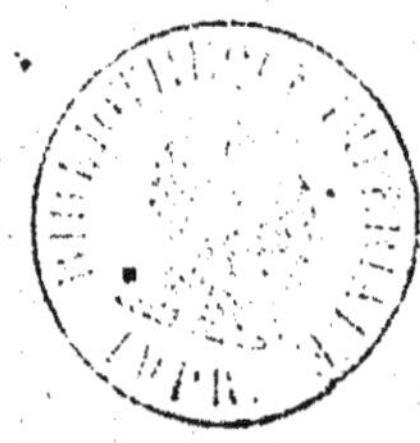

Suffragants :

MM. PELLAT,
DE VALROGER,
VUATRIN,
DEMANGEAT,

Professeurs.

Suppléant.

*Le Candidat répondra en outre aux questions qui lui seront faites
sur les autres matières de l'enseignement.*

PARIS.

VINCHON, FILS ET SUCCESSEUR DE Mᵐᵉ Vᵉ BALLARD,

Imprimeur de la Faculté de Droit,

RUE J.-J. ROUSSEAU, 8.

—

1853.

3595

28530

A MON PÈRE, A MA MÈRE.

———

A MA GRAND'MÈRE.

TABLE DES MATIÈRES.

——

	Pages.
Introduction	5

PREMIÈRE PARTIE.

DROIT ROMAIN.

CHAPITRE Ier. — Notions générales sur les interdits possessoires.	11
§ 1er. — Nature, origine et classification des interdits	14
§ 2. — De la possession *ad interdicta*	22
§ 3. — Des objets dont la possession était protégée par les interdits	30
§ 4. — Procédure des interdits	33
CHAPITRE II. — Des principaux interdits	40
§ 1er. — Interdits *retinendæ possessionis*	40
§ 2. — Interdits *recuperandæ possessionis*	46
§ 3. — Interdits quasi-possessoires	56
§ 4. — De l'interdit *unde vi*, sous Justinien et dans le droit canonique	63

DEUXIÈME PARTIE.

DROIT FRANÇAIS.

CHAPITRE Ier. — Des différentes actions possessoires	70
§ 1er. — Notions historiques sur les actions possessoires	70
§ 2. — De la complainte	84
§ 3. — De la réintégrande	92
§ 4. — De la dénonciation de nouvel œuvre	99

Pages.

Chapitre II. — De la possession pour agir au possessoire....... 105

§ 1er. — Notions générales sur la possession............. 105

§ 2. — De l'annalité de la possession.................. 109

§ 3. — Diverses conditions que doit réunir la possession
annale.. 120

Chapitre III. — Des objets de l'action possessoire............. 133

§ 1er. — Des meubles.................................. 133

§ 2. — Des choses incorporelles...................... 140

§ 3. — Des choses hors du commerce.................... 153

Chapitre IV. — De la procédure des actions possessoires....... 160

§ 1er. — Des personnes qui peuvent plaider au possessoire... 161

§ 2. — De l'annalité de l'action.................... 164

§ 3. — Du cumul du possessoire et du pétitoire........... 166

§ 4. — De la preuve en matière possessoire............... 178

§ 5. — Des jugements sur les actions possessoires, et de leurs
effets.. 187

DES ACTIONS POSSESSOIRES.

INTRODUCTION.

1. Les *actions possessoires* sont les voies judiciaires ouvertes à celui qui est troublé dans la possession légale d'un immeuble ou d'un droit réel immobilier, pour se faire maintenir dans cette posssession, sans avoir besoin de prouver que la propriété ou le droit réel lui appartiennent.

La *possession*, dans son acception la plus générale, est le fait d'avoir une chose à sa disposition. Le mot *possessio*, dit Paul, d'après Labéon (1), vient des mots *sedes* et *positio*, parce que la chose que l'on possède est celle sur laquelle on se tient, près de laquelle on est établi, sur laquelle on a assis sa domination. Il nous aurait semblé plus naturel de faire dériver *possessio* de *posse*, parce que la chose que nous possédons est celle que nous avons en notre pouvoir, celle dont nous pouvons disposer à notre gré.

2. Le simple fait de détenir passagèrement une chose ne produit pas de conséquences juridiques. Une possession pareille ne mérite pas l'attention de la loi. Ce n'est pas elle qui sera protégée par les actions possessoires. Mais quand la possession présente une apparence sérieuse, quand elle annonce de la part du possesseur l'intention d'agir en maître, quand elle se fait reconnaître par le public, alors elle produit des effets nombreux et importants. *Beati possidentes !* a-t-on dit, et, sans doute pour justifier ce dicton, d'anciens auteurs ont compté jus-

---

(1) Paul, l. 1, pr., *de poss.*

qu'à soixante-douze avantages résultant de la possession. Les principaux sont qu'elle fait gagner les fruits au possesseur de bonne foi; qu'au moyen des actions possessoires, elle assure au possesseur la conservation de la chose jusqu'à ce qu'un autre parvienne à prouver sa propriété; enfin que, par la prescription, elle procure au possesseur, après un certain laps de temps, l'acquisition de cette propriété elle-même.

Nous avons à nous occuper spécialement des actions possessoires.

3. Si la propriété n'était jamais disputée, on ne se disputerait pas la possession. Lorsque le propriétaire jouit de ses droits sans obstacle, la possession se confond avec la propriété, dont elle est la manifestation. Mais en cas de contestation sur la propriété, on a été conduit à attacher à la possession une grande importance. Il est naturel de penser, lorsqu'un procès s'élève sur la propriété d'un fonds, que le véritable propriétaire est celui des deux plaideurs qui s'est livré sur le fonds à des actes de maître. N'est-il pas présumable que, si les tiers ont laissé ces actes se commettre, c'est qu'ils reconnaissaient les droits du possesseur à la propriété? Ne devra-t-on pas, dans le doute, croire propriétaire le possesseur? Et ne sera-ce pas au non-possesseur, qui met en avant une prétention de propriété contraire à l'état normal des choses, à faire preuve de cette propriété exceptionnelle? En effet, dans tout procès sur la propriété d'un fonds, le possesseur joue le rôle de défendeur, rôle fort avantageux, puisqu'il n'oblige à aucune preuve et qu'il fait toujours obtenir gain de cause quand le demandeur ne parvient pas à établir complétement sa prétention. « Quoique la possession soit « naturellement liée à la propriété, dit Domat, et qu'elle n'en doive « pas être séparée, il ne faut pas les confondre de sorte qu'on croie que l'une ne puisse être sans l'autre; car il arrive souvent que la « propriété d'une chose étant contestée entre deux personnes, il n'y « en a qu'une des deux qui soit reconnue pour le possesseur, et il se « peut faire que ce soit celui qui n'est pas le maître, et qu'ainsi la « possession soit séparée de la propriété. Mais dans ce cas même, la « liaison naturelle de la possession à la propriété fait que les lois présument qu'elles sont jointes dans la personne du possesseur, et « jusqu'à ce qu'il soit prouvé qu'il n'est pas le maître, elles veulent « que, par le simple effet de la possession, il soit considéré comme s'il

« l'était ; car comme c'est le maître qui doit posséder, il est naturel de
« présumer que celui qui est possesseur est aussi le maître, et que le
« vrai maître ne s'est pas laissé dépouiller de sa possession (1). » Il
peut donc être très important de savoir qui est le possesseur d'un bien
litigieux. La possession, simple fait dans l'origine, devient ainsi un
véritable droit susceptible, comme tout autre, d'être réclamé en justice.
Un procès pourra donc s'élever sur la possession aussi bien que sur la
propriété. Ce procès sera même le préliminaire forcé d'une foule de
procès sur la propriété, afin qu'on sache qui des deux plaideurs, dans
ce second procès plus important, aura la charge de la preuve. « La
« propriété de l'héritage étant prétendue par plusieurs, dit Bourjon,
« il n'y a pas de séquestre plus convenable que celui qui a le droit le
« plus apparent, droit qui résulte suffisamment de la possession, parce
« qu'ordinairement on ne possède pas la chose d'autrui (2). » C'est
ainsi que nous voyons surgir la distinction des actions possessoires et
des actions pétitoires. La première utilité des actions possessoires est
donc de fixer les rôles des parties, afin qu'il soit possible de plaider sur
le fond. *In pari causa, possessor potior haberi debet* (3).

Une deuxième utilité non moins grande se tire de considérations
d'ordre public. Si chacun pouvait se faire justice à soi-même, chaque
citoyen se verrait exposé sans défense aux violences de ses voisins, et
l'État ne serait plus, en présence de ces désordres continuels, qu'un
spectateur impuissant et inutile. Il ne faut pas que, sous prétexte de
droits plus ou moins fondés sur l'héritage dont mon voisin est possesseur, je puisse me permettre d'envahir de vive force cet héritage, et
d'en chasser le voisin pour m'installer à sa place. Mes droits sur l'héritage seraient les plus justes du monde, que je n'en devrais pas moins
être puni pour m'être livré à des voies de fait, et pour avoir troublé
la paix publique. Le législateur frappe donc de peines civiles quiconque attente, par trouble ou spoliation, à la possession de son voisin.
Telle est la seconde utilité des actions possessoires.

La nécessité de réprimer les voies de fait a été si bien comprise par
nos lois, qu'elles ne laissent plaider sur le fond du droit qu'après

---

(1) Lois civiles, livre 3, tit. 7, sect. 1. — (2) Droit commun, t. ii, p. 509. — (3) Paul,
l. 128, *de regulis juris.*

satisfaction donnée à l'ordre public violé. Avant tout , il sera rendu hommage à la possession : *spoliatus ante omnia restituendus*. Et seulement après ce premier procès jugé, après le possessoire vidé, il sera loisible aux parties de plaider au fond, de faire valoir leurs droits à la propriété. C'est la raison qui a dicté l'interdiction du cumul du possessoire et du pétitoire, si sagement posée en principe par les ordonnances de nos rois [158].

Enfin, toutes ces questions de possession, de troubles, de violences, sont des questions de fait, de localité, de notoriété publique. Il importe qu'elles soient appréciées par un juge voisin des justiciables, en état de descendre facilement sur les lieux, de tenir compte des usages locaux, d'intervenir assez tôt pour terminer immédiatement un état anormal. Un caractère particulier aux questions possessoires , c'est aussi leur fréquence. Journellement on voit dans les campagnes une raie de champ déplacée, un droit de passage refusé. Si, pour une usurpation de peu d'importance, il était nécessaire de faire un voyage au chef-lieu d'arrondissement , de constituer un avoué, et de suivre toutes les phases d'une instance au tribunal civil, le remède serait souvent pire que le mal, et le possesseur troublé pourrait bien recourir plus volontiers aux voies de fait qu'aux procès. C'est ce qui a conduit nos législateurs modernes à faire des actions possessoires une catégorie à part, complétement distincte des actions pétitoires, et rentrant dans la juridiction prochaine, simple et peu coûteuse des juges de paix. Et comme ces magistrats ne sont pas compétents pour statuer sur les questions de propriété immobilière, par cela même de nouvelles garanties ont été données contre le cumul.

Ainsi se trouve établie l'utilité : 1º de la distinction du possessoire et du pétitoire ; 2º de l'interdiction du cumul du possessoire avec le pétitoire ; 3º de l'attribution des actions possessoires à une juridiction spéciale. Mais la législation sur les actions possessoires n'a pas réuni dès l'abord ces divers avantages, et nous verrons, par l'histoire de cette législation, quelles ont été sur ce point les améliorations successives.

4. Nous croyons avoir démontré que la distinction du possessoire et du pétitoire repose sur une base immuable d'utilité publique et privée. Cependant cette utilité a été contestée, notamment par un émi-

nent magistrat (1). Selon **M. Bérenger**, l'action possessoire n'est qu'un rouage inutile que les Romains nous ont transmis, et que la routine nous a conservé; l'institution des actions possessoires ne sert qu'à multiplier les procès.

Cette accusation pourrait être fondée si effectivement, pour chaque litige, si minime qu'il fût, devaient se succéder deux instances, l'une au possessoire et l'autre au pétitoire. Mais c'est ce qui n'arrive pas en fait. Le jugement rendu au possessoire suffit le plus souvent à terminer la difficulté. La partie qui a succombé au possessoire s'en tient ordinairement là, et la position qui lui est faite par ce premier procès lui paraît assez mauvaise pour ne pas l'engager à tenter les chances d'un second, à moins d'être bien sûre de son droit (2).

Suivant **M. Bérenger**, il serait « plus simple de laisser la possession « à celui qui jouit, et de plaider sur-le-champ au principal. » Mais la question n'est-elle pas justement de savoir quel est celui qui jouit ? Question souvent épineuse, et qui demande à être éclaircie par une instruction toute spéciale.

Nous nous permettons de ne pas partager non plus l'opinion de **M. Bérenger**, quand il propose de confier la décision du possessoire et du pétitoire à un même juge qui statuerait à la fois sur les deux procès réunis en un seul. Ce serait revenir à l'état de choses qui existait avant l'interdiction du cumul, et aux abus que ce cumul perpétuait. Les juges chargés de la décision de cette double question en retardaient la solution par des procédures interminables, parce qu'on appliquait à la décision du possessoire les mêmes formes lentes et dispendieuses qu'à celle des questions les plus importantes de propriété. Aussi nos anciens jurisconsultes n'ont-ils pas assez d'éloges à décerner aux ordonnances qui ont proscrit le cumul. D'ailleurs, le respect de l'ordre public, qui demande une prompte répression des troubles possessoires, la nature des questions de possession, qui réclament l'appréciation d'un magistrat de la localité, l'importance minime de la plupart des

---

(1) M. Bérenger, Rapport sur la statistique de la justice civile, lu à l'Académie des siences morales et politiques, les 21 février et 18 juin 1835. — (2) Nous croyons qu'il n'existe pas de documents statistiques sur le nombre des contestations qui se terminent au possessoire, sans donner lieu à des procès sur le fond.

usurpations, qui exclut toute procédure longue et coûteuse, toutes ces raisons ne justifient-elles pas suffisamment l'existence distincte des actions possessoires et leur attribution aux juges de paix?

Nos lois sur les actions possessoires sont certainement défectueuses, car elles ont laissé les questions les plus importantes dans une désespérante incertitude. Mais, quant à l'institution même des actions possessoires, institution qui du reste ne se rencontre que dans les législations avancées, elle nous paraît à l'abri de la critique (1).

5. Les actions possessoires ressemblent aux actions pétitoires :

1° Par leur but final, en ce sens qu'elles tendent comme elles à obtenir la détention, la jouissance du bien litigieux ; la possession de ce bien est en définitive, dans l'une et dans l'autre action, l'avantage que poursuit le demandeur.

2° Par leur nature, en ce que les unes et les autres sont également réelles. La possession ne saurait en effet présenter un autre caractère que la propriété dont elle est l'image. L'action possessoire, du moins dans notre droit français, a tous les caractères de l'action réelle. Elle s'exerce, indépendamment de toute obligation préexistante, contre quiconque usurpe ou détient la chose. L'art. 3 de notre Code de procédure, qui attribue l'action possessoire au juge de paix du lieu de l'objet litigieux, est une juste application de ce principe : « Il y a deux « sortes d'actions réelles », dit Merlin : « l'une, qui concerne la pro- « priété, qu'on appelle l'action pétitoire, par laquelle le propriétaire « demande que celui qui est en possession d'un héritage soit tenu de « s'en désister et départir ; l'autre, qui s'appelle action possessoire, et « qui s'intente ou pour être conservé dans la possession, quand on y « est troublé, ou pour la recouvrer quand on l'a perdue (2). »

Si les actions possessoires et pétitoires se ressemblent en ce qu'elles poursuivent le même avantage matériel, en ce qu'elles ont, les unes et les autres, la même nature réelle, il existe aussi entre elles de notables différences :

---

(1) En ce sens : Belime, du Droit de possession et des actions possessoires, préface ; M. de Paricu, Études historiques et critiques sur les actions possessoires, p. 176 et suiv. — (2) Répertoire. v° Complainte ; en ce sens : M. Troplong, Prescription, n° 238 ; Belime, n° 210.

1° Dans l'action pétitoire, on réclame parce qu'on est propriétaire, et c'est un droit de propriété que l'on tend à prouver. Dans l'action possessoire, on réclame parce qu'on est possesseur, et l'on n'a à prouver qu'un droit de possession ; il ne servirait même à rien de prouver qu'on est propriétaire. Ainsi la possession est non-seulement le but, mais encore la cause de l'action possessoire ; vous tendez à établir le fait de votre possession, pour que le droit de possession vous soit reconnu.

2° L'action pétitoire s'intente devant la juridiction de droit commun, l'action possessoire au contraire devant une juridiction exceptionnelle.

3° L'action pétitoire se prescrit, en règle générale, par trente ans ; on a dû ne présumer qu'après un laps de temps considérable la perte irrévocable d'un droit ; encore faut-il, s'il s'agit d'un droit de propriété, que ce droit ait été acquis par un tiers. L'action possessoire se prescrit par un an, sans distinction.

4° Dans l'action pétitoire, la preuve ne se fait, en règle générale, que par titres ; dans presque tous les cas, il a été possible au propriétaire de se munir d'une preuve préconstituée. Dans l'action possessoire, la preuve se fait par tous les moyens possibles, et surtout par témoins.

5° L'action pétitoire peut s'intenter à raison de tous les biens qui sont dans le commerce. Nous verrons au contraire que l'action possessoire est inapplicable aux meubles, à certaines servitudes, et à tous les biens qui ne sont pas susceptibles d'une possession assez parfaite pour faire présumer la propriété.

6° Enfin, la capacité pour agir au possessoire n'est pas la même que pour agir au pétitoire ; il n'est pas nécessaire, pour poursuivre la réparation d'un trouble ou la cessation d'une usurpation, de jouir d'une capacité aussi complète que pour agir en revendication.

6. La comparaison que nous venons d'établir entre les actions possessoires et pétitoires s'applique spécialement au droit français. Le système possessoire des Romains différait sensiblement du nôtre. Nos anciens auteurs, qui donnaient souvent à nos actions possessoires le nom d'*interdits*, ne se sont peut-être pas assez souvenus des différences notables qui séparent ces actions des interdits romains. Ainsi

nous venons de voir que chez nous les actions possessoires sont réelles. Il en était autrement dans le droit romain : l'idée de trouble, de spoliation, avait avant tout préoccupé le préteur, et c'était seulement contre l'auteur de ce trouble ou de cette spoliation qu'il délivrait ses interdits ; une question possessoire était une question de délit, d'obligation naissant *ex delicto ;* la possession était un pur fait, et les actions possessoires purement personnelles. Mais l'idée qui a surtout préoccupé le législateur français n'est pas l'obligation naissant *ex delicto*, n'est pas le trouble à réparer ; c'est la présomption de propriété. Le possesseur français a dans sa possession un véritable droit, qui est l'image de celui du propriétaire, et de même nature que le droit de propriété ; la possession étant un droit réel, les actions possessoires, qui la protégent et la vivifient, sont des actions réelles. Cette différence entre les deux législations se conçoit du reste facilement : en droit romain, une possession d'un jour, un fait isolé, pouvait donner naissance à l'action possessoire ; en droit français, la possession doit présenter une durée plus raisonnable et des conditions plus rigoureuses ; elle ressemble bien plus à la propriété. Voilà donc déjà, entre le droit romain et le droit français, deux différences qui sont la conséquence l'une de l'autre ; il en existe encore d'autres sur lesquelles nous reviendrons dans le cours de ce travail ; nous ne faisons que les indiquer ici. En résumé :

1° En droit romain, les actions possessoires étaient personnelles ; en droit français, elles sont réelles ;

2° En droit romain, la possession n'avait rien de commun avec la propriété ; en droit français, la possession est une présomption de propriété ;

3° En droit romain, il était plus facile d'acquérir la possession pour agir au possessoire, que la possession qui mène à l'usucapion ou à la prescription acquisitive ; en droit français, la possession pour plaider au possessoire et la possession pour prescrire présentent les mêmes caractères ; il s'agit toujours d'acquérir une présomption de propriété ; seulement la présomption que produit la possession pour agir au possessoire peut être combattue par la preuve contraire, tandis que la présomption qu'opère la prescription est inébranlable ;

4° Les interdits romains pouvaient s'appliquer aux meubles; les actions possessoires françaises ne peuvent avoir les meubles pour objet;

5° Le cumul du possessoire et du pétitoire pouvait avoir lieu à Rome; il n'est pas admis en France.

Nous allons nous occuper séparément des interdits possessoires en droit romain, et des actions possessoires en droit français.

PREMIÈRE PARTIE.

DROIT ROMAIN.

CHAPITRE I".

Notions générales sur les interdits possessoires.

7. Nous examinerons dans ce premier chapitre : 1° quels moyens étaient employés à Rome pour protéger la possession ; 2° quels caractères devait présenter la possession pour être protégée par les interdits ; 3° à quels objets s'appliquaient ces moyens de protection ; 4° à quelle procédure ils étaient assujettis. Dans un second chapitre nous étudierons en particulier les principaux interdits.

§ 1er. — Nature, origine et classification des interdits.

8. L'*interdit* était un ordre donné, une défense faite par le préteur dans une forme impérative, comme *exhibeas, restituas, vim fieri veto*. Les interdits par lesquels le préteur ordonnait quelque chose s'appelaient *decreta ;* ceux par lesquels il défendait se nommaient spécialement *interdicta* (1). Quoique les interdits fussent, comme les actions, rédigés en formules, *formæ atque conceptiones verborum* (2), quoi-

---

(1) Gaïus, comm. iv, § 140. — (2) Gaïus, iv, 139.

qu'ils fussent comme elles, pour le magistrat, des moyens d'interposer son autorité entre les parties, ils n'en différaient pas moins profondément des actions. Dans la formule de l'action, le préteur s'adressait au juge pour lui donner mandat de terminer une contestation déjà née ; dans la formule de l'interdit, il s'adressait aux parties elles-mêmes, non pour terminer la contestation, mais pour la prévenir. L'interdit était une loi véritable rappelant aux parties les principes que le préteur voulait faire respecter. Si l'on se conformait à cette loi, tout était terminé ; si, au contraire, le trouble, la violence continuaient, si l'on controvenait à l'interdit, alors seulement il y avait procès, alors seulement il y avait lieu à la délivrance d'une action et au renvoi des parties devant un juge chargé de condamner le controvenant (1). L'interdit était donc la loi de la cause, une loi particulière aux deux plaideurs; et en effet, le nom des interdits leur a été donné *quia inter duos dicuntur* (2). Ils émanaient, non pas, comme les actions, du pouvoir du préteur de rendre la justice, de sa *jurisdictio*, mais de son pouvoir de publier des édits, de son *imperium*. Ils n'avaient donc véritablement de commun avec les actions que le but.

Étaient-ils, comme les actions, personnels ou réels? Un texte d'Ulpien répond à cette question : *omnia interdicta, licet in rem videantur concepta, vi tamen personalia sunt* (3). Les interdits étaient, en effet, conçus *in rem*, car ils ne nommaient personne, et la formule de chacun d'eux était tellement générale, que le préteur l'insérait dans son édit une fois pour toutes, se réservant de la donner dans l'occasion sans modification aucune. Mais de leur nature ils étaient personnels, parce qu'ils étaient rendus contre une personne déterminée, et que celui qui s'en prévalait devait invoquer nécessairement l'obligation de son adversaire. Cette obligation résultait de la contravention à l'interdit, *ex delicto* ; elle ne pouvait naître avant le moment où l'interdit était rendu. C'est ce moment qui servait de base à l'examen du droit des parties et de point de départ au calcul des fruits (4).

9. Dans les premiers temps de Rome, et sous le régime des actions de la loi, la possession, considérée en elle-même, paraît avoir été

---

(1) Gaius, iv, 141. — (2) Just., Inst., *de interdictis*, § 1. — (3) Ulpien, l. 1, § 3, *de interdictis*. — (4) Ulp., l. 3, *de interd.*

dépourvue de toute protection. Sans doute, lorsqu'elle était de bonne foi, elle faisait gagner les fruits au possesseur et le conduisait à l'usucapion; mais ce possesseur n'avait aucun moyen légal pour maintenir la chose en son pouvoir. Il y avait déjà, à la vérité, des cas où le juge statuait sur des questions de possession. Dans tout procès en revendication il adjugeait provisoirement à l'une des parties la possession de l'objet litigieux, à charge de donner caution; c'est ce qu'on appelait *adjuger les vindices* (1). Une de ces attributions de vindices est même demeurée célèbre dans l'histoire. Un client d'Appius Claudius revendiquait Virginie comme son esclave. Les vindices lui furent adjugées, contre la règle qui voulait qu'elles fussent toujours prononcées en faveur de la liberté. C'est alors que, suivant Tite-Live, Virginius poignarda sa fille pour la soustraire au déshonneur. *Ibi ab lanio cultro arrepto : Hoc te uno, quo possum, inquit, modo, filia, in libertatem vindico.* Le peuple se souleva et renversa les décemvirs. Quoi qu'il en soit, nous voyons que ces décisions sur la possession étaient purement accessoires aux débats sur la propriété. Il fallut l'intervention du préteur pour que la possession, en dehors de cette circonstance spéciale, ne restât pas un simple fait sans aucune sanction. *Prætor aut proconsul principaliter auctoritatem suam finiendis controversiis interponit, quod tum maxime facit quum de possessione aut quasi possessione inter aliquos contenditur* (2). Le préteur protégea la possession de deux manières. A la possession de bonne foi il donna l'*action publicienne*, sorte de revendication prétorienne qui supposait accomplie l'usucapion en train de s'accomplir; à la simple possession *animo domini* il donna ses *interdits*.

L'origine des interdits se place naturellement dans la nécessité de combler les lacunes de la législation primitive de Rome, nécessité qui se faisait surtout sentir dans les matières touchant à l'ordre et au repos publics. D'illustres écrivains ont donné une explication moins simple de l'origine historique des interdits. M. de Savigny rapporte (3), d'après Niebuhr, que le territoire de la république romaine comprenait deux sortes de terres, l'*ager publicus* et l'*ager privatus*. Ce der-

---

(1) Gaïus, iv, 16. — (2) Gaïus, iv, 139. — (3) Traité de la possession, trad. Faivre, p. 198 et suiv.

nier seul était susceptible de propriété. Cependant l'*ager publicus* se donnait aussi en grande partie à des particuliers, la république conservant le droit de le reprendre quand bon lui semblerait. Or on ne trouve nulle part la mention d'une institution juridique destinée à protéger cette possession si importante de l'*ager publicus* par des particuliers. M. de Savigny pense que les interdits étaient cette institution. Il appuie son opinion d'abord sur la signification du mot *possessio*, souvent pris dans le sens d'une propriété imparfaite ; sur cette raison que les interdits *recuperandæ possessionis* s'appliquaient seulement aux biens fonds, et non pas aux choses mobilières ; sur cet autre motif, que les fermiers de l'*ager vectigalis*, créé à l'imitation de l'*ager publicus*, étaient considérés comme possesseurs ; enfin sur cette considération, qu'en ce qui concerne la possession, la procédure des actions de la loi suffisait à fixer les rôles du demandeur et du défendeur, sans qu'il fût besoin pour cela d'inventer les interdits. Cette dernière raison ne nous paraît pas convaincante ; car on était las, à Rome, de la procédure surannée des actions de la loi, et quand on n'aurait pas songé à les remplacer par des formes nouvelles, il restait toujours à pourvoir aux nombreuses questions de possession qui naissent de simples voies de fait, sans litige sur la propriété. Que prouvent maintenant les autres raisons que M. de Savigny donne à l'appui de son système ? Elles peuvent très bien prouver en effet que la possession de l'*ager publicus* était protégée par des interdits ; nous croyons même que les interdits ont trouvé là une application fréquente, qui a servi à en répandre l'usage. Mais est-il bien nécessaire de passer par l'*ager publicus* pour expliquer l'application des interdits à la possession ? Pourquoi ne pas rapporter directement les interdits possessoires à la même cause générale que les autres interdits ? Tous les interdits n'étaient pas relatifs à la possession ! La plupart de ceux dont les textes nous donnent connaissance rentrent au contraire dans le domaine du droit public ; ils sont dictés par la nécessité de faire respecter les lieux sacrés et les sépultures, de protéger l'usage des voies publiques, des cours d'eau, de la mer et de ses rivages, de veiller à la salubrité publique. Le préteur dut pourvoir à ces matières urgentes avant de songer aux intérêts des concessionnaires de l'*ager publicus*, et c'est à cette même pensée d'ordre public qu'il faut rattacher son intervention dans les questions de possession.

Cet intérêt public, cette raison d'urgence expliquent pourquoi le préteur a voulu faire intervenir chaque fois dans le débat son autorité législative, et maintenir la paix par une injonction formelle; *quoniam in hujus modi controversiis sæpe contingit et cædes fieri, et vulnera infligi, et plagas inferri* (1). Dans la Rome primitive, une foule de cas n'avaient pas été prévus par le législateur, et la question se présentant, la force était seule juge. L'intention de prévenir les violences, de maintenir le bon ordre, de faire apparaître, dans les contestations urgentes, une autorité respectée, nous paraît suffisante pour expliquer l'origine des interdits. A des effets aussi larges, aussi durables, il faut une cause générale et permanente. L'origine que nous présentent MM. de Savigny et Niebuhr est au contraire toute spéciale, toute de circonstance; elle ne peut suffire à expliquer les vastes résultats de la sollicitude du préteur (2).

10. Les interdits ont été soumis à de nombreuses classifications. On les a d'abord classés par rapport à la nature de l'injonction qu'ils contiennent. A ce point de vue, ils sont prohibitoires, restitutoires ou exhibitoires (3). L'intérêt principal de cette division concernait les formes à suivre dans le procès qui pouvait résulter de l'interdit [27].

Les interdits *prohibitoires* sont ceux par lesquels le préteur défend de faire quelque chose, par exemple, de faire violence à celui qui possède régulièrement, ou à celui qui porte un mort là où il a droit de le porter, de même ceux par lesquels il défend de bâtir sur un lieu sacré, ou de rien faire de nuisible à la navigation sur un fleuve public ou sur ses rives (4).

Les interdits *restitutoires* sont ceux par lesquels le préteur ordonne de livrer quelque chose, par exemple de mettre le possesseur de biens en possession des choses héréditaires, de restituer la possession d'un fonds à celui qui en a été expulsé violemment (5).

Les interdits *exhibitoires* sont ceux par lesquels le préteur ordonne d'exhiber, par exemple, un homme libre détenu illégalement, un

---

(1) Théophile, Paraphrase des Inst., *de interd.*, pr. — (2) En ce sens : M. Ortolan, Explication historique des Inst., sur le titre *de interdictis;* M. de Parieu, p. 25. — (3) Gaïus, iv, 142; Ulp., l. 1, § 1, *de interd.;* Just., Inst., *de interd.*, § 1. — (4) Dig., *uti possidetis; utrubi; ne quid in loco sacro fiat; de fluminibus*, etc. — (5) Dig., *quorum bonorum; de vi*, etc.

affranchi dont le patron réclame les services, un testament qu'il s'agit d'exécuter (1).

11. Spécialement les interdits relatifs à la possession se divisaient en interdits pour acquérir, pour retenir, et pour recouvrer la possession (2).

Les interdits *adipiscendæ possessionis* avaient pour but de faire acquérir la possession à ceux qui ne l'avaient pas encore eue ; ils ne se rattachaient donc à la possession que par leur but. Au contraire, les interdits *retinendæ possessionis* et les interdits *recuperandæ possessionis* se rattachaient à la possession, non-seulement parce qu'ils tendaient à procurer le bénéfice de la possession à celui qui demandait à la conserver ou à la recouvrer, mais encore parce qu'ils se basaient sur certaines conditions de possession antérieure. En définitive, la première de ces classes d'interdits ne ressemblait aux deux autres que par la procédure commune à tous les interdits, même étrangers à la possession, et aussi par cette circonstance qu'ils avaient la possession pour objet. Mais ce dernier caractère leur est commun avec beaucoup d'autres actions qui ne touchent aucunement au système possessoire. L'*actio pigneratitia* n'a-t-elle pas pour objet la possession de la chose engagée ? Les actions *empti, locati,* n'ont-elles pas pour objet la possession des choses achetées ou louées ? Nos idées françaises sur les actions possessoires ne nous permettent pas de considérer comme telles des actions qui ne sont pas basées sur une possession préexistante. Chez nous, disait le père des jurisconsultes français, *adipiscendæ possessionis interdicta non sunt in usu, sed retinendæ tantum et recuperandæ* (3). Cette classification des interdits, inspirée peut-être par la manie des divisions tripartites, était tellement insignifiante à tout autre point de vue que celui de la procédure, que les jurisconsultes romains eux-mêmes ne désignent jamais sous le nom de *possessoria interdicta* les trois classes d'interdits qu'elle comprend. Dans un seul passage nous voyons cette dénomination employée ; encore est-ce d'une manière tout accidentelle (4). La division tripartite de Paul concerne les inter-

---

(1) Dig., *de homine libero exhibendo; de liberto exhibendo; de tabulis exhibendis,* etc. — (2) Gaïus, iv, 143 ; Paul, l. 2, § 3, *de interd.;* Just., Inst., *de interd.,* § 2. — (3) Cujas, *ad tit. l'od. unde vi.* — (4) Javolenus, l. 20, *de servitutibus.*

dits *quæ ad rem familiarem spectant* (1). Nous n'appellerons donc in‑
terdits possessoires que les interdits *retinendæ* et *recuperandæ possessio‑
nis* (2). Il suffira d'énumérer les interdits *adipiscendæ possessionis*, pour
montrer combien est indirect le rapport qui les unit à la possession.

12. Les interdits *adipiscendæ possessionis*, dont la connaissance est
parvenue jusqu'à nous, sont au nombre de six :

L'interdit *quorum bonorum* se donnait au successeur prétorien, qu'il
fût ou non héritier d'après le droit civil, pour le faire mettre en pos‑
session des choses héréditaires qu'un autre aurait détenues *pro herede*
ou *pro possessore*. C'était le moyen qu'avait le préteur de faire res‑
pecter les possessions de biens qu'il accordait, souvent en contradic‑
tion avec le droit civil. L'héritier du droit civil ne pouvait se servir de
l'interdit *quorum bonorum* que dans le cas où il réunissait à sa qualité
d'héritier celle de possesseur de biens. Il fallait, pour obtenir l'interdit,
avoir réclamé la possession de biens dans le délai voulu. Cet interdit
avait pour objet la possession de l'universalité des choses héréditaires,
et non de chaque chose en particulier. Il pouvait se donner contre
l'héritier du droit civil lui-même, contre celui qui croyait l'être, et en
général contre tous possesseurs qui ne pouvaient produire un titre
conciliable avec celui du successeur prétorien (3).

L'interdit *quod legatorum* se donnait à l'héritier ou au possesseur
de biens, pour leur faire restituer les choses héréditaires dont quel‑
qu'un se serait mis, sans leur volonté, en possession, à titre de legs (4).

L'interdit *possessorium* se donnait à l'*emptor bonorum*, c'est-à-dire
à celui à qui avaient été adjugés en masse les biens d'un débiteur in‑
solvable, pour se faire mettre en possession de ces biens (5).

L'interdit *sectorium* se donnait dans le même but à ceux qui avaient
acquis des biens mis en vente au nom de l'État (6).

L'interdit *quo itinere* se donnait à l'acheteur à qui l'on refusait une
servitude de passage exercée par son vendeur, pour s'en faire mettre
en possession (7).

---

(1) L. 3, § 3, *de interd.* — (2) En ce sens : M. de Savigny, trad. Falvre, p. 427 et
suiv. — (3) Gatus, III, 34 ; IV, 144 ; Dig., *quorum bonorum*; Just., Inst., *de interd.*, § 3.
— (4) Dig., *quod legatorum.* — (5) Gatus, IV, 145. — (6) Gatus, IV, 146. — (7) Dig., *quo
itinere.*

L'interdit *Salvianum* se donnait au propriétaire d'un fonds rural, pour se faire mettre en possession des objets que le colon avait spécialement affectés au paiement de ses fermages (1).

Tous ces interdits *adipiscendæ possessionis* étaient restitutoires.

13. Les principaux interdits *retinendæ possessionis* étaient *uti possidetis* et *utrubi*. Le premier se donnait au possesseur d'un fonds, le second au possesseur d'un objet mobilier, pour se faire maintenir en possession. Il y avait aussi plusieurs interdits *retinendæ possessionis* destinés à protéger l'exercice des servitudes [31 à 38, 48 à 54].

14. Les interdits *recuperandæ possessionis* se donnaient à ceux qui avaient perdu la possession d'un fonds dans certaines circonstances spéciales. Le principal était l'interdit *unde vi*, destiné à rétablir dans la possession d'un fonds la personne qui en avait été violemment dépouillée [39 à 47].

15. En exposant sa division tripartite des interdits relatifs à la possession, Paul mentionne l'existence d'une quatrième classe, *tam adipiscendæ quam recuperandæ possessionis* (2). Cette quatrième classe a fait longtemps le tourment des commentateurs, et Cujas lui-même avait déclaré qu'il désespérait de découvrir des interdits de cette nature (3). C'est seulement de nos jours que ce mystère a été éclairci par la découverte d'un fragment d'Ulpien, faite dans la bibliothèque du palais impérial de Vienne, par le bibliothécaire, M. Endlicher. *Quem fundum* et *quam hereditatem* sont les noms des interdits tant cherchés. Dans toute action *in rem*, le défendeur, possesseur de la chose en litige, devait fournir la caution *judicatum solvi*, pour la restitution de la chose et de ses accessoires, dans le cas où il perdrait son procès. Quand un fonds ou une hérédité étaient revendiqués, et que le défendeur refusait de fournir cette caution, le préteur lui ordonnait, par un interdit, de transférer au demandeur la possession avec tous ses avantages, de sorte que les rôles étaient changés. Si le demandeur, qui acquérait ainsi la possession, n'avait encore jamais possédé la chose, l'interdit était *adipiscendæ possessionis*. S'il l'avait déjà possédée, l'interdit était *recuperandæ possessionis*. Nous savons qu'il existait de même un interdit *quem usumfructum*, pour la pétition d'un droit d'usufruit (4).

---

(1) Gaius, iv, 147 ; Dig., *de Salviano interdicto* : Just., Inst., *de interd.*, § 3. — (2) L. 2, § 3, *de interd.* — (3) Obs. iv, 11. — (4) *Fragm. Vaticana*, § 92.

Les interdits *tam adipiscendæ quam recuperandæ possessionis* étaient dits *doubles* à cause de ce double caractère. Nous verrons, à propos des interdits *uti possidetis* et *utrubi*, que les interdits étaient simples ou doubles à un autre point de vue, suivant que l'ordre ou la défense du préteur ne s'adressaient qu'à l'une des parties ou s'adressaient à toutes deux [27].

§ 2. — De la possession *ad interdicta*.

16. La possession que les interdits protégeaient n'était pas la simple détention matérielle de la chose. Les jurisconsultes romains caractérisaient cette possession imparfaite par les termes de *naturalis possessio*, de *corporaliter* ou *naturaliter tenere;* ils disent même que le simple détenteur *non possidet* (1). Ainsi étaient considérés comme simples détenteurs, et n'avaient pas droit aux interdits : le mandataire administrateur de la chose, le locataire ou fermier, le commodataire, le dépositaire, le *missus in possessionem*, par exemple au cas de *damnum infectum* (2). Il en était de même du preneur à précaire, si la convention ne le constituait pas possesseur [46]. Quant à l'usufruitier et au superficiaire, quoique n'ayant pas la possession de la chose elle-même, ils avaient de leurs droits d'usufruit ou de superficie une quasi-possession qui était protégée par des interdits [48]. Le *missus in possessionem* était aussi protégé par un interdit spécial, *ne vis fiat ei qui in possessionem missus erit*. Mais cet interdit n'ayant ni pour base ni pour objet une possession véritable, n'était pas un interdit possessoire.

Pour donner droit aux interdits, il fallait que la détention de la chose fût accompagnée de l'intention d'avoir cette chose pour soi, *animo rem sibi habendi*. C'est ce que les jurisconsultes appelaient proprement *possidere*, par opposition à *naturaliter possidere* ou à *in possessione esse* (3). Telle était la possession proprement dite, la possession juridique, la seule qui produisit des effets légaux. Elle faisait acquérir

---

(1) Paul, l. 3, § 3 et 20, *de poss.;* Ulp., l. 12, *de poss.;* l. 1, § 9, *de vi* ; Javol., l. 24, *de poss.* — (2) Ulp., l. 1, § 22, *de vi;* l. 6, § 2, *de precario;* l. 3, § 8, *uti possidetis;* Pomponius, l. 25, § 1, *de poss.;* Paul, l. 3, § 20 et 23, *de poss.;* l. 10, *de poss.* — (3) Paul, l. 1, § 2, *pro donato;* l. 20, *de don. int. vir. et ux.;* l. 1, § 4, et l. 3, § 23, *de poss.;* Ulp., l. 10, § 1, et l. 16, *de poss.;* l. 7, *de damno infecto;* Celsus, l. 18, § 1, *de poss.*

au possesseur, par l'occupation, le domaine des choses *nullius ;* c'est même ainsi que les hommes ont commencé à se rendre maîtres des choses. Elle acquérait encore au possesseur, par la tradition, le domaine de la chose d'autrui, quand le propriétaire, capable d'aliéner, la lui livrait avec l'intention de la lui transférer. Elle était protégée par les interdits.

Quand enfin cette possession *animo domini* était fondée sur unjuste titre et exercée de bonne foi, elle prenait le nom de *possessio civilis,* de *justa possessio,* par opposition à *naturalis,* à *injusta possessio* (1). Alors elle conduisait le possesseur à la propriété de la chose d'autrui, pourvu qu'elle se prolongeât pendant le temps déterminé pour l'usucapion. Elle lui donnait droit à l'action *Publicienne,* véritable action réelle, qui lui faisait recouvrer cette possession, s'il l'avait perdue. Elle lui faisait gagner définitivement les fruits qu'il recueillait sur la chose d'autrui. La possession *ad usucapionem* était toujours, à plus forte raison, possession *ad interdicta.* Cependant cette règle souffrait une exception : le créancier gagiste, quoique ne possédant pas à titre de propriétaire, jouissait des interdits pour défendre la possession de la chose engagée ; alors, par une division étrange des effets de la possession, le débiteur, qui n'avait plus les interdits, conservait la possession *ad usucapionem,* c'est-à-dire que, s'il avait engagé une chose qu'il était en train d'usucaper, l'usucapion continuait de s'accomplir à son profit (2).

Ainsi trois degrés dans la possession : 1° la simple détention ; 2° la possession juridique ; 3° la possession civile.

A un autre point de vue, il y a autant de sortes de possession que de manières d'acquérir ; *genera possessionum tot sunt quot et causæ adquirendi ejus quod nostrum non sit, velut pro emptore, pro donato, pro legato, pro dote, pro herede, pro noxæ dedito, pro suo ;* et en somme, ajoute le jurisconsulte, *magis unum genus est possidendi, species infinitæ* (3).

Nous avons à traiter des interdits possessoires, et non pas des autres effets de la possession ; nous ne nous occuperons donc que de la pos-

---

(1) Ulp., l. 1, § 9, *de vi ;* l. 3, *uti poss.,* pr.; Paul, l. 2, *uti poss.;* l. 3, § 5, *de poss.* — (2) Paul, l. 37, *de pig. act.;* Jul., l. 36, *de poss.;* Javol., l. 16, *de usurp.* — (3) Paul, l. 3, § 21, *de poss.*

session juridique en général, sans examiner si elle est ou non civile. Car la question de bonne foi ne fait rien aux interdits.

17. La possession se composant de deux éléments, l'un physique et l'autre moral, il faut, pour l'acquérir, réunir ces deux éléments, le fait et l'intention. La possession s'acquiert donc *corpore et animo* (1).

Si le fait de s'emparer de la chose est nécessaire à l'acquisition de la possession, une appréhension matérielle n'est pas indispensable; il suffit que la chose soit mise à notre disposition. Ainsi, pour entrer en possession d'un fonds, il n'est pas nécessaire d'en occuper chaque motte de terre; il suffit d'arriver sur le fonds avec l'intention d'en être propriétaire (2). Cette règle ne s'appliquerait pas à un usurpateur; il n'acquiert la possession que pied à pied; car tout ce qu'il n'a pas occupé lui est encore disputé (3). Je deviendrai possesseur de quelque manière que la chose soit mise en mon pouvoir, par exemple, si le possesseur du fonds me l'abandonne en me le montrant, si je reçois les clefs des magasins contenant les marchandises, si les écus me sont comptés. Ainsi, les yeux joints à l'intention peuvent suffire, à défaut d'une appréhension véritable, pour me faire acquérir la possession (4). Je puis même devenir possesseur sans aucun acte physique, par exemple si vous me vendez une chose que je détenais déjà pour vous en qualité de locataire ou de commodataire (5). A l'inverse, si vous me vendez votre fonds, et si vous le gardez ensuite comme mon fermier, il y aura aussi, de ma part, acquisition de la possession sans aucun fait matériel (6). Dans ces deux cas, on ne peut pas dire que la chose n'est pas en mon pouvoir; car dans la première hypothèse, j'avais déjà la détention, qui ne fait que se transformer en possession légale, par l'adjonction de l'*animus possidendi;* dans la seconde, je possède par vous qui êtes mon représentant [19].

La détention matérielle ne ferait pas acquérir la possession sans l'*animus possidendi.* Ainsi celui qui entre familièrement sur le fonds de son voisin ne possède pas ce fonds, parce qu'il n'y est pas entré avec l'intention de le posséder (7). De même celui qu'on met en possession

---

(1) Paul, l. 3, § 1, *de poss.* — (2) Paul, l. 3, § 1, *de poss.* — (3) Celse, l. 18, § 4, *de poss.* — (4) Paul, l. 1, § 21; Celse, l. 18, § 2, *de poss.* — (5) Just., Inst., § 44, *de rer. div.* — (6) Ulp., l. 77, *de rei vind.* — (7) Paul, l. 41, *de poss.*

du fonds Cornélien , tandis qu'il croit recevoir le fonds Sempronien, ne possède ni l'un ni l'autre, car il n'a pas le fonds Sempronien en son pouvoir, et il ne songe pas à posséder le fonds Cornélien (1). Les fous, les enfants en bas âge, l'homme qui dort, ont beau détenir un objet, ils ne peuvent commencer à le posséder; car s'ils ont la détention corporelle, ils n'ont pas l'*intellectum* nécessaire pour qu'on puisse leur attribuer l'intention de posséder comme propriétaires; il en est de même des villes et des corporations (2).

18. La possession se composant nécessairement de la détention matérielle jointe à l'intention de posséder comme propriétaire, nous conserverons la possession tant que nous réunirons ces deux éléments, et nous la perdrons quand il nous manquera soit le fait, soit l'intention de posséder.

La possession cesse *animo et corpore* par la tradition, quand nous livrons une chose avec l'intention de ne plus la posséder comme propriétaires (3). Et quand même la tradition serait faite à un incapable, la possession n'en serait pas moins perdue, parce que la volonté formelle de l'abdiquer a accompagné le dessaisissement (4). Le pupille ne peut pas transférer la possession sans l'autorisation de son tuteur, parce que, s'il peut donner la détention matérielle, il n'a pas un jugement assez formé pour consentir valablement à perdre la possession (5). Nous perdons aussi *animo et corpore* la possession d'une chose, quand nous abandonnons cette chose avec l'intention de ne plus la garder.

Nous perdons la possession *corpore solo*, non pas par cela seul que nous cessons de garder la chose, mais quand, d'une manière ou d'une autre, elle est entièrement soustraite à notre puissance; par exemple, si les eaux de la mer ou d'un fleuve envahissent mon champ, de manière à me l'enlever totalement et définitivement (6); si je suis chassé de mon héritage, ou si, par force, on m'empêche d'y rentrer (7); ou simplement si, sachant ma maison occupée, je n'ose me présenter pour la reprendre (8). Mais il est impossible d'exiger que le possesseur

---

(1) Ulp., l. 34, pr., *de poss.* — (2) Paul, l. 1, § 3 et 22, *de poss.* — (3) Pomp., l. 33; Celse, l. 18, § 2, *de poss.* — (4) Celse, l. 18, § 1, *de poss.* — (5) Ulp., l. 29, *de poss.*; Marcel., l. 11, *de acq. rer. dom.* — (6) Paul, l. 3, § 17, *de poss.* — (7) Ulp., l. 1, § 24, *de vi.* — (8) Paul, l. 3, § 8, *de poss.*

reste continuellement, sentinelle infatigable, à veiller sur sa chose, sans la quitter un instant; quand même il s'absenterait, il est toujours présumé avoir cette chose à sa disposition; c'est en ce sens que la possession se conserve *animo tantum* (1). Cette volonté de posséder se présume tant que le possesseur n'a pas formellement exprimé une volonté contraire; la continuation de la possession étant l'état normal des choses, une volonté formelle de posséder, n'est nécessaire qu'au commencement de la possession. Il y a plus, si un tiers, profitant de l'absence du possesseur, s'empare de la chose, il semble naturel de décider que la possession est perdue; l'ancien possesseur ne l'a plus, puisqu'un autre l'a prise. Cependant, les jurisconsultes romains introduisirent encore ici un tempérament, du moins en ce qui concerne la possession des immeubles. Ils admirent que, même après l'occupation du fonds par un tiers, le possesseur absent conserverait la possession tout le temps qu'il ignorerait l'établissement du tiers sur son héritage; ils pensèrent sans doute que, jusqu'à une opposition formelle, le nouveau détenteur pouvait fort bien être présumé reconnaître le droit de l'absent; la possession n'était perdue que lorsque l'ancien possesseur, instruit du fait, était repoussé par l'envahisseur, ou se résignait à le laisser jouir paisiblement. La comparaison des textes nous montre que cette règle, inconnue dans l'ancien droit romain, n'a été introduite qu'assez tard (2).

Nous perdons la possession par la seule intention, quand nous avons manifesté la volonté formelle de ne plus posséder, par exemple, si nous vendons la chose, et si nous la conservons ensuite en qualité de locataires ou de fermiers (3). Les fous, les pupilles non autorisés ne peuvent perdre la possession *animo tantum*; leur volonté n'est pas considée comme sérieuse (4).

Les règles que nous venons d'exposer s'appliquent spécialement aux immeubles. Quant aux meubles, nous en perdons la possession dès qu'un tiers s'en empare; s'il s'agit d'animaux, dès qu'ils se sont échappés de manière à se soustraire complétement à notre pouvoir,

---

(1) Diocl. et Max., C., l. 4, *de poss.*; Paul, l. 3, § 11, *de poss.* — (2) Paul, l. 3, § 7; l. 7; Pap., l. 46; Ulp., l. 6, § 1; Celse, l. 18, § 3, *de poss.* — (3) Paul, l. 3, § 6, *de poss.*; Ulp., l. 17, § 1, *de poss.*; l. 77, *de rei vind.* — (4) Proc., l. 27; Ulp., l. 29, *de poss.*

quand même personne ne les aurait pris; et en général, toutes les fois que l'objet est perdu de manière que nous ne puissions plus le retrouver (1).

19. On possède non-seulement par soi-même, mais par d'autres; on peut par autrui acquérir et perdre la possession, *possessionem adquirimus*, dit Paul, *et animo et corpore, animo utique nostro, corpore vel nostro, vel alieno* (2). En général, les Romains n'admettaient pas que l'on pût acquérir des droits par une personne libre, on acquérait seulement par les personnes qu'on avait sous sa puissance; mais cette règle recevait exception pour la possession, qui était considérée plutôt comme un simple fait que comme un droit, *res facti non juris* (3). On acquérait donc la possession par une personne libre, tout comme on acquérait les droits en général par son esclave, ou par l'enfant qu'on avait sous sa puissance. On l'acquérait notamment par les mandataires, les tuteurs et les curateurs (4). Les fous, les *infantes*, les corporations, qui conservaient la possession, d'autant mieux qu'ils étaient incapables de vouloir la perdre, ne pouvaient l'acquérir que par autrui; les fous et les *infantes* par leurs tuteurs, les êtres moraux par leurs esclaves, et même par des personnes libres (5).

Dès que la chose est au pouvoir de la personne qui agit en notre nom, elle est considérée comme étant en notre pouvoir. Mais ce n'est là que l'un des éléments de la possession, le fait; il y manque encore l'intention. Il faut donc que nous ayons la volonté d'acquérir la possession par notre esclave, par notre mandataire (6). Il y a exception pour le cas où la chose est de celles qui rentrent dans le pécule de l'esclave, car alors nous sommes censés avoir la volonté préexistante, une fois pour toutes, d'acquérir la possession des objets qui rentrent dans le pécule (7). Et il ne suffit pas que l'*animus possidendi* existe chez le représenté, il doit encore exister chez le représentant; il faut que celui-ci ait l'intention d'acquérir la possession, non pas pour lui-

---

(1) Gaïus, l. 15, *de poss.*; Paul, l. 3, § 13 à 16; Pomp., l. 25, pr., *de poss.* — (2) Paul, Sentences, livre 5, tit. 2, § 1.—(3) Paul, l. 1, § 3, *de poss.* — (4) Paul, l. 1, § 5, et 20, *de poss.* — (5) Paul, l. 32, § 2; Ulp., l. 2, *de poss.* — (6) Gaïus, l. 10, § 2, *de acq. rer. dom.* — (7) Paul, l. 1, § 5, *de poss.*

même, mais pour le représenté (1). Quand nous acquérons par autrui, l'acquisition a lieu à l'instant même de l'occupation de la chose par notre représentant, si nous lui avons donné mandat à l'avance ; ou seulement lors de la ratification, s'il a agi sans mandat, car c'est seulement alors que le fait et l'intention viennent concourir (2).

Si nous acquérons la possession par nos représentants, à plus forte raison la conservons-nous par eux (3). Mais ils peuvent nous la faire perdre. Cette perte de la possession par représentant peut arriver de plusieurs manières : d'abord, si le représentant infidèle, au lieu de posséder pour moi, veut posséder pour lui-même ; mais on ne peut se changer à soi-même la cause de sa possession. Quand on a commencé à posséder pour autrui, il faut, si l'on veut posséder pour soi-même, baser cette possession nouvelle sur un titre nouveau, par exemple une vente, une donation (4). C'est la même idée qui a inspiré cette règle en vertu de laquelle nous ne perdons la possession de l'immeuble occupé par un tiers que lorsque l'usurpation se prolonge après que nous en avons été instruits [18]. De même ici notre représentant ne nous fera perdre la possession d'un immeuble que lorsque, connaissant son infidélité, nous en laissons subsister les effets sans nous y opposer (5). S'il s'agit de meubles, l'infidélité du représentant ne nous en fera perdre la possession que lorsqu'elle réunira les caractères du vol, la *contrectatio* et l'*animus furendi* (6). Notre représentant nous fait encore perdre la possession par les mêmes actes qui nous la feraient perdre si nous les commettions nous-mêmes, par exemple s'il vend la chose à un autre ou la lui livre à titre de gage, de dépôt, de commodat, comme étant sienne (7). Enfin, nous perdons la possession quand notre esclave, notre locataire, notre colon, sont expulsés, même quand nous ignorons l'expulsion (8). Mais nous ne sommes pas dépossédés s'ils louent la chose à d'autres, s'ils perdent l'usage de la raison, ou même s'ils meurent. Nous possédons par l'héritier de notre fermier, quand même il ne serait pas fermier lui-même (9).

---

(1) Paul, l. 4, § 9, 10 et 20, *de poss.* — (2) Ulp., l. 42, § 1, *de poss.*; Sev. et Ant., l. 1, C., *de poss.* — (3) Gaïus, l. 9, *de poss.*; l. 10, § 2, *de acq. rer. dom.* — (4) Marc., l. 19, § 1, *de poss.*; Jul., l. 33, § 1, *de usurp.* — (5) Marc., l. 20, *de poss.* — (6) Paul, l. 3, § 18, *de poss.* — (7) Pap., l. 44, § 2, *de poss.*; Jul., l. 33, § 4, *de usurp.* — (8) Ulp., l. 1, § 23, *de vi.* — (9) Pomp., l. 25, § 1 ; Afr., l. 40, § 1, *de poss.*

20. Non-seulement nous possédons par nous-mêmes et par ceux qui détiennent en notre nom, mais nous profitons aussi de la possession qu'ont eue nos auteurs. On succède par universalité ou à titre singulier.

L'héritier acquiert par universalité, lors de l'adition, tous les droits du défunt, sauf la possession, chose de fait qu'il ne peut acquérir que par l'appréhension physique (1). Mais une fois cette appréhension faite, il continue la possession de son auteur, telle qu'elle était, avec ses qualités et ses vices, sans pouvoir, si elle est défectueuse, en changer la cause plus que ne le pouvait l'auteur lui-même, car il continue la personne du défunt et succède à l'ensemble de ses droits actifs et passifs (2). Cette *accession* de la possession du défunt peut servir à l'héritier, soit pour compléter le temps requis pour l'usucapion, soit pour présenter une possession plus longue que son adversaire dans l'interdit *utrubi*, où la victoire appartenait à celui qui avait possédé *majore parte anni* [36].

Le successeur particulier pouvait aussi joindre à sa possession celle de son auteur. Par exemple, il y avait accession de possession entre l'acheteur et le vendeur (3). Mais l'acheteur pouvait très bien commencer une possession nouvelle à dater de son titre et ne pas continuer la possession de son vendeur si elle lui semblait désavantageuse. Il ne succédait pas, comme l'héritier, aux obligations de son auteur. Cette accession de possession dans les transmissions à titre singulier paraît ne s'être introduite qu'assez tard en matière d'usucapion. Les textes de l'époque classique qui nous en parlent paraissent se rapporter plutôt à l'interdit *utrubi* (4) [103].

21. Nous avons vu que la possession *ad interdicta* devait se composer de la détention matérielle, jointe à l'*animus domini*. Nous avons vu ensuite comment elle s'acquérait, comment elle se perdait, et par quelles personnes on pouvait l'exercer. De plus, elle ne devait pas, comme nous le verrons en parcourant les principaux interdits, avoir été acquise sur l'adversaire violemment, clandestinement ou à titre de

____

(1) Jav., l. 23, *de poss.* — (2) Pap., l. 3, § 19, *de poss.*; l. 11, *de div. et temp. præscr.*; Arc. et Hon., l. 11, C., *de poss.* — (3) Just., Inst., § 13, *de usuc.*; Paul, l. 2, § 20, *pro emptore.* — (4) Ulp., l. 13, § 2 et suiv., *de poss.*

favour révocable, *nec vi, nec clam, nec precario ab adversario.* A part cette condition, qui du reste était toute relative à l'adversaire, le fait seul de la possession juridique au moment de l'interdit, la possession n'eût-elle duré qu'un jour, qu'un instant, était considéré comme suffisant. Il n'existait que fort peu d'exceptions à cette règle ; encore la plus importante, celle que formait l'interdit *utrubi,* finit-elle par disparaître [36]. Quoique ce système nous semble inférieur à la possession annale du droit français, il ne faut pas croire, cependant, que la législation romaine en matière possessoire se basât sur un fait insignifiant, dépourvu de toute garantie. Si d'abord l'une des parties n'a pas possédé du tout, il est bien juste de lui préférer celle qui possède actuellement ; et quand même toutes deux auraient possédé, la nécessité pour le possesseur actuel de posséder *nec vi, nec clam, nec precario ab adversario,* tempère bien l'inconvénient de faire prévaloir la possession actuelle sur une possession antérieure peut-être plus longue.

§ 3. — Des objets dont la possession était protégée par les interdits.

22. Les objets dont la possession était protégée par les interdits étaient d'abord les fonds de terre, sans distinction entre les immeubles situés en Italie et les fonds provinciaux, *bona tributoria, stipendiaria ;* et même les fonds provinciaux durent donner lieu à un usage très fréquent des interdits ; car le domaine de ces fonds était censé demeurer au peuple romain ; les habitants des provinces ne conservaient plus qu'une sorte de possession à laquelle ne s'appliquait pas la revendication du droit civil ; le préteur protégea cette possession par ses interdits. Nous avons vu, en effet, que les interdits étaient le moyen employé par le préteur de convertir un état de fait en une situation juridique qu'il sanctionnait, de créer un droit à sa manière là où le droit civil se taisait. Toutefois une action réelle finit par être instituée pour revendiquer les fonds provinciaux ; cette action est même antérieure à Justinien ; car cet empereur, en la proclamant dans son Code, annonce qu'il ne fait que la renouveler d'une autre action déjà existante (1). La possession des immeubles était surtout protégée par les interdits *uti possidetis* et *unde vi.*

______

(1) Just., l. 8, pr., C., *de præscr. trig. ann.*

23. La possession des objets mobiliers était protégée par un interdit *retinendæ possessionis*, l'interdit *utrubi*; mais il n'existait pas d'interdit *recuperandæ possessionis* applicable aux meubles. Il ne faut pas croire pour cela que la personne dépossédée d'un objet mobilier restât sans ressources. Ulpien (1) nous en indique trois : l'action *furti*, l'action *vi bonorum raptorum* et l'action *ad exhibendum*. On peut ajouter la *condictio furtiva* qu'il ne mentionne pas. Mais ces actions n'étaient pas des moyens possessoires, et supposaient la preuve d'un droit de propriété ou autre droit réel, que ne pouvait invoquer le simple possesseur (2), ou au moins un intérêt basé sur un droit. De plus, l'*actio furti* et la *condictio furtiva* supposaient le *lucri animum* et la *contrectationem*, qui n'accompagnaient pas toutes les dépossessions (3). L'action *vi bonorum raptorum* supposait aussi l'intention de s'approprier la chose aux dépens du possesseur (4). Les ressources citées par Ulpien étaient donc souvent insuffisantes. Mais une autre voie était ouverte au possesseur spolié d'un objet mobilier; sa sauvegarde était un interdit *retinendæ possessionis*, encore l'interdit *utrubi*. Cet interdit, au temps de la jurisprudence classique, se donnait à celui qui avait possédé un meuble pendant la majeure partie de l'année écoulée, *nec vi, nec clam, nec precario ab adversario* [36]. De cette manière, la personne dépossédée d'un meuble pouvait le réclamer avec succès quand elle ne laissait pas à son adversaire le temps d'acquérir une possession suffisante; et n'eût-elle possédé qu'un jour, elle était toujours sûre de réussir quand la possession de son adversaire était entachée de violence, de clandestinité ou de précarité; car cette possession vicieuse ne pouvait compter pour aucun instant, et le demandeur avait, en réalité, pendant un an, l'interdit à son service. Plus tard, l'interdit *utrubi* perdit ce caractère, et, sous Justinien, il ne se donnait, comme la généralité des autres interdits, qu'à la partie investie de la possession actuelle. Est-ce à dire que la possesion mobilière se trouvât alors, en tant que possession, dépourvue de toute protection? Il n'est pas présumable que les constitutions impériales, fort empres-

---

(1) Ulp., l. 1, § 6, *de vi.* — (2) Jav., l. 71, § 1, *de furtis;* Just., Inst., *de bon. vi rapt.,* § 2; Ulp., l. 2, § 22 à 24, *vi bon. rapt.;* l. 3, § 9 à 11, *ad exhibendum.* — (3) Paul, l. 1, § 3, *de furtis.* — (4) Ulp., l. 2, § 18, *vi bon. rapt.;* Just., Inst., *de bon. vi rapt.,* § 1.

sées, dans les derniers temps, à réparer les violences, aient laissé subsister une pareille lacune. Et, en effet, une constitution de Valentinien, Théodose et Arcadius dispose que celui qui se sera, par violence, emparé d'une chose, en restituera d'abord la possession, qu'ensuite, si cette chose lui appartient, il en perdra la propriété, et que, si elle ne lui appartient pas, il en paiera l'estimation. Cette constitution s'applique aux meubles aussi bien qu'aux immeubles, et il est clair qu'elle protége la possession, abstraction faite de toute considération de propriété. Il faut remarquer surtout qu'elle ne distingue pas si le possesseur dépouillé a ou non un droit sur la chose (1). Ainsi voilà un fait constant : la simple possession des meubles, même au temps de Justinien, et après la transformation de l'interdit *utrubi*, s'est trouvée protégée. Maintenant dirons-nous, avec M. de Savigny (2), que ce soit là l'extension pure et simple aux meubles de l'interdit récupératoire destiné aux immeubles, de l'interdit *unde vi?* L'illustre auteur du *Traité de la possession* voit la preuve de cette assertion dans la place que la constitution des trois empereurs occupe au Code, sous la rubrique *unde vi*, dans cette considération que, s'il ne fallait pas s'en tenir aux règles de l'interdit *unde vi*, nous n'aurions aucune disposition sur les détails et l'application du nouveau droit issu de la constitution, toutes raisons qui rendent cette opinion, sinon certaine, du moins vraisemblable. Quoi qu'il en soit, l'intérêt pratique de la question a dû être minime, à cause de l'assimilation des interdits aux actions au temps de Justinien.

24. Toutes choses ne sont pas également susceptibles de possession. Suivant les jurisconsultes romains, les choses corporelles pouvaient seules être possédées; les servitudes prédiales, l'usufruit et les choses incorporelles en général, ne le pouvaient pas (3). L'idée de possession entraînait celle d'une détention physique qui se conçoit seulement pour les objets qui tombent sous les sens, mais non pour les droits. Seulement, par raison d'utilité, on finit par reconnaître que l'exercice des servitudes réelles ou personnelles constituait une *quasi-possession* à laquelle les préteurs attachèrent les mêmes avantages qu'à la posses-

---

(1) Code Théod., l. 3, *unde vi*; Code Just., l. 7, *unde vi*. — (2) Trad. Faivre, p. 495 et suiv. — (3) Paul, l. 3, pr., *de poss.*; l. 4, § 27, *de usurp.*; Ulp., l. 3, § 17, *de vi*.

sion proprement dite, et notamment les interdits. L'introduction des interdits *quasi-possessoires* ne paraît pas avoir été très antérieure à l'époque de la jurisprudence classique (1) [126].

Le droit de superficie était protégé de la même manière [54]. Quant à l'emphytéote et au créancier gagiste, quoique détenant la chose d'autrui, ils avaient à leur disposition les mêmes interdits que s'ils avaient possédé pour eux-mêmes (2). L'emphytéote n'était autre que le fermier de l'*ager vectigalis*, et nous avons vu que plusieurs auteurs ont cherché, dans cette possession des terres publiques, l'origine même des interdits. Nous avons déjà vu que le créancier gagiste a la possession *ad interdicta* [16].

25. Toutes les choses corporelles elles-mêmes n'étaient pas susceptibles de possession : on ne pouvait posséder les choses qui n'étaient pas dans le commerce, par exemple les hommes libres, les lieux sacrés ou religieux (3). Les interdits possessoires leur étaient inapplicables.

§ 4. — Procédure des interdits.

26. L'interdit se demandait au préteur de la même manière qu'on lui demandait une action. Si, devant le magistrat, le demandeur reconnaissait le droit de son adversaire, aucun interdit n'était nécessaire. Le préteur se contentait d'ordonner, suivant le cas, la cessation du trouble, la restitution, l'exhibition, et cet ordre était exécutoire au besoin par la force publique (4). A défaut de la reconnaissance du défendeur, le préteur rendait son interdit, qui devait faire la loi des parties. Mais l'interdit était loin de terminer toujours la contestation, et si les parties ne se conformaient pas à l'injonction qu'il contenait, un procès s'élevait sur l'exécution de l'interdit (5). Nous n'avons sur cette procédure que des notions assez imparfaites, le manuscrit de Gaïus, qui nous l'a fait connaître, renfermant en cet endroit d'importantes lacunes. Nous en savons assez cependant pour voir combien était grande l'erreur des auteurs, qui, avant la découverte de ce manuscrit, considéraient la

---

(1) Ulp., l. 3, § 17, *de vi* ; Javol., l. 20, *de serv.* — (2) Macer, l. 15, § 1, *qui satis. cog.* — (3) Javol., l. 23. § 2 ; Paul, l. 30, § 1, *de poss.* — (4) Ulp., l. 6, § 2, *de confessis.* — (5) Gaïus, iv, 141.

procédure des interdits comme plus simple et plus sommaire que celle des actions ordinaires. Il semble au contraire qu'on ait pris à tâche d'y accumuler les complications et les dangers. Peut-être ces obstacles avaient-ils, par les difficultés même qu'ils présentaient, un effet salutaire. Peut-être y regardait-on à deux fois avant de désobéir à l'injonction du préteur ou d'enfreindre sa défense. Les documents qui nous sont parvenus ne nous permettent de faire à cet égard que des suppositions.

27. La procédure des interdits était de deux sortes, suivant qu'elle se rapportait à des interdits *simples* ou *doubles.*

Les interdits simples étaient ceux dans lesquels l'ordre ou la défense ne s'adressaient qu'à une seule des parties. Les interdits doubles étaient ceux dans lesquels l'ordre ou la défense s'adressaient à toutes deux.

Dans les interdits simples, une seule des parties pouvait contrevenir à l'interdit; une seule pouvait intenter l'action ; l'une était le demandeur et l'autre le défendeur; leurs rôles dans la procédure étaient distincts dès l'origine. Les interdits restitutoires ou exhibitoires étaient tous simples; car la chose à exhiber ou à restituer ne se trouvait que chez une seule des parties, et l'injonction du préteur ne s'adressait qu'à celle-là (1).

Dans les interdits doubles, au contraire, l'injonction s'adressait aux deux parties; leurs rôles, loin d'être opposés l'un à l'autre, étaient semblables; chacune était à la fois demanderesse et défenderesse ; chacune pouvait être condamnée. On conçoit très bien en effet qu'on puisse défendre quelque chose aux deux parties; on ne peut leur ordonner à toutes deux d'exhiber ou de restituer un même objet. Les interdits prohibitoires étaient simples, quand, par exemple, le préteur défendait de commettre quelque acte répréhensible dans un lieu sacré, dans le lit d'un fleuve ou sur ses rives. Le demandeur était alors celui qui voulait empêcher que cet acte ne fût commis, le défendeur celui qui voulait le commettre (2). Quant à des interdits doubles, nous n'en connaissons que deux : c'étaient les interdits *uti possidetis* et *utrubi.* Ils défendaient à chacune des parties de faire violence à celle des deux

---

(1) Gaius, iv, 156, 157. — (2) Gaius, iv, 158, 159.

qui possédait régulièrement (1). Dans ces deux interdits, la partie qui avait intenté l'action pouvait être condamnée aussi bien que la partie adverse. C'est ce qui arrivait quand la possession était jugée appartenir à cette dernière, ou quand le demandeur, quoique réellement en possession, était repoussé par les exceptions du défendeur (2). Dans ce dernier cas, la partie qui n'avait pas la possession l'obtenait, résultat qu'elle n'aurait pu atteindre en jouant le rôle de demandeur, à moins d'agir par un interdit *recuperandæ possessionis*.

On voit que la division des interdits en simples et doubles n'était qu'une subdivision des interdits prohibitoires.

28. La procédure des interdits simples avait lieu de deux manières : *cum periculo* ou *sine periculo*. On plaidait *cum periculo* quand l'interdit était prohibitoire. S'il était restitutoire ou exhibitoire, s'il s'agissait, par exemple, de restituer la possession à celui qui en avait été dépouillé par violence, ou d'exhiber l'affranchi dont le patron réclamait les services, on plaidait facultativement *cum periculo* ou *sine periculo* (3).

La procédure *cum periculo* était ainsi nommée à cause du danger tout particulier qu'il y avait à perdre son procès. Elle consistait en certaines gageures appelées *sponsiones* et *restipulationes*, par lesquelles les deux adversaires promettaient réciproquement de payer au gagnant une peine pécuniaire. Le demandeur stipulait de son adversaire telle somme pour le cas où, par exemple, celui-ci, malgré l'édit du préteur, ne restituerait pas ou n'exhiberait pas ; cette stipulation s'appelait *sponsio*. A son tour le défendeur stipulait du demandeur pareille somme pour le cas où il serait jugé que la restitution ou l'exhibition ne devaient pas être réclamées ; c'est ce qu'on appelait la *restipulatio*. Le préteur délivrait alors à chacune des parties une *actio ex stipulatu*, résultant de la stipulation que chacune avait faite, et, quant à ce qui concernait le demandeur, en outre de la formule résultant de la *sponsio* et correspondant à la *restipulatio*, il lui était encore délivré une autre formule ayant trait spécialement à l'exhibition ou à la restitution demandées (4). Ainsi le juge, saisi de deux procès factices, se trouvait forcé, pour les décider, d'examiner le procès réel, c'est-à-dire

____

(1) Gaïus, iv, 160 ; Inst. de Just., § 7, *de interd.* — (2) Ulp., l. 3, pr., *uti poss.* — (3) Gaïus, iv, 141 et 162. — (4) Gaïus, iv, 165.

d'examiner la question naissant de l'interdit. S'il jugeait qu'il y avait lieu à la restitution ou à l'exhibition, il condamnait d'abord le défendeur à payer au demandeur la somme promise par la *sponsio ;* il absolvait ensuite le demandeur sur la *restipulatio ;* enfin, statuant sur la stipulation accessoire, il condamnait le défendeur à la restitution ou à l'exhibition, ou du moins à tout l'intérêt qu'avait le demandeur à les obtenir. Le danger pour le défendeur était donc de perdre, en outre de l'intérêt du procès, la somme de la *sponsio.* Il la perdait en effet s'il succombait. Si au contraire le juge trouvait la prétention du demandeur mal fondée, il absolvait le défendeur sur la *sponsio ;* il condamnait le demandeur à payer au défendeur la somme promise dans la *restipulatio ;* enfin il absolvait le défendeur sur la stipulation accessoire. Le danger pour le demandeur était donc de payer en pure perte le montant de la *restipulatio.* Cicéron, dans son plaidoyer pour Cœcina, nous indique un exemple de procès conduit de la sorte au moyen de gageures (1). Il s'agissait de l'interdit *unde vi,* qui est restitutoire.

29. La procédure *sine periculo* se conduisait au moyen d'une *formula arbitraria* que délivrait le préteur. Par cette formule, le magistrat donnait au juge la mission de décider si, aux termes de l'interdit, le défendeur devait ou non exhiber ou restituer. Si le juge pensait qu'en effet la restitution ou l'exhibition étaient dues, il ordonnait au défendeur d'exhiber ou de restituer, et, pour le cas où il ne se conformerait pas à cet ordre, il le condamnait à payer au demandeur une somme égale à tout l'intérêt que celui-ci avait à ce que l'ordre fût exécuté. Si la restitution ou l'exhibition ne lui semblaient pas dues, le juge absolvait purement et simplement le défendeur; le demandeur n'encourait pour cela aucune condamnation, car la procédure était *sine pœna, sine periculo.* Toutefois il pouvait encore être condamné, si le défendeur obtenait contre lui le *judicium calumniæ,* qui se donnait contre ceux qui avaient intenté des procès par esprit de chicane (2). Il est même à remarquer qu'en matière d'interdits, l'action de calomnie était du quart de la valeur du procès principal, et non pas seulement du dixième, comme pour la généralité des actions (3). La considération de l'ordre public, intéressé dans toutes les matières

---

(1) Cic., *pro Cœcina,* C. 8, *in fine.* — (2) Gaius, IV, 163. — (3) Gaius, IV, 175.

que réglaient les interdits, avait sans doute inspiré ce surcroît de sévérité. Suivant M. Ortolan, le même motif explique pourquoi les *sponsiones*, dans la procédure des interdits, étaient sérieuses et constituaient un danger réel, tandis qu'ailleurs elles étaient simplement comminatoires. La procédure des *sponsiones* aurait été dans l'origine le droit commun des interdits; elle formait la transition entre les actions de la loi et un système plus avancé. Après l'établissement du système formulaire, la formule arbitraire qui permettait d'arriver, non plus à une simple condamnation pécuniaire, mais bien à la restitution ou à l'exhibition de la chose elle-même, fut instituée pour les interdits qui en étaient susceptibles, c'est-à-dire pour les interdits restitutoires et exhibitoires; dans ceux-là seuls, en effet, nous concevons la possibilité d'un ordre préliminaire à donner par le juge. Mais à côté de la formule arbitraire, les *sponsiones*, réminiscence de la vieille action de la loi *per sacramentum*, se maintinrent pour les interdits prohibitoires et subsidiairement pour les autres (1). La formule arbitraire devait être demandée *in jure* avant de quitter le préteur. Si le défendeur n'avait pris immédiatement son parti de faire la restitution ou l'exhibition demandées, il subissait la conséquence de son obstination, il courait le danger des *sponsiones* (2). La formule arbitraire était donc une faveur, et la procédure *cum periculo* restait la règle générale.

30. Les interdits doubles, comme *uti possidetis* et *utrubi*, terminaient moins que jamais la contestation; car il s'agissait de savoir à qui en définitive s'adressait l'ordre du préteur; et les deux parties prétendant également à la possession, il fallait d'abord décider laquelle des deux devait, dans l'instance, jouer le rôle de demandeur ou de défendeur. Le moyen de fixer ce point important était la mise aux enchères des fruits, c'est-à-dire l'adjudication de la possession provisoire pendant l'instance, *fructuum licitatio*. Le préteur adjugeait la possession provisoire à celui qui s'engageait, par *sponsio*, à payer la plus forte somme à son adversaire, pour l'indemniser des fruits perçus pendant la possession provisoire, au cas où le possesseur provisoire verrait le procès jugé contre lui. Mais la licitation des fruits ne tranchait la question que provisoirement; les parties n'en restaient pas

---

(1) Explication historique des Inst., titre *de interdictis*. — (2) Gaius, iv, 164.

moins chacune à la fois domanderesse et défenderesse. La procédure était toujours conduite *cum periculo*. Chacun des deux adversaires adressait à l'autre la *sponsio* pénale dont il a été question à propos des interdits simples, et était contraint, de son côté, de répondre à sa *restipulatio*. De là deux *sponsiones* et deux *restipulationes*, en tout quatre stipulations, et même cinq en comptant celle qui avait été faite au sujet de la jouissance provisoire (1). De plus, comme la *fructuum licitatio* n'attribuait les fruits que provisoirement, celui qui les avait obtenus était tenu, s'il perdait son procès, de les rendre en sus de la somme promise pour les obtenir; de là une sixième formule. Enfin, en septième lieu venait la formule relative à l'objet même du litige. La formule relative à la restitution des fruits se nommait *judicium cascellianum* (2); on l'appelait aussi *secutorium*, parce qu'elle n'était délivrée qu'après la victoire sur les *sponsiones*. La partie qui avait succombé sur la licitation des fruits pouvait même se dispenser de toute espèce de *stipulatio fructuaria;* elle attendait la décision sur les *sponsiones* et les *restipulationes*, et seulement ensuite poursuivait la restitution des fruits par une instance spéciale, qu'on appelait non plus *judicium cascellianum*, mais *judicium fructuarium*. Comme le *judicium cascellianum*, cette instance était aussi appelée *judicium secutorium*, parce qu'elle suivait le procès principal. Dans ce cas, la *stipulatio fructuaria* manquant, le juge n'avait à examiner que six formules au lieu de sept (3).

Mais en règle générale le juge avait à statuer sur sept formules différentes. Les résultats de cette procédure compliquée variaient, suivant que la possession était jugée appartenir à la partie qui avait triomphé dans la licitation des fruits, ou à son adversaire. Si le vainqueur de la licitation des fruits se trouvait être le possesseur juridique, le juge condamnait l'autre partie à lui payer le montant de sa *sponsio* et de sa *restipulatio;* il prononçait une absolution quant à la *sponsio* et à la *restipulatio* envers l'adversaire; enfin il absolvait aussi le possesseur provisoire quant à la somme promise pour les fruits, quant à l'objet même du procès, et quant à l'action sécutoire : en tout deux

---

(1) Gaïus, IV, 166. — (2) Gaïus, IV, 169. — (3) Gaïus, IV, 169.

condamnations et cinq absolutions (1). Si au contraire la possession appartenait à la partie qui n'avait pas obtenu la jouissance provisoire, cette partie obtenait la condamnation de l'autre sur ses cinq stipulations, et sa propre absolution sur ses deux promesses (2). Ce concours de condamnations offrait donc un danger fort sérieux pour la partie qui succombait. Ce danger était-il institué pour la garantie de l'ordre public, intéressé dans toutes les questions possessoires ? Il est permis d'en douter; car l'interdit *unde vi*, qui se donnait au cas de violence, celui par conséquent qui était le plus particulièrement destiné à protéger l'ordre public, pouvait n'amener qu'un procès *sine periculo*. Il est à croire que toutes ces *sponsiones* et *restipulationes* étaient simplement une réminiscence de l'action *sacramenti*, à part cette différence que les *prædes sacramenti* profitaient à l'État, tandis que les *sponsiones* profitaient à la partie qui obtenait gain de cause (3).

31. Tels sont à peu près les seuls renseignements qui nous soient parvenus sur la procédure en vigueur pour les interdits au temps de la jurisprudence classique; mais elle subit depuis de graves modifications. Dans l'origine le préteur était intervenu directement pour donner son interdit dans chaque affaire nouvelle. Mais peu à peu le même interdit se donnant toujours dans les mêmes cas, le préteur était arrivé à l'insérer une fois pour toutes dans son édit; et, en effet, dans plusieurs des formules qui nous ont été conservées, il annonce positivement qu'il donnera son interdit toutes les fois que tels ou tels cas se présenteront (4). On finit par obtenir directement les actions qui résultaient de l'interdit, de sorte qu'au lieu de s'adresser deux fois au magistrat, une fois pour l'interdit et une autre fois pour l'action, on n'eut plus recours à lui qu'une fois, pour l'action seulement. Enfin, quand le système formulaire fut remplacé par la procédure extraordinaire, les interdits ne différèrent plus des actions. L'office du préteur et celui du juge se trouvant confondus, les interdits, comme les actions, furent portés directement devant le juge. Dans les cas où autrefois s'étaient donnés les interdits, on intenta des actions qui furent conduites dans la même forme que toutes les autres (5).

---

(1) Gaïus, iv, 168. — (2) Gaïus, iv, 167. — (3) M. Bonjean, des actions en droit romain, § 352. — (4) Ulp., l. 1, pr., *de tab. exhib.*; l. 2, pr., *ne quid in loco publ.*; l. 1, pr., *ut in flum. publ.*; l. 1, § 29, *de aq. quot. et æst.* — (5) Just., Inst., *de interd.*, pr., et § 8.

CHAPITRE II.

Des principaux interdits.

32. Nous avons examiné, dans le chapitre précédent, les interdits
en général. Nous allons étudier en particulier les principaux d'entre
eux. Nous nous occuperons d'abord des interdits conservatoires, puis
des interdits récupératoires ; nous arriverons ensuite aux interdits
destinés à protéger la quasi-possession ; enfin nous suivrons certains
interdits romains dans le droit canonique, afin de voir quelles modifications ils ont subies, et quelle influence ces modifications ont pu
exercer sur notre droit français.

§ 1er. — Interdits *retinendæ possessionis*.

33. Le plus célèbre des interdits *retinendæ possessionis* était l'interdit *uti possidetis*, qui protégeait le possesseur actuel d'un immeuble
contre toutes voies de fait de nature à le troubler dans sa possession
sans l'en dépouiller entièrement. En voici la formule, qui nous a été
transmise, comme les autres formules d'interdits qui nous sont par-
venues, par un texte d'Ulpien inséré aux Pandectes :

*Uti eas ædes, quibus de agitur, nec vi, nec clam, nec precario alter
ab altero possidetis, quominus ita possideatis, vim fieri veto. De
cloacis hoc interdictum non dabo. Neque pluris quam quanti res erit,
intra annum, quo primum experiundi potestas fuerit, agere per-
mittam* (1).

Ainsi le préteur adresse à la fois la parole aux deux plaideurs ; et
ce n'est assurément pas là le moyen de trancher la difficulté qui s'est
élevée entre eux. C'est qu'aussi le magistrat ne prétend pas ici décider
la question dans un sens ou dans l'autre. Son intention est bien
plutôt de poser une règle qui manque au droit civil, et qui servira au
juge à baser sa sentence. Et puis ne devait-il pas arriver fréquem-

---

(1) Ulp., l. 1, pr., *uti poss.*

ment que l'un des plaideurs, reconnaissant qu'il ne remplissait pas les conditions de l'interdit, que son adversaire possédait *nec vi*, *nec clam*, *nec precario*, ou que lui-même avait une possession infectée de ces vices, abandonnât volontairement la partie pour se soustraire aux nombreux dangers que présentait la procédure en matière possessoire?

On voit que l'interdit *uti possidetis* était prohibitoire. Il était aussi double, la défense du préteur s'adressant aux deux parties.

Le but de l'interdit *uti possidetis* était d'abord de vider la question de possession, afin de fixer les rôles des parties, préalablement au renvoi de la question de propriété devant le juge (1). Le préteur avait ainsi remplacé avantageusement les solennités compliquées des *manus consertæ* et des vindices, qui inauguraient, au temps des actions de la loi, tout procès en revendication. Il est même à croire que la parité de position des deux parties, dans l'interdit *uti possidetis*, a été imitée de la vieille action *per sacramentum*. Mais ce n'était pas la seule utilité de l'interdit : la première partie de la formule nous montre qu'il servait à garantir la possession d'un trouble imminent; la seconde, qu'en cas de trouble réalisé, il devait faire obtenir au possesseur troublé la réparation du dommage. En définitive, l'utilité de l'interdit *uti possidetis*, d'après les termes de sa formule, consistait à garantir le possesseur de toute violence, *vim fieri veto*. On entend ici par *vis* tout acte qui vient porter atteinte à la libre disposition que le possesseur doit avoir de la chose, soit un trouble de fait, comme si on empêche le possesseur de cultiver ou de bâtir, soit un trouble de droit, comme quand on lui conteste sa possession (2).

34. Trois conditions étaient nécessaires pour triompher dans l'interdit *uti possidetis* :

1° Il fallait d'abord avoir une possession non vicieuse au moment où l'interdit était rendu. La possession vicieuse ou *injusta*, est ici celle qui a été acquise de l'adversaire violemment, clandestinement ou par précaire (3). Au temps de Justinien, quand l'on ne donne plus d'interdits, c'est au moment de la *litis contestatio* que la possession

---

(1) Gaïus, IV, 148; Ulp., l. 1, §2 et 3, *uti poss.*; Just., Inst., *de interd.*, §4. — (2) Scævola, l. 73, § 2, *de reg. juris*; Ulp., l. 3, § 2 à 4, *uti poss.*; l. 1, § 5 à 7, *quod vi aut clam*; Pomp., l. 11, *de vi*; Paul, l. 20, pr., et § 1, *quod vi aut clam*. — (3) Gaïus, IV, 150 et 151; Paul, Sent., livre 5, titre 6, § 1; Just., Inst., *de interd.*, § 4; Ulp., l. 1, pr., *uti poss.*

doit être appréciée (1). Les vices sont purement relatifs; ainsi le possesseur, même injuste, sera préféré à tous ceux qui ne possèdent pas, excepté à ceux vis-à-vis de qui le vice existe (2). Quand le demandeur, dans le procès qui suit l'interdit, ne prouve pas avoir eu, au moment de cet interdit, une possession commencée *nec vi, nec clam, nec precario ab adversario*, le défendeur obtient une exception qui lui assure gain de cause (3). Il est bien plus simple d'insérer dans la formule l'exception de violence, de clandestinité ou de précaire, que de laisser triompher le demandeur qui possède, pour donner ensuite matière à un autre procès où le défendeur primitif triompherait à son tour au moyen de l'interdit *unde vi*, ou d'un autre interdit *recuperandæ possessionis*. L'exception, du reste, avait des limites : nous savons qu'elle ne devait pas être insérée quand, par exemple, la violence avait été exercée contre un autre que le défendeur; on ne l'insérait pas non plus quand le vice provenait de l'auteur du demandeur (4).

2° Après la preuve d'une possession exempte de vices, il fallait faire preuve d'un trouble survenu dans cette possession. Nous avons vu [33] que ce trouble ne devait pas aller jusqu'à la dépossession, et aussi en quel sens il devait être violent. S'il y avait dépossession, l'ancien possesseur perdait l'interdit, qui passait, avec la possession, dans de nouvelles mains. Chez nous, le fait de possession, quand il a duré une année, engendre un véritable droit de possession qui a pour sanction l'action possessoire, et qui survit à la perte de la détention matérielle.

3° Il fallait enfin que l'interdit fût demandé dans l'année du trouble. L'interdit *uti possidetis* se prescrivait, en effet, par un an, en ce sens qu'après l'année du trouble, on ne pouvait plus demander de dommages-intérêts, à moins, toutefois, que l'auteur du trouble n'en eût profité (5).

35. L'effet de l'interdit *uti possidetis* était de prévenir le trouble s'il n'était pas encore perpétré, et, s'il l'était, de le réparer au moyen de dommages-intérêts ; dans tous les cas, il servait à déterminer qui

---

(1) Just., Inst., *de interd.*, § 4. — (2) Ulp., l. 1, pr., et § 9, *uti poss.*; Paul, l. 2, *uti poss.*; Pomp., l. 17, *de prec.*; Venul, l. 53, *de poss.* — (3) Ulp., l. 1, § 5, *uti poss.* — (4) Ulp., l. 3, § 10, *uti poss.* — (5) Paul, l. 4, *de interd.*; Ulp., l. 1, pr., *uti poss.*

était le véritable possesseur. Si les parties ne se conformaient pas d'elles-mêmes à l'injonction du préteur, ces divers résultats n'étaient atteints qu'au moyen de l'instance qui s'élevait sur l'exécution de l'interdit. Les dommages-intérêts n'étaient pas de la valeur de la chose, mais de la valeur de l'intérêt qu'avait le possesseur à ne pas être troublé dans sa possession, de ce qu'il avait perdu ou manqué d'acquérir par suite du trouble (1).

36. L'interdit *utrubi* venait, dans la classe des interdits *retinendæ possessionis*, à côté de l'interdit *uti possidetis*. Ce que ce dernier était pour les immeubles, l'interdit *utrubi* l'était pour les meubles. En voici la formule :

Utrubi hic homo, quo de agitur, majore parte hujusce anni fuit, quominus is eum ducat, vim fieri veto (2).

Quoique cette formule ne parle que d'un esclave, l'interdit s'appliquait à toute espèce de meubles (3). De même l'interdit *uti possidetis*, qui ne parlait que des édifices, s'appliquait à tous les immeubles. On voit que ces deux interdits étaient également prohibitoires et doubles, c'est-à-dire adressés aux deux parties à la fois. Cependant, quelques différences existaient entre eux au sujet des conditions à réunir pour s'en servir avec succès :

1° Pour réussir dans l'interdit *utrubi*, il fallait justifier d'une possession exempte, vis-à-vis de l'adversaire, de violence, de clandestinité et de précarité (4). Mais ici ce n'était plus au moment de l'interdit qu'il fallait considérer la possession. Le vainqueur, d'après la formule de l'édit, était celui qui avait possédé le plus longtemps pendant l'année qui précédait le moment où l'interdit était rendu. Ainsi, n'eussé-je possédé que deux mois pendant la dernière année, je l'emporterais sur vous, si votre possession avait duré encore un moindre nombre de jours (5). Naturellement, dans ce calcul de la possession, chacun pouvait joindre à la sienne propre celle de son auteur. Au temps de Justinien, cette différence entre les deux interdits *uti possidetis* et *utrubi*, au sujet de l'époque de la possession à considérer, a complétement

____

(1) Ulp., l. 3, § 11, *uti poss.* — (2) Ulp., l. 1, pr., *de utrubi.* — (3) Gaïus, iv, 149 et 150 ; Ulp., l. 1, § 1, *de utrubi.* — (4) Ulp., l. 1, § 1, *de utrubi.* — (5) Gaïus, iv, 150 et 152 ; Lic. Ruf., l. 156, *de verb. sign.*

disparu ; dans l'un comme dans l'autre interdit, l'on ne tient plus compte que de la possession actuelle (1). Ce changement doit être postérieur à l'époque de Dioclétien ; car il est encore question de la *possessio tempore majore anni* dans les Fragments du Vatican (2). Le texte d'Ulpien (3), qui mentionne l'assimilation des deux interdits, a donc évidemment été altéré par les compilateurs des Pandectes. Comme dans l'interdit *uti possidetis*, le vice de violence, de clandestinité ou de précaire à prouver par le défendeur, donnait lieu à une exception qui s'opposait à l'action de l'interdit *utrubi*.

2° Il fallait, pour donner lieu à l'interdit *utrubi*, une atteinte violente à la possession, dans le sens de l'interdit *uti possidetis*. Au temps de Justinien, quand les deux interdits sont assimilés, ce trouble, quoique violent, ne doit pas avoir fait cesser la possession. Mais auparavant, quand il suffit d'avoir possédé pendant la majeure partie de l'année qui précède l'interdit, la condition de la possession actuelle paraît complétement inutile.

3° L'interdit *utrubi*, comme l'interdit *uti possidetis*, devait se demander dans l'année du trouble. Cette condition, dont l'absence donnait lieu à une exception au profit du défendeur, n'est mentionnée ni dans les termes de la formule, ni dans les textes. Mais elle résultait nécessairement, au temps de Justinien, de l'assimilation des deux interdits *uti possidetis* et *utrubi*; au temps des jurisconsultes classiques, la nécessité de ne considérer que la possession de la dernière année rendait l'exception inutile.

L'effet de l'interdit *utrubi* était, comme celui de l'interdit *uti possidetis*, d'empêcher le trouble imminent ou de réparer le dommage causé.

37. On s'est demandé si l'interdit *utrubi* était un véritable interdit *retinendæ possessionis*. Au temps de Justinien, cela ne fait pas question ; mais le doute est permis à l'époque classique, quand ce n'est pas le possesseur actuel, mais bien le possesseur de la *major pars anni*, qui triomphe par cet interdit. On ne peut soutenir, qu'outre la possession *majore parte anni*, la possession actuelle fût aussi nécessaire. La nécessité de la réunion de ces deux conditions aurait souvent amené

---

(1) Just., Inst., de interd., § 4. — (2) Fragm. Vat., § 293. (3) Ulp., l. 1, § 1, de utrubi.

des difficultés inextricables. A qui en effet donner gain de cause, quand ce n'est pas le possesseur de la *major pars anni* qui possède au moment de l'interdit ? D'ailleurs, Théophile nous dit positivement que si je possède une chose pendant sept mois et si un autre la possède pendant les cinq mois *suivants*, c'est moi qui aurai gain de cause, et l'autre devra me restituer la possession (1). Et cependant, malgré ce caractère restitutoire, tous les jurisconsultes romains classent l'interdit *utrubi*, non pas parmi les interdits *recuperandæ possessionis*, mais parmi les interdits *retinendæ possessionis* (2). Ils ne le mentionnent pas non plus parmi les moyens qu'ils détaillent pour suppléer à l'absence d'un interdit *recuperandæ possessionis* pour les meubles [23].

Cette classification ne s'explique que par une fiction. La possession avait beau se perdre : si elle avait duré *majore parte anni*, elle était considérée comme existant encore. L'interdit *utrubi* était donc bien, en effet, *retinendæ possessionis*. Quand une personne avait été dépossédée d'un meuble, si elle était *majore parte anni possessor*, sa possession était censée continuer, et elle avait, pour s'y maintenir, l'interdit *utrubi*, tandis que les interdits *recuperandæ possessionis* se donnaient seulement au cas où la possession avait été enlevée dans de certaines conditions, par exemple par violence. Dans le cas d'une dépossession pareille, l'interdit *utrubi* jouait véritablement le rôle d'un interdit *recuperandæ possessionis*, et comme alors la possession de l'adversaire, si longue qu'elle fût, était toujours vicieuse et ne comptait pas, il suffisait qu'on eût possédé un jour dans l'année, pour obtenir gain de cause (3). En réalité, donc, la question de savoir si l'interdit *utrubi* était *retinendæ possessionis* est de pure théorie. Toutefois, les effets de cette règle de la *major pars anni* sont remarquables. Cette sorte de possession intellectuelle, qui survit à la possession matérielle perdue, n'est-elle pas un acheminement à notre possession annale ? Et n'est-il pas étrange que l'interdit *utrubi*, sans équivalent dans notre droit français, puisque chez nous il n'existe pas d'action possessoire pour les meubles, ressemble plus à notre complainte que l'interdit *uti possidetis*, auquel la complainte a été souvent comparée ?

---

(1) Paraphase des Inst., *de interd.*, § 4. -- (2) Gaïus, IV, 148 ; Paul, Sent., livre 5, titre 6, § 1. -- (3) En ce sens : M. de Savigny, trad. Faivre, p. 469 et suiv.

38. Ce même interdit *utrubi*, transporté dans une autre législation, a donné lieu à une controverse qui se rattache à la question de l'origine de notre possession annale. On sait que le droit romain, loin d'être déraciné en Occident par la chute de l'empire, fut, par l'ordre des rois barbares, rédigé en recueils officiels, à l'usage de leurs sujets romains. Le plus célèbre de ces recueils est le *Breviarium* d'Alaric II, rédigé pour les populations du midi de la Gaule soumises à la domination des Wisigoths. Le *Breviarium* nous a transmis, plus ou moins altérés, le code Théodosien, les Sentences de Paul et le droit qui existait avant la destruction de l'empire d'Occident, c'est-à-dire longtemps avant que Justinien régnât en Orient. Le droit de la collection Wisigothe était donc étranger aux innovations de l'époque Justinienne, et notamment à l'abolition de cette règle qui, spécialement pour l'interdit *utrubi*, exigeait une possession continuée *majore parte anni*. La règle de la *major pars anni* avait donc passé dans le Bréviaire d'Alaric. Or, dans un passage de l'interprétation dont les compilateurs du Bréviaire avaient accompagné les textes romains afin d'en faciliter l'intelligence aux légistes de l'époque, la possession annale semble être posée, en règle générale, comme une condition nécessaire pour obtenir les interdits. *Si quis possidens intra anni spatium quod amisisse videtur præsentibus litigantibus judice ordinante recipiat.* Mais on ne peut conclure de là à la nécessité dès lors existante d'une possession annale pour agir au possessoire. Les mots *intra anni spatium* ne peuvent signifier autre chose que la *major pars anni* de l'interdit *utrubi*, que les rédacteurs du recueil, par suite d'une confusion ou autrement, auraient étendue aux autres interdits. C'est ce qui nous est expliqué par cet autre passage du Bréviaire d'Alaric : *Priori possessori qui majore parte anni possedit res a judice partibus præsentibus merito reformatur* (1). Les mots *intra anni spatium* se rapporteraient peut-être alors à l'annalité de l'action. Quoi qu'il en soit, l'on ne peut fonder sur cette phrase isolée l'existence de la possession annale.

§ 2. — Interdits *recuperandæ possessionis*.

39. Les interdits *recuperandæ possessionis* se donnaient pour faire

___

(1) Cours d'histoire du droit de la Faculté de Paris.

recouvrer la possession à ceux qui l'avaient perdue dans certaines circonstances graves qui attiraient particulièrement l'attention du préteur. Ces circonstances étaient la violence, la clandestinité et le précaire. De là trois interdits dont le plus important était l'interdit *unde vi*, destiné à réprimer la violence.

Les Romains distinguaient deux sortes de violence : la violence ordinaire, *vis quotidiana* ou *privata*, ou simplement *vis*, et la violence à main armée, *vis publica* ou *armata*. On entend par armes, non-seulement les boucliers, glaives et casques, mais les bâtons et les pierres (1). Ces deux sortes de violence ne produisaient pas les mêmes effets, du moins au temps des jurisconsultes classiques. Ainsi la violence simple ne faisait obtenir l'interdit qu'à celui dont la possession n'était pas vicieuse ; au contraire, l'interdit sur la violence à main armée se donnait à un possesseur quelconque (2). Dans le droit des Pandectes encore, les enfants ou affranchis ont l'interdit *de vi armata* contre leurs pères, mères et patrons, tandis qu'au cas de *vis quotidiana*, ils n'ont, par une raison de déférence, qu'une simple action *in factum* (3). Le préteur donnait-il, pour les deux cas de *vis quotidiana* et de *vis armata* un interdit différent, ou n'en donnait-il qu'un seul, compliqué, au cas d'une violence armée, d'une clause particulière ? c'est ce qu'il nous est impossible de décider d'après les textes ; car sous Justinien, les deux cas sont confondus ; en cas de violence simple, comme en cas de violence armée, l'interdit *unde vi* se donne même à celui qui a tenu la chose *vi, clam* ou *precario ab adversario*, sans préjudice aux dispositions exceptionnelles des constitutions sur la violence (4) ; et une seule formule d'interdit nous est conservée aux Pandectes, celle de l'interdit sur la violence ordinaire :

Unde tu illum vi dejecisti, aut familia tua dejecit ; de eo quæque ille tunc ibi habuit, tantummodo intra annum ; post annum, de eo, quod ad eum, qui vi dejecit, pervenerit, judicium dabo (5).

On a évidemment altéré la fin de cette formule, pour la mettre en harmonie avec la législation Justinienne : sous Justinien, les interdits

---

(1) Just., Inst., *de interd.*, § 6 ; Ulp., l. 3, § 2 et suiv., *de vi.* — (2) Gaius, iv, 154, 155. — (3) Ulp., l. 1. § 43, *de vi.* — (4) Val. Théod. et Arc., l. 7, C., *unde vi* ; Just., Inst., *de interd.*, § 6. — (5) Ulp., l. 1, pr., *de vi.*

étaient remplacés par des actions ; *judicium* veut dire une action et non pas un interdit ; la formule était sans doute originairement conçue à peu près en ces termes : *Unde tu illum vi dejecisti… id illi restituas.*

L'interdit *unde vi* s'appliquait seulement aux immeubles ; il se donnait pour les fonds de terre, pour les maisons, fussent-elles en bois, et pour tout ce qui est inhérent au sol. Il n'avait pas lieu pour les meubles ; mais s'il se trouvait des objets mobiliers sur le fonds ou dans la maison dont on avait été expulsé, ces objets étaient compris dans la réclamation que l'on faisait en vertu de l'interdit (1).

40. La première condition pour obtenir l'interdit *unde vi* était d'avoir eu, au moment de l'expulsion, la possession juridique (2). Cependant Cicéron, dans son plaidoyer pour Cæcina (3), s'efforce de prouver que la possession au moment de l'expulsion n'est pas nécessaire ; mais cette assertion d'un avocat plaidant une cause compromise ne saurait prévaloir, malgré tout le génie de l'orateur, contre l'opinion formelle des jurisconsultes. D'ailleurs, si l'interdit *unde vi* n'exigeait pas une possession antérieure, il ne serait pas un interdit *recuperandæ possessionis*. Toutefois il n'est pas nécessaire, pour obtenir l'interdit, d'être propriétaire de la chose ; il suffit d'en être possesseur, à quelque titre que ce soit, par exemple comme usufruitier, comme usager, et même en vertu d'une donation entre époux (4). Bien entendu, l'interdit se donne aussi à celui qui possède par autrui ; je l'obtiendrai, par exemple, si mon fermier ou mon administrateur, qui possèdent pour moi, ont été expulsés (5) ; je l'obtiendrais aussi si j'étais l'héritier ou le successeur de celui qui possédait au moment de l'expulsion (6).

La possession nécessaire au demandeur, pour n'être pas paralysée par une exception accordée au défendeur, devait être exempte de tout vice de violence, de clandestinité et de précaire vis-à-vis de ce dernier, du moins en cas de violence simple. C'est parce que cette condition a été supprimée dans le Bas-Empire, que les mots *nec vi, nec clam, nec precario*, ne se retrouvent pas dans la formule de l'interdit, telle qu'elle a été insérée aux Pandectes (7). D'ailleurs, même aux Pandectes, il

(1) Paul, Sent., l. 5, t. 6, § 5 ; Ulp., l. 1, §3 à 8 ; l. 3, § 15, *de vi.* — (2) Ulp., l. 1, § 9, 10, 23 et suiv. ; l. 3, § 14, *de vi.* — (3) Cicéron, *pro Cæcina*, c. 31, 32. — (4) Paul, l. 6 ; Ulp., l. 1, § 10 ; l. 3, § 10 et 17, *de vi.* — (5) Ulp., l. 1, § 22 ; Pap., l. 20, *de vi.* — (6) Ulp., l. 1, § 44, *de vi.* — (7) Cic., *pro Tullio*, c. 44, *pro Cæcina*, c. 32 ; Gaïus, IV, 151, 155 ; Just., Inst., *de interd.*, § 6 ; Paul, Sent., l. 5, t. 6, § 7.

en reste encore trace (1). Comme dans les interdits *uti possidetis* et *utrubi*, ces vices étaient purement relatifs. De plus, on n'était pas considéré comme ayant une possession entachée de violence vis-à-vis de son adversaire, quand on n'avait fait que reconquérir *illico*, *ipso congressu*, la possession dont on venait d'être dépouillé; alors la possession n'avait réellement pas été perdue, et l'on n'avait fait que repousser la force par la force (2).

Quant à la violence armée, elle était considérée comme un fait si grave, qu'elle affranchissait de toutes exceptions le possesseur qui en avait été victime, si vicieuse que fût sa possession (3). Au temps de Justinien, cette grande sévérité déployée contre la violence armée fut étendue même à la violence simple. Dès lors, quelle que fût la nature de la violence, et quels que fussent les vices de la possession, le possesseur violemment dépossédé obtint, sans distinction, l'interdit *unde vi* (4). C'est là un des arguments qui ont été invoqués dans notre droit français pour établir que la réintégrande, c'est-à-dire l'action ouverte au possesseur dépossédé, est dispensée des conditions de possession exigées pour la complainte, c'est-à-dire pour l'action donnée au possesseur simplement troublé [83]. On ne sait si c'est Justinien qui a ainsi modifié la législation, ou si la modification a été introduite par une constitution antérieure qui n'est pas parvenue jusqu'à nous. On a même accusé Tribonien d'avoir mutilé sans discernement l'ancien droit. Ce qu'il y a de certain, c'est que, d'après les constitutions, le spoliateur violent perdait tout droit sur la chose par lui ravie, même la propriété, s'il était propriétaire [23]. Il perdait donc à plus forte raison tout droit résultant de la possession, notamment celui d'opposer à son adversaire l'exception *vi*, *clam* ou *precario*. L'abrogation de l'ancien droit résultait donc nécessairement des constitutions (5).

41. La deuxième condition, pour obtenir l'interdit *unde vi*, était d'avoir été expulsé violemment de la possession. Et il ne s'agit pas ici d'un simple trouble, comme ceux qui donnent lieu aux interdits *retinendæ possessionis* : il faut une violence grave, *atrox*, et qui empêche

---

(1) Ulp., l. 1, § 30, *de vi.* — (2) Jul., l. 17, *de vi.* — (3) Cic., *pro Cæcina*, c. 8, 22, 32. — (4) Just., Inst., *de interd.*, § 6; Ulp., l. 1, pr., et § 1, *de vi.* — (5) M. de Savigny, trad. Faivre, p. 500.

invinciblement la continuation de la possession, une véritable force majeure (1). Il n'est cependant pas nécessaire que des voies de fait aient eu lieu; il suffit que le possesseur ait fui devant les envahisseurs (2). Mais le possesseur, que la simple crainte aurait déterminé à livrer sa chose, n'aurait pas droit à l'interdit, et c'est par l'action *quod metus causa* qu'il devrait agir (3). Ces décisions et d'autres encore, en apparence contradictoires, se concilient par une distinction, toute conforme aux termes de la formule, entre un danger présent et un danger simplement à venir ; le danger présent seul constitue une force majeure, une violence dans le sens de l'interdit *unde vi*. Peu importe du reste que le dépossédé ait été chassé de sa maison, ou qu'on l'ait empêché d'y rentrer (4); dans les deux cas, il y a force majeure. Mais s'il avait lui-même livré la possession, il aurait eu beau ne céder qu'à la contrainte, on lui eût refusé l'interdit, parce que celui qui livre, quoique contraint, n'est réellement pas *vi dejectus* (5). La violence, dans le sens qui nous occupe, suppose une force qui s'est exercée directement sur la personne, et l'a réduite à un rôle purement passif.

Par qui maintenant cette violence doit-elle avoir été exercée? Il faut qu'elle soit l'œuvre du défendeur lui-même ou d'une personne sous sa puissance ; il suffit même, pour qu'on puisse agir contre lui, que la violence ait été commise par son ordre ou par son conseil (6). Le père de famille était tenu de deux manières des violences commises par ses enfants ou ses esclaves : on pouvait demander contre lui l'action résultant de l'interdit sous forme d'action noxale, et il se trouvait dans l'alternative d'abandonner l'auteur de la violence ou de payer le montant des condamnations; ou bien on agissait contre lui jusqu'à concurrence de ce dont il avait profité (7).

L'action de l'interdit était une véritable action *ex delicto*; ainsi l'interdit ne se donnait pas contre l'héritier de l'auteur de la violence (8); mais on avait contre lui, contre le possesseur de biens, et contre les autres successeurs universels, une action *in factum* pour tout ce qui leur était parvenu, et pour tout ce qu'ils avaient empêché par dol de

---

(1) Ulp., l. 1, § 3, *de vi* ; Paul, l. 2, *quod met. causa*. — (2) Ulp., l. 1, § 29, *de vi*. — (3) Ulp., l. 9, pr., *quod met. causa*. — (4) Paul, Sent., l. 5, t. 6, § 6; Ulp., l. 1, § 24, *de vi*. — (5) Ulp., l. 5, *de vi*. — (6) Ulp., l. 1, § 12 à 15; l. 3, § 10 à 12, *de vi*.— (7) Ulp., l. 1, § 15, 19, 20; l. 4, *de vi*. — (8) Just., Inst., *de perp. et temp. act.*, § 1.

leur parvenir (1). Quant aux successeurs particuliers, ils n'étaient tenus de rien, aucune obligation ne leur étant transmise (2). A plus forte raison n'était-on pas tenu de l'interdit, par cela seul qu'on possédait la chose qu'un autre avait ravie par violence (3).

42. La troisième condition pour obtenir l'interdit *unde vi* était de le demander dans l'année de l'expulsion violente. Mais le préteur le donnait encore, même après l'expiration de l'année, jusqu'à concurrence de ce qui avait tourné au profit du défendeur (4) ; or c'est ce qui arrivait très fréquemment ; car souvent le demandeur avait encore la possession de la chose de longues années après la violence ; et c'était justement cette possession que réclamait le demandeur. Il paraît que dans l'ancien droit l'interdit se donnait aussi après l'année en cas d'expulsion à main armée (5).

L'interdit *unde vi* resta annal, comme la plupart des actions d'origine prétorienne, jusqu'à Justinien ; sous cet empereur, dont la législation a une tendance marquée à la répression sévère des violences, sa durée fut portée à trente ans (6).

43. L'effet de l'interdit *unde vi* était de rétablir l'ancien possesseur violemment spolié dans la position où il était avant la dépossession. Pour cela, il avait droit à deux choses : à la restitution de la possession perdue, et à une indemnité pour tout le dommage qu'il avait éprouvé à être dépossédé.

La restitution de la possession se faisait sans difficulté quand le défendeur en était encore nanti ; mais il pouvait se faire qu'il l'eût perdue, ou même qu'il ne l'eût jamais acquise ; dans ce cas, il devait en payer la valeur, *quanti intersit possidere*, valeur qu'il ne faut pas confondre avec celle de la propriété elle-même (7).

Quant à l'indemnité, elle devait être de tout l'intérêt qu'aurait eu le demandeur à ne pas être dépossédé, *tantum consecuturum quanti sua interesset se vi dejectum non esse* (8). D'après les termes de l'édit, cette valeur devait comprendre celle de tous les objets que le demandeur

---

(1) Ulp., l. 1, § 48, *de vi* ; l. 3, pr., et § 48 ; l. 9, pr., *de vi* ; Paul, l. 2, *de vi*. — (2) Ulp., l. 3, § 10, *uti poss*. — (3) Paul, l. 7, *de vi*. — (4) Ulp., l. 1, pr., *de vi*. — (5) Cic., *ep. ad familiam*, xv, 10. — (6) Just., l. 11, C., *unde vi*. — (7) Ulp., l. 1, § 42 ; l. 15 ; Paul, l. 9, *de vi*. — (8) Ulp., l. 1, § 41, *de vi*.

avait perdus par la dépossession, et notamment des objets mobiliers qui pouvaient alors se trouver sur le fonds (1). Il n'est même pas nécessaire que le dépossédé ait eu la possession juridique de ces objets; il suffit qu'il les ait détenus comme commodataire, dépositaire, gagiste, ou locataire (2). Le demandeur devait également obtenir la restitution des fruits; peu importe que l'auteur de la violence les ait ou non perçus; il suffit qu'on ait pu les percevoir (3); et ce qu'il y a de remarquable, c'est que les fruits étaient évalués, non pas, comme dans les autres interdits, du jour où l'interdit était rendu, mais du jour de la dépossession (4). Les risques de la chose étaient aussi pour le défendeur; car tout le dommage qui survenait après la violence exercée, un incendie, par exemple, n'aurait peut-être pas eu lieu si la chose fût restée entre les mains du demandeur, et ce dernier devait en être indemnisé (5).

Quand il était impossible de faire la preuve des choses perdues dont la valeur était réclamée, le demandeur était cru sur son serment en tout ce qui concernait le nombre et la nature de ces objets, sauf un maximum à fixer par le juge : c'est ce qu'on a appelé le *juramentum Zenonianum*. Ce serment n'était sans doute qu'une application du *jusjurandum in litem*. Peut-être le *jusjurandum in litem* n'avait-il rapport qu'à la valeur, et non pas au nombre des choses demandées (6).

41. Nous ne connaissons, après l'interdit *unde vi*, que deux interdits *recuperandæ possessionis*, l'interdit *de clandestina possessione* et l'interdit *de precario*. Ils se donnaient quand la possession avait été enlevée à la faveur de la clandestinité ou du précaire, comme l'interdit *unde vi* se donnait quand elle avait été enlevée à l'aide de la violence. Ainsi ces trois circonstances *vi*, *clam*, *precario*, qui formaient des exceptions dans les interdits *retinendæ possessionis*, engendraient elles-mêmes chacune un interdit particulier. Les conditions pour se servir de cet interdit étaient, comme pour l'interdit *unde vi*, qu'on eût la possession juridique, et qu'ensuite cette possession eût été enlevée, soit clandestinement, soit par celui qui détenait précairement la chose.

---

(1) Ulp., l. 1, pr., § 32 et suiv., *de vi*. — (2) Ulp., l. 1, § 33, *de vi*. — (3) Diocl. et Max., C., l. 4, *unde vi*. — (4) Ulp., l. 1, § 40, *de vi*. — (5) Paul. Sent., l. 5, t. 5, § 8. — (6) Zénon, l. 9, C., *unde vi*; Cujas, t. IX, p. 1160, opp.

Les effets étaient la restitution de la chose et l'indemnité du dommage causé.

45. Nous nous arrêterons peu sur l'interdit *de clandestina possessione*. En effet, il n'occupe guère, dans le droit romain, que la place d'une curiosité historique, et au temps des jurisconsultes classiques il n'était déjà plus en usage. La seule mention que nous ayons de son existence est dans un passage d'Ulpien (1), rapportant incidemment, à propos de l'action en partage, une opinion de Julien. Si le demandeur en partage possède clandestinement, dit le jurisconsulte cité, ce n'est ni l'interdit *unde vi*, ni l'interdit *de precario* qu'il faut demander : *sed et si clam dicatur possidere qui provocat, dicendum esse ait, cessare hoc judicium; nam de clandestina possessione competere interdictum inquit.*

Le possesseur clandestin est celui qui s'est emparé furtivement d'une chose, en profitant de l'ignorance de celui dont il avait à redouter la contradiction. C'est l'origine de la possession qu'il faut considérer pour fixer son caractère. La possession clandestine, dans l'origine, reste toujours telle, lors même qu'elle vient plus tard à la connaissance du dépossédé; réciproquement la possession ne devient point clandestine, lorsque c'est seulement après son acquisition que le possesseur commence à la céler (2). Une exception est faite en faveur du propriétaire de la chose : l'origine de sa possession a beau être clandestine, il n'est jamais traité comme un possesseur clandestin (3).

Il est à croire que l'interdit *de clandestina possessione* ne s'appliquait qu'aux immeubles, et cela par les mêmes raisons qui ont sans doute empêché d'appliquer aux meubles l'interdit *unde vi*, parce qu'il existait d'autres moyens de protéger la possession mobilière, les actions *furti, ad exhibendum* et l'interdit *utrubi* [23].

La disparition de l'interdit *de clandestina possessione*, s'explique par l'introduction de ce principe, que la possession des immeubles continuerait, malgré leur occupation par un tiers, tant que le possesseur ignorerait cette occupation [18]. Ce principe une fois admis, il n'y eut plus, en réalité, de dépossession clandestine; si, apprenant l'occupa-

---

(1) Ulp., l. 7, § 5, comm. div. — (2) Ulp., l. 6, pr.; Afr., l. 10, § 2, de poss. — (3) Afr., l. 10, § 3, de poss.

tion, le possesseur rentrait sur son fonds, il n'avait jamais perdu la possession ; s'il était repoussé, c'était par l'interdit *unde vi* qu'il lui fallait agir. Il n'est donc pas étonnant que les Pandectes mentionnent à peine un interdit devenu inutile au temps de la jurisprudence classique ; mais un ancien jurisconsulte comme Julien pouvait encore en parler.

46. Il y avait *precarium* quand une personne concédait à une autre la jouissance d'une chose, se réservant de la lui reprendre à volonté (1). Le *precarium* était ainsi nommé parce qu'il n'était autre chose qu'une tolérance accordée aux prières du concessionnaire, *quod precibus petenti utendum conceditur*. La permission pouvait être expresse ou tacite (2). Elle pouvait être aussi plus ou moins large : ainsi le preneur à précaire pouvait obtenir la permission de posséder, et alors il avait la possession juridique, il pouvait user des interdits contre tout autre que son bailleur (3) ; mais s'il n'obtenait que la permission de rester sur le fonds, il ne possédait pas (4). Quand le bailleur réclamait la chose et que le preneur refusait de la restituer, la possession de ce dernier devenait vicieuse, et il était tenu de l'interdit *de precario*, absolument comme le possesseur violent était tenu de l'interdit *unde vi*, et le possesseur clandestin de l'interdit *de clandestina possessione* (5). *Quod precario ab illo habes*, disait l'édit du préteur, *aut dolo malo fecisti ut desineres habere, qua de re agitur, id illi restituas* (6).

Il paraît que dans l'origine l'interdit *de precario* s'appliquait aux seuls immeubles (7) ; mais cette conformité avec les autres interdits *recuperandæ possessionis* disparut, et à l'époque classique l'interdit *de precario* s'appliquait aux meubles (8). Les conditions pour l'obtenir étaient une possession juridique préexistante, et le refus de restitution de cette possession de la part du preneur à précaire. Il n'y avait pas de condition de temps, car la possession précaire dure souvent de longues années, et le refus de restitution est un vice sans cesse renaissant (9). L'effet de l'interdit était de remettre le demandeur dans la

---

(1) Ulp., l. 1, pr., *de precario.* — (2) Paul, Sent., l. v, t. 6, § 11. — (3) Ulp., l. 4, § 1 ; Pomp., l. 15, § 4, *de prec.*— (4) Ulp., l. 6, § 2, *de prec.*— (5) Ulp., l. 2, pr., § 1 et 2, *de prec.* — (6) Ulp., l. 2, pr., *de prec.* — (7) Isidore, Orig., v, 25, cité par M. de Savigny, trad. Faivre, p. 524, et par M. Bonjean, § 359; Gaius, l. 3, *de prec.* — (8) Ulp., l. 4, pr., *de prec.* — (9) Ulp., l. 8, § 7, *de prec.*

position où il aurait été, si la restitution n'avait pas été refusée; il doit donc obtenir la restitution de la chose et des fruits et la réparation de tout le dommage par lui éprouvé (1). Toutefois, il est à remarquer qu'en ce qui concerne les risques de la chose, le défendeur n'était tenu que de son dol ou de sa faute grave (2).

47. Le *precarium* et l'interdit *de precario*, ont donné lieu à un nombre étonnant de controverses. Et d'abord les jurisconsultes romains se divisaient sur la question de savoir si le *precarium* était ou non un contrat : suivant les uns (3), ce n'était pas même un pacte, c'était une relation d'une espèce particulière qui ne pouvait engendrer qu'un moyen prétorien, un interdit; suivant les autres (4), c'était un contrat innommé, produisant une véritable obligation, et sanctionné, en outre de l'interdit, par l'action *præscriptis verbis*. On discutait aussi la question de savoir si l'interdit se donnait ou non contre l'héritier du preneur à précaire : quelques jurisconsultes (5) ne pensaient pas que l'héritier possédât la chose comme *precarium;* d'autres (6) ne craignaient pas d'accorder l'interdit contre lui. Comment expliquer des contradictions si manifestes sur des points si importants? Comment le *precarium* n'a-t-il pas été franchement assimilé à un contrat réel, au commodat, ou au moins à un contrat innommé? Le *precarium* ne réunissait-il pas les éléments constitutifs d'un contrat réel, la tradition et la convention de restituer? Comment surtout comprendre l'établissement et l'usage fréquent d'un acte aussi essentiellement gratuit que le *precarium*, chez les Romains, chez le peuple le plus avide et le plus intéressé que la terre ait porté? C'est ce que M. de Savigny (7) se charge d'expliquer au moyen de son système sur l'*ager publicus :* selon lui, le *precarium* n'était, dans l'origine, autre chose que la concession faite par les patriciens à leurs clients, de portions de l'*ager publicus;* les liens de clientèle expliquent la libéralité; si le *precarium* ne produisait pas d'obligation, c'est qu'entre patrons et clients une obligation proprement dite ne pouvait naître; enfin les incertitudes

____

(1) Ulp., l. 2, pr.; l. 8, § 3 à 6, *de prec.* — (2) Ulp., l. 8, § 5 et 6, *de prec.* — (3) Paul, l. 14; Venul., l. 22, § 1, *de prec.*— (4) Ulp., l. 2, § 2; Jul. l. 19, § 2, *de prec.;* Paul, Sent., l. v, litre 6, § 10. — (5) Celse, l. 12, § 1, *de prec;* Paul, Sent., l. 5, t. 6, § 12.— (6) Ulp., l. 8, § 8, *de prec.* — (7) Trad. Faivre, p. 528 et suiv.

des jurisconsultes proviennent du plus ou moins de propension qu'ils avaient à s'en tenir aux vieux principes du *precarium*, après la suppression de l'*ager publicus*, car le *precarium* s'était étendu successivement aux immeubles des particuliers et même aux meubles. Il faut convenir que ce système de l'*ager publicus* répond aux diverses questions d'une manière fort satisfaisante ; mais après tout, nous avons vu qu'il ne repose que sur des conjectures (9). L'origine qu'il donne du *precarium* est un peu restreinte, un peu exclusive, et, sans la repousser, nous croyons qu'on peut trouver d'autres applications qui ont dû répandre l'usage du *precarium* : nous citerons la possession précaire que le créancier gagiste a dû souvent accorder au débiteur sur sa propre chose engagée, avant que l'hypothèque eût été introduite à Rome (1) ; telle est aussi la possession que le vendeur peut accorder à l'acheteur qui n'a pas encore payé son prix (2) ; tous les jours on laisse user précairement d'un passage, d'une vue, sans prétendre constituer une servitude ; enfin, même sous la république, l'agriculture entra tellement en décadence, et il y avait tant de fonds abandonnés, qu'on put concevoir le précaire sans supposer une grande générosité de la part des propriétaires.

§ 3. — Interdits quasi-possessoires.

48. Les interdits que nous avons étudiés jusqu'ici protégeaient la possession des choses elles-mêmes, cette possession proprement dite qui correspond au droit de propriété. Mais la quasi-possession des droits réels autres que la propriété, des servitudes personnelles et prédiales, n'était pas non plus restée sans défense. Les moyens de protection employés par le préteur variaient suivant la nature de ces droits [24].

L'exercice des servitudes personnelles, comme l'usufruit, l'usage, l'habitation, se liait étroitement à la possession de la chose elle-même. Le préteur, dans les mêmes cas où il aurait donné les interdits *uti possidetis*, *utrubi*, *unde vi*, *de precario*, pour protéger la possession de la chose, donnait *utilement*, quand il s'agissait d'une servitude person-

---

(1) Ulp., l. 6, § 4, *de prec.* — (2) Ulp., l. 20, *de prec.*; V. Ducaurroy, Inst. expl., titre *de interdict's.*

nelle sur cette chose, les mêmes interdits dont il modifiait diversement la formule (1).

Quant aux servitudes réelles ou prédiales, elles étaient protégées, tantôt par ces mêmes interdits donnés utilement, tantôt par des interdits qui leur étaient particuliers. Les interdits ordinaires donnés utilement s'appliquaient surtout à la quasi-possession des servitudes négatives, *quæ in non faciendo consistunt* (2), comme celle de ne pas bâtir. Le droit d'empêcher son voisin de bâtir n'est guère en effet qu'une qualité de la propriété de la chose principale, et la quasi-possession d'un droit pareil n'est qu'une qualité de la possession du fonds; elle sera donc protégée par les mêmes interdits. Au contraire, la quasi-possession des servitudes positives, *quæ in faciendo consistunt*, comme un droit de passage, suppose des actes tout à fait indépendants de la possession de la chose principale; ces actes constituent une possession d'une nature toute particulière, qui, par cette nature même, se plaçait en dehors des formules des interdits ordinaires; les conditions spéciales de ces diverses sortes de possession devaient être posées par des formules spéciales, et nous croyons qu'il faut attribuer à cette cause la diversité des interdits relatifs aux servitudes.

49. L'exercice du droit de passage était protégé par l'interdit *de itinere actuque privato*. La formule de cet interdit ne s'adressait qu'à une seule des parties, et non pas à toutes deux, comme celles des interdits *uti possidetis* et *utrubi;* cet interdit était donc simple, et le défendeur seul pouvait être condamné (3). Il était prohibitoire, en ce qu'il défendait de faire violence à l'exercice du droit de passage (4). Les conditions de l'interdit *de itinere* étaient, comme celles de l'interdit *uti possidetis*, la possession, un trouble survenu dans cette possession, et la demande de la formule dans un certain délai. Mais quoique l'interdit *de itinere* fût *retinendæ possessionis*, comme *uti possidetis*, il en différait cependant essentiellement; car il ne s'agissait plus ici de la possession actuelle, il fallait avoir possédé pendant l'année qui précédait la délivrance de l'interdit *nec vi, nec clam, nec precario ab adver-*

---

(1) Ulp., l. 4, *uti poss.;* l. 3, § 13 à 16, *de vi ;* l. 2, § 3, *de prec.;* Fragm. *Vat.,* § 90. — (2) Ulp., l. 8, § 5, *si serv. vind.* — (3) Ulp., l. 1, pr., *de itinere.* — (4) Ulp., l. 1, § 1, *de itinere.*

sario (1), et il n'était pas nécessaire d'avoir exercé le droit de passage pendant l'année entière ; il suffisait de l'avoir exercé pendant un temps qui ne pouvait être moindre de trente jours (2). L'effet de l'interdit était de faire obtenir au possesseur troublé la cessation du trouble, et une indemnité pour le préjudice causé (3).

Il y avait un second interdit *de itinere*, destiné à protéger, non plus l'exercice du droit de passage, mais la réparation du chemin (4). Cet interdit avait cela de particulier, que, pour l'obtenir, il ne suffisait pas au demandeur de prouver sa possession ; il lui fallait prouver son droit à la servitude elle-même (5). C'est ce qui explique ce texte de Paul : *Quædam interdicta rei persecutionem continent, veluti de itinere actuque privato ; nam proprietatis causam continet hoc interdictum* (6).

50. Deux interdits protégeaient l'usage des conduites d'eau, l'interdit *de aqua quotidiana*, et l'interdit *de aqua æstiva*. L'eau quotidienne est celle dont il est possible de se servir chaque jour ; l'eau d'été est celle qui, d'après la situation des lieux ou les usages locaux, n'arrive d'habitude que pendant l'été (7). Les deux interdits se donnaient, en cas de trouble, à celui qui était en possession d'une conduite d'eau *nec vi, nec clam, nec precario ab adversario*, pour lui faire obtenir l'exercice paisible de la servitude et la réparation du dommage (8). Tous deux étaient, d'après leurs formules, *retinendæ possessionis* et simples (9). Ils étaient tantôt prohibitoires et tantôt restitutoires (10). Ils différaient l'un de l'autre par les conditions de la possession.

L'interdit *de aqua quotidiana* se donnait à celui qui avait usé de la conduite d'eau pendant la dernière année, fût-ce un seul jour (11) : C'était là, sans doute, une bien faible garantie ; mais la condition d'avoir usé *nec vi, nec clam, nec precario ab adversario*, diminuait le danger qu'il y avait à se contenter d'une aussi courte possession.

L'interdit *de aqua æstiva* se donnait à celui qui avait usé de la con-

---

(1) Ulp., l. 1, pr., *de itinere*. — (2) Ulp., l. 1, § 2, *de itinere*. — (3) Ulp., l. 1, pr. ; l. 3, § 3, *de itinere*. — (4) Ulp., l. 3, § 11, *de itinere*. — (5) Ulp., l. 3, § 11, 13, 14, *de itinere*. — (6) Paul, l. 2, § 2, *de interd*. — (7) Ulp., l. 1, § 2, 3 et 4, *de aqua quot. et æst*. — (8) Ulp., l. 1, pr., § 23, 27, *de aq. quot. et æst*. — (9) Ulp., l. 1, pr., *de aq. quot. et æst*. — (10) Ulp., l. 1, § 2, *de aq. quot. et æst*. — (11) Ulp., l. 1, § 4, *de aq. quot. et æst*.

duite d'eau, non pas pendant l'année courante, mais pendant l'été qui avait précédé le moment de la délivrance de l'interdit (1). On le donnait *utilement*, dans le cas où la conduite d'eau avait eu lieu, non dans l'été, mais dans l'hiver, non dans l'été précédent, mais dans l'été où l'on était alors (2).

51. Un interdit spécial se donnait pour la réparation de la conduite d'eau; c'était l'interdit *de rivis*; on l'obtenait dans les mêmes cas et aux mêmes conditions que les deux interdits précédents (3).

52. L'exercice de la servitude *aquæ hauriendæ*, et la réparation des sources, puits et étangs grevés d'une telle servitude, étaient protégés par les deux interdits *de fonte* (4).

53. L'interdit *de cloacis* se donnait pour assurer le curage, la réparation et la reconstruction des égouts. Cet interdit avait cela de remarquable, que le préteur n'y avait pas inséré l'exception *nec vi, nec clam, nec precario*, comme dans les autres interdits *retinendæ possessionis*. Ce surcroît de protection accordé à la possession de la servitude d'égout s'explique par des considérations de salubrité publique devant lesquelles les intérêts privés ont dû céder. Dans cet interdit, et en général dans ceux qui avaient pour but de protéger une réparation ou une reconstruction, la *nuntiatio novi operis*, c'est-à-dire la défense, faite dans les formes voulues, de continuer les travaux avant d'obtenir une sentence qui les permit, ne faisait aucun obstacle à l'œuvre comprise dans les mots *reficere, purgare,* etc., de l'édit; car la dénonciation de nouvel œuvre constituait un véritable trouble, une violence prohibée par l'injonction du préteur : *vim fieri veto* (5). Il ne restait donc au propriétaire du terrain sur lequel s'exécutaient les travaux, d'autre ressource, après l'interdit, que l'action négatoire; mais il pouvait exiger la *cautio damni infecti* (6).

54. Le droit de superficie était le seul droit réel qui, en dehors des servitudes prédiales, fût protégé par un interdit particulier. La formule (7) différait à peine de celle de l'interdit *uti possidetis*, et il n'était guère que l'interdit *uti possidetis* donné utilement.

---

(1) Ulp., l. 1, § 29 et suiv., *de aq. quot. et æst.* — (2) Ulp., l. 1, § 35 et 36, *de aq. quot. et æst.* — (3) Dig., *de rivis.* — (4) Ulp., *lex unica, de fonte.* — (5) Ulp., l. 1, pr., et § 13. *de cloacis; l. 3, § 8, de rivis.* — (6) Ulp., l. 1, § 14, *de cloacis.* — (7) Ulp., l. 1, pr., *de superficiebus.*

55. Les interdits *de operis novi nuntiatione* et *de remissionibus* ne sont véritablement pas des interdits possessoires ; car ni l'un ni l'autre ne suppose une possession juridique préexistante ; l'interdit *de operis novi nuntiatione* protége une situation toute particulière qui ne ressemble pas à la possession juridique ; l'interdit *de remissionibus* dépend, non pas d'une question de possession, mais de la question de l'existence même d'un droit de propriété ou de servitude (1). Si donc nous parlons de ces deux interdits, c'est uniquement à cause des rapports qui peuvent exister entre la *dénonciation de nouvel œuvre* du droit français, et la *nuntiatio novi operis* du droit romain [87].

La *novi operis nuntiatio* n'était pas elle-même un interdit ; c'était une simple défense de passer outre, faite par la partie elle-même, avec ou sans l'intervention du magistrat, à celui qui, par constructions, fouilles, démolitions, travaux quelconques, attentait à son droit (2). La dénonciation pouvait être faite, soit à l'auteur même des travaux, soit à ses ouvriers ou représentants (3). Elle avait lieu de trois manières : 1° par simples paroles ; 2° par réquisition au préteur de faire cesser les travaux ; 3° par le jet d'une petite pierre sur le fonds de l'auteur de l'innovation (4).

La dénonciation de nouvel œuvre était surtout usitée en matière de servitudes, et c'est pour cette raison que nous la traitons ici ; elle avait lieu surtout quand celui dont le fonds était grevé d'une servitude faisait exécuter des travaux pour en empêcher l'exercice. Son seul but était de constituer l'adversaire en faute s'il ne suspendait pas ses travaux. Sans doute, le novateur avait le droit de se pourvoir par l'interdit *de remissionibus* pour faire lever la défense par le magistrat ; mais s'il continuait ses travaux sans autorisation, la destruction en était ordonnée, par ce seul motif qu'ils avaient été exécutés au mépris de la dénonciation de nouvel œuvre ; un interdit restitutoire, *de operis novi nuntiatione*, était, dans ce but, donné au dénonçant (5).

Il y avait lieu à la dénonciation de nouvel œuvre toutes les fois que

---

(1) Ulp., l. 1, pr., *de operis novi nunt.*; l. 20, pr., *cod. tit.*; l. unica, pr., et § 3, *de remissionibus.* — (2) Ulp., l. 1, § 2, *de op. novi nunt.* — (3) Ulp., l. 5, § 3; l. 10, *de op. novi nunt.* — (4) Ulp., l. 1. § 2; l. 5, § 10, *de op. novi nunt.* — (5) Ulp., l. 1, pr., *de op. novi nunt.*; l. 21, § 1, *cod. tit.*; l. unica, pr., *de remiss.*

l'ancien état de choses éprouvait quelque changement préjudiciable au réclamant, et elle produisait son effet, sans qu'on eût à s'inquiéter si ce réclamant avait ou non le droit d'interdire les travaux (1). Elle avait lieu, soit que le travail fût fait sur le terrain du dénonçant, soit qu'il fût fait sur celui du novateur (2). Elle ne pouvait être signifiée utilement qu'avant l'achèvement du nouvel œuvre (3) ; elle n'avait donc d'effet que pour l'avenir, et, dans ce but, le dénonçant devait faire constater d'une manière exacte l'état des travaux au moment de la sommation, afin qu'on sût, le cas échéant, ce qui devait être détruit (4). On pouvait toutefois être admis à continuer les travaux en donnant caution (5).

Quand les parties s'étaient pourvues par l'interdit *de remissionibus*, la décision qui intervenait sur le point de savoir si le dénonçant était fondé ou non à faire la défense, ne produisait d'autre effet que de donner mainlevée de cette défense ou de la maintenir ; mais elle ne préjugeait en rien le fond, et les droits des parties restaient entiers (6).

On a prétendu que, si la *nuntiatio novi operis* n'avait pas été faite au novateur ou à ses ouvriers, il ne restait plus à la partie lésée d'autre ressource que l'action confessoire ou négatoire pour obtenir la réparation du préjudice qu'elle éprouvait. L'intérêt de cette question, c'est qu'on a voulu introduire ce système du droit romain dans notre droit, et en conclure qu'en pareil cas il y avait déchéance du possessoire. Mais il est certain au contraire qu'en droit romain celui qui n'avait pas fait la dénonciation de nouvel œuvre avait encore, pour arriver à la destruction des travaux, la ressource de l'interdit *quod vi aut clam*, qui n'obligeait à aucune preuve touchant le fond du droit : *Hoc remedium operis novi nuntiationis*, dit Ulpien, *adversus futura opera inductum est, non adversus præterita,..... nam si quid operis factum fuerit, quod fieri non debuerit, cessat edictum de operis novi nuntiatione, et erit transeundum ad interdictum quod vi aut clam factum fuerit, ut restituantur* (7). On voit que l'omission de la dénonciation

---

(1) Ulp., l. 20, § 3 et 4, *de op. novi nunt.* — (2) Ulp., l. 5, § 8 et 9, *de op. novi nunt.* — (3) Ulp., l. 1, § 1, *de op. novi nunt.* — (4) Paul, l. 8, § 5, *de op. novi nunt.* — (5) Ulp., l. 5, § 17; l. 20, § 9, *de op. novi nunt.* — (6) Paul, l. 19, *de op. novi nunt.* — (7) Ulp., l. 1, § 1, *de op. novi nunt.*

de nouvel œuvre ne réduisait pas le demandeur aux seules voies pétitoires; seulement il était alors obligé d'établir que les travaux avaient
eu lieu violemment ou clandestinement, de manière à lui nuire, tandis
qu'au cas de dénonciation de nouvel œuvre, le demandeur n'avait
autre chose à prouver, pour obtenir la démolition, que le fait même
de la dénonciation.

56. L'interdit *quod vi aut clam*, pas plus que les interdits *de operis novi nuntiatione* et *de remissionibus*, ne se basait sur la possession
juridique. Il se donnait à la personne dont le fonds ou les droits immobiliers avaient à souffrir de l'exécution de quelque ouvrage nouveau pratiqué à l'aide de la violence ou à la faveur de la clandestinité.
« *Quod vi aut clam factum est,* » dit le préteur, « *id, quum expe-
riendi potestas est, restituas* (1). » Il n'était pas nécessaire, pour obtenir cet interdit, d'être possesseur; le fermier, l'usufruitier et tous ceux
qui avaient intérêt l'obtenaient (2). Peu importait que le demandeur
eût ou non le droit de s'opposer aux travaux; il suffisait que l'ouvrage
fût nuisible à son fonds, et qu'il fût fait *vi aut clam* (3). C'était
une mesure d'ordre public, mais non pas un moyen possessoire.

La violation de la *nuntiatio novi operis* était considérée comme une
violence dans le sens de l'interdit *quod vi aut clam* (4); bien entendu, il n'y a plus violence une fois la mainlevée obtenue. Ainsi,
en cas de dénonciation de nouvel œuvre, le demandeur dénonçant
avait deux interdits à son service, *de operis novi nuntiatione* et *quod
vi aut clam;* s'il s'agissait d'ouvrages accomplis avant la dénonciation,
il n'avait plus que la dernière de ces deux ressources (5).

57. Nous avons vu que la plupart des interdits n'exigeaient, pour
la possession juridique, aucune condition de durée, à l'inverse de notre
droit français, qui exige de ceux qui veulent agir au possessoire une
possession annale; on ne peut donc songer à faire remonter au droit
romain l'origine de l'annalité. Nous ne reviendrons pas sur ce que
nous avons dit de l'interdit *utrubi* [38]; les interdits *de itinere, actuque privato, de aqua quotidiana et œstiva* et *de fonte,* cités quelque-

(1) Ulp., l. 1, pr., *quod vi aut clam*: l. 1, § 4; Paul, l. 20, § 4; Venul., l. 23, § 3, Celse,
l. 18, *quod vi aut clam.* — (2) Ulp., l. 11; l. 13, § 4; Venul., l. 12, *quod vi aut clam.* —
(3) Ulp., l. 1, § 2, *quod vi aut clam.* — (4) Ulp., l. 1, § 5,6; Paul, l. 20, § 1, *quod vi
aut clam.* — (5) Ulp., l. 7, § 2, *quod vi aut clam.*

fois dans les controverses historiques, sont tout aussi étrangers à l'annalité. Voici comment est conçue la formule du premier de ces
interdits : *Quo itinere actuque privato, de quo agitur, vel via, hoc
anno, nec vi, nec clam, nec precario ab illo usus es, quominus utaris,
vim fieri veto* (1). Les mots *hoc anno* se trouvent également dans les
formules des deux autres interdits quasi-possessoires dont nous venons
de parler. Mais il ne faut pas en conclure à la nécessité, dès lors existante de la possession annale : les mots *hoc anno* ne signifient pas une
possession continuée pendant une année entière, mais seulement pendant un certain temps de l'année qui ne doit pas être moindre de
trente jours, *si modo anno usus est, vel modico tempore, id est non
minus quam triginta diebus* (2). Ulpien, qui nous donne cette explication, nous dit ailleurs que, pour l'interdit *de aqua quotidiana*, il
suffit d'avoir possédé dans l'année *vel una die vel nocte* (3) ; les mots
hoc anno ne doivent donc pas être pris à la lettre. Sans doute le jurisconsulte ne nous donne pas d'interprétation semblable pour les interdits *de aqua æstiva* et *de fonte* ; mais il est à présumer que les mêmes
observations leur sont applicables [97 à 101].

§ 4. — De l'interdit *unde vi* sous Justinien et dans le droit canonique.

58. Nous avons vu que le système des interdits possessoires fut gra-
vement modifié, tant au fond qu'en la forme : la procédure compliquée des interdits fut remplacée par la procédure extraordinaire, devenue commune à toutes les actions [31] ; l'interdit *utrubi* fut assimilé
à l'interdit *uti possidetis* quant aux conditions de possession [36] ; on
étendit à la violence simple les règles sévères adoptées pour la violence
armée [39]. Mais il reste à savoir si la législation des interdits n'a pas
été bouleversée en entier par une action nouvelle, l'*actio momentariæ
possessionis*, qui aurait remplacé tous les interdits possessoires. On ne
trouve la mention de cette action ou de cet interdit *momentariæ possessionis* que dans quelques textes isolés du Code de Justinien (4).

---

(1) Ulp., l. 1, pr., *de itinere actuque priv.* — (2) Ulp., l. 1, § 2, *de itinere.* — (3) Ulp.,
l. 1, § 4, *de aq. quot. et æst.* — (4) Arc. et Hon., C. 8, *unde vi* ; Hon. et Théod., C. 3,
qui legit. pers.

Divers autres textes, sans prononcer le nom d'une action nouvelle, semblent nous indiquer qu'en dehors des circonstances de violence ou autres nécessaires pour l'obtention des anciens interdits, le possesseur dépouillé avait une action pour réclamer la possession qu'il avait perdue (1). De ces documents, quelques auteurs ont conclu que les constitutions des empereurs ont introduit une action par laquelle on pouvait réclamer toute possession perdue, et qui rendait inutiles les anciens interdits (2). Cette opinion nous paraît exagérée. Sans doute la loi 8 du titre *unde vi*, au Code, mentionne un interdit *momentariæ possessionis* qui aurait été admis en dehors de toute circonstance de violence privée ou publique ; sans doute encore d'autres textes spécifient des cas où l'on pouvait agir ainsi ; mais remarquons bien que tous ces textes statuent sur des hypothèses d'une nature toute particulière, et méritant spécialement l'attention du législateur : il ne s'agit en définitive que d'étendre l'interdit *unde vi* au cas d'occupation sans violence des biens d'un absent ; et, outre ces considérations de détails, n'est-il pas évident que, si l'*actio momentariæ possessionis* avait dû introduire dans le droit des interdits une modification aussi grave qu'on le dit, il resterait d'un pareil changement des traces plus profondes ? Justinien n'aurait pas reproduit dans ses Institutes et dans ses Pandectes l'ancien droits des interdits, et notamment les longues théories des jurisconsultes sur la violence et les circonstances qui la constituent, s'il avait existé une institution qui fît de tout ce travail un hors-d'œuvre sans aucune utilité pratique. L'action *momentariæ possessionis* n'est, selon toute apparence, qu'une nouvelle dénomination qu'a prise l'interdit *unde vi* après la disparition de la procédure formulaire (3). Sans doute la multiplicité des interdits finit par disparaître, par faire place à ces deux actions générales ; mais cette transformation n'est pas encore opérée dans les recueils de Justinien ; nous allons voir qu'elle eut lieu dans le droit canonique.

59. L'Église conserva, au milieu des ténèbres du moyen âge, les règles du droit romain. Le droit canonique reproduisit la distinction

---

(1) Const., C. 5, *unde vi* ; Zénon, C. 11, *eod. tit.* ; V. encore au Code la rubrique du titre 5 du livre 8, *si per vim vel alio modo absentis perturbata sit possessio*. — (2) Cujas, paratit. in Cod. tit. *unde vi* ; comm. in Cod. tit. *unde vi*. — (3) En ce sens : M. de Savigny, trad. Faivre, p. 530 et suiv. ; M. de Parieu, Études sur les act. poss., p. 36.

du possessoire et du pétitoire, et les principaux traits du système possessoire des Romains, sauf que la multitude des interdits romains se trouva confondue en deux actions générales, destinées, l'une à faire conserver, l'autre à faire recouvrer la possession. Outre cette différence de forme, il faut dire aussi que le droit canonique étendit la protection possessoire à une foule d'objets nouveaux, aux dignités ecclésiastiques et aux avantages qui en dépendaient, à la jouissance des dîmes, etc. (1). Mais ce qui paraît avoir préoccupé surtout les auteurs des décrétales, c'est la nécessité de réprimer énergiquement les spoliations.

On a cru trouver dans une décrétale attribuée au pape Jean Ier, et remontant à l'année 523, l'origine et les caractères spéciaux d'une action devenue célèbre chez nous sous le nom de *réintégrande*. Ce nom vient du premier mot de la décrétale dont voici le texte :

Redintegranda sunt omnia exspoliatis vel ejectis episcopis præsentialiter ordinatione pontificum et in eo loco unde abcessserant, funditus revocanda , quacumque conditione temporis, aut captivitate, aut dolo, aut violentia majorum, aut per quascumque injustas causas, res ecclesiæ, vel proprias, aut substantias suas perdidisse noscuntur, ante accusationem, aut regularem ad synodum vocationem (2).

Il ne s'agit pas là d'autre chose que des évêques dépouillés de leurs siéges, qui ne peuvent être traduits devant les synodes avant d'avoir recouvré leur position perdue. Les textes précédents s'occupent de la même situation toute particulière. Nous ne voyons donc pas trop comment on a pu tirer de là un principe général réglant l'ensemble des matières possessoires, d'autant plus qu'à cette époque reculée le droit canonique se tenait renfermé dans une sphère très restreinte, et que plus tard seulement l'église, arrivée à un plus haut degré de puissance temporelle, commença à régenter d'autres matières que les matières ecclésiastiques, et à s'immiscer sérieusement dans la législation civile. Et puis, comment a-t-on pu trouver dans ce texte l'introduction d'une action nouvelle? « On n'énonce pas ici, dit M. de Savigny, un « droit d'action, on ne fait que le supposer. Ce droit d'action sera,

---

(1) Décr. Grég., tit. *de restitutione spoliatorum.* — (2) Décr. Grat., pars 2, causa 3, quæst. 1, cap. 3.

« dans la plupart des cas, un interdit romain; dans les autres, c'est
« une revendication. En conséquence, ce droit d'action que suppose
« le texte s'explique complétement par le droit romain, et il n'est point
« nécessaire, pour cette supposition, d'admettre une nouvelle espèce de
« droit d'action (1). » Rien non plus n'indique, dans la décrétale *redintegranda*, la dispense de possession juridique qu'on a cru y trouver et
qu'invoquent encore aujourd'hui les auteurs qui veulent dispenser de
toute condition de possession le demandeur en réintégrande. Cette
décrétale n'a donc introduit, en réalité, aucune innovation, et l'importance qu'on lui a attachée n'était pas fondée (2).

Ce n'est pas dans le recueil de Gratien qu'il faut chercher des règles
sur les actions possessoires, mais seulement dans le recueil publié en
1234 par le pape Grégoire IX. Une innovation réelle du droit canon
fut celle qu'introduisit le pape Innocent III, en 1216, par sa décrétale
sæpe contingit (3). Par cette décrétale, l'interdit *unde vi*, qui, sous la
loi romaine, était personnel, fut rendu applicable contre le tiers détenteur à qui la chose aurait été transmise par l'auteur de la violence,
non obstante juris civilis rigore, à la condition, toutefois, que la violence eût été connue du tiers-détenteur.

60. Les jurisconsultes français ont souvent mis en avant les règles
spéciales du droit canonique sur la spoliation, afin de les faire valoir à
l'appui de leurs systèmes sur l'action de réintégrande. Nous venons de
voir que la décrétale *redintegranda* n'avait introduit aucun droit nouveau, ni surtout aucune action nouvelle. Ce n'est pas d'une action qu'il
est question dans cette décrétale; c'est d'une exception. Le droit du
spolié de se faire réintégrer, droit qu'il tenait du droit romain, devint ainsi
une véritable exception dilatoire. Cette *exceptio spolii*, d'abord mise en
pratique à propos d'une matière spéciale de droit ecclésiastique, se gé-
néralisa par la suite quand la juridiction canonique se fut étendue;
elle se donna alors à quiconque avait été dépossédé par violence du
bien qu'il possédait, et fut pour lui un moyen de faire déclarer le spoliateur non recevable dans toutes les actions qu'il pourrait intenter
contre lui jusqu'à ce que la restitution fût faite. Tel est, à notre avis,

---

(1) M. de Savigny, trad. Faivre, p. 586. — (2) En ce sens : M. de Parieu, p. 95. —
(3) Decr. Greg., lib. 2, tit. 13, *de rest. spol.*, cap. 18.

le vrai sens de la fameuse maxime *spoliatus ante omnia restituendus*, qui résume la doctrine canonique sur cette matière. Elle consacre l'antériorité du procès possessoire sur le procès pétitoire; elle est la source de l'interdiction du cumul du possessoire et du pétitoire, établie dans notre droit français [83, 84, 158].

Les auteurs qui chez nous veulent dispenser le demandeur en réintégrande de toute condition de possession, donnent un sens différent à la maxime *spoliatus ante omnia restituendus*. Selon eux elle signifie qu'avant tout le spolié doit être remis en possession, sans qu'on ait à s'inquiéter des qualités de cette possession; qu'il doit la recouvrer quand même elle aurait été éphémère, quand même il en aurait le premier violemment dépouillé son adversaire, qui n'a fait que reprendre son bien (1). Le sens de la maxime ne peut être que celui-là, dit-on, car plusieurs décrétales autorisent le cumul (2).

Quelques décrétales supposent en effet que, par le fait, il a été agi au pétitoire en même temps qu'au possessoire. Mais le spolié ne pouvait-il pas renoncer à son exception, et accepter le débat sur le terrain du pétitoire avant que le possessoire fût vidé? N'est-ce pas la manière la plus simple d'expliquer les décrétales qui supposent l'existence du cumul, surtout quand on en trouve d'autres qui le proscrivent de la manière la plus formelle? Il suffit de citer quelques textes :

« *Si actore agente petitorio, reus super eadem re deducit possesso-*
« *rium, proceditur in solo possessorio, suspenso petitorio* (3). »

« *Super spoliatione conventus, adversus restitutionem petentem non*
« *est (nisi super quæstione spoliationis) si eum reconveniat, audien-*
« *dus. Quum restitutionis petitio in hoc privilegiata noscatur, ut*
« *ipsam intentans non cogatur ante restitutionem spoliatoribus res-*
« *pondere. Quanquam ab agendo (spoliatione ab eis in modum excep-*
« *tionis proposita) repellatur* (4). »

La preuve de l'interdiction du cumul posée en principe, du moins pour tous les cas où le spolié la réclamera, résulte encore de la décrétale d'Innocent III, *quum dilectus filius*, citée aux Établissements de saint Louis (5) : « *Si reus contra actorem spoliatorem*, » dit la ru-

---

(1) M. Bélime, n° 373. — (2) Decr. Grég., tit. 12, cap. 2, 3 et 6. — (3) Decr. Grég., lib. 2, tit. 13, cap. 10, Rubrique. — (4) Decr. Grég., lib. 2, tit. 10, cap. 4. — (5) Decr. Grég., lib. 2, tit. 10, cap. 2.

brique de ce canon, « *spoliationem opponit, aut excipiendo, et tunc* « *prius auditur, et ea probata, respondere non cogitur; sed per hoc* « *non restituitur : aut agendo, et tunc simul utraque quæstio termi-* « *natur, et ea probata restituetur.* »

« *Adversus restitutionem petentem,* » dit une décrétale de Grégoire IX, de 1232, « *non est audiendus reus de proprietate apparens, nisi actore consentiente* (1). »

Ainsi le défendeur à l'interdit *unde vi* ne peut porter la question sur le terrain de pétitoire, à moins que le spolié n'y consente. Il résulte aussi du second texte que nous avons cité, que la demande en restitution de la chose enlevée par violence ne peut être repoussée que par une exception de même nature, c'est-à-dire invoquant aussi la spoliation. Par là se trouve nettement établie la prohibition du cumul.

Le sens de la maxime *spoliatus ante omnia restituendus* est donc de formuler cette prohibition, et non pas de dispenser le spolié de toute justification d'une possession régulière. On peut citer en ce sens la décrétale *olim causam*, d'Innocent III, qui approuve un évêque d'avoir repris par force au spoliateur un immeuble appartenant à son église, *ex ea vim vi, sicut omnia jura permittunt, licite repellens* (2). La rubrique de ce canon porte : « *Ingressus possessionem, ignorante do-* « *mino ad quem pertinet, potest per ipsum dominum, statim quum* « *sciverit, repelli etiam violenter; nec ex tali repulsione competit con-* « *tra dominum interdictum possessorium.* » Sans doute M. Bellino fait observer que, dans le cas de la décrétale *olim causam*, l'auteur de la première spoliation n'était pas possesseur, à cause de ce principe romain qui faisait continuer fictivement la possession du spolié tant qu'il ignorait la spoliation [18]. Dès lors ce spolié n'a jamais perdu sa possession; en usant de voies de fait, il n'a fait qu'opposer la force à la force pour conserver son bien, et l'on ne peut tirer aucune conséquence de ce que ces voies de fait ne donnent pas lieu contre lui à l'interdit *unde vi*. Cette opinion est en effet assez conforme aux termes de la décrétale, tels que *statim quum sciverit*, *repelli* au lieu d'*expelli*, etc.; la décrétale *olim causam* peut donc s'expliquer en ce sens. Mais elle n'est pas le seul texte que l'on puisse invoquer pour montrer qu'il ne

---

(1) Decr. Greg., lib. 2, tit. 13, cap. 4. — (2) Decr. Greg., lib. 2, tit. 13, cap. 12.

suffisait pas, pour obtenir l'action qui représentait l'interdit *unde vi*, d'une possession quelconque. Un canon de Grégoire IX, déjà cité plus haut (1), montre, comme le précédent, que le spolié qui agit en restitution peut très bien, malgré le fait de la spoliation, être repoussé, si son adversaire prouve avoir été le premier dépouillé par lui : *ab agendo spoliatur (spoliatione a spoliatoribus in modum exceptionis proposita), repellatus.* Il fallait donc, pour donner lieu à l'action en restitution, que la possession méritât quelque faveur, et notamment qu'elle ne fût pas violente vis-à-vis de l'adversaire. Quant aux conditions de durée de la possession, il est bien clair que les décrétales ne pouvaient en exiger; car dans le droit canonique du moyen âge, pas plus que dans le droit romain, il n'est question de la possession annale (2).

61. En résumé, le droit canonique sur les actions possessoires n'était guère que la reproduction du droit romain. En généralisant les interdits possessoires, il les avait ramenés à deux actions : le *possessorium retinendæ* et le *possessorium recuperandæ possessionis.* L'influence du droit canonique sur le système possessoire français est par elle-même minime; elle se confond en grande partie avec l'influence du droit romain; et même, en France, l'autorité royale croissant, la juridiction de droit commun absorba la juridiction canonique sur une foule de points, notamment sur toutes les questions possessoires considérées comme d'ordre public. « Au roi ou à ses baillifs et sénéchaux, » dit Loysel, « appartient, par prévention, la connaissance des complaintes « de nouvelleté en choses profanes, et privativement à tous autres « juges, en matière bénéficiale, par reconnaissance mesme des papes de « Rome (3). » Le peu de crédit des décrétales en France sera pour nous une raison de plus de penser qu'il ne faut pas chercher dans le droit canonique des règles pour notre système possessoire.

---

(1) Decr. Greg., lib. 2, tit. 10, cap. 4. — (2) En ce sens : M. Troplong, Prescription, n° 297, t. 1; M. de Parieu, p. 98; M. Alauzet, Histoire de la possession et des actions possessoires, p. 221. — (3) Loysel, Inst. cout., livre 5, ch. 4, n° 13; V. aussi l'art. 76 de l'ord. de Montils-Tours, d'avril 1453.

DEUXIÈME PARTIE.

—

DROIT FRANÇAIS.

CHAPITRE Ier.

Des différentes actions possessoires.

62. Notre législation actuelle est presque muette sur la matière importante des actions possessoires. Le Code de procédure civile ne leur consacre en tout que six articles. Les lois des 24 août 1790 et 25 mai 1838, qui ont attribué la connaissance des actions possessoires aux juges de paix, ont encore été plus sobres de détails. Dans ce silence de la loi, l'ancien droit a été souvent invoqué. Nous rechercherons donc d'abord quelles actions possessoires existaient dans notre ancienne jurisprudence. Nous examinerons ensuite en particulier chacune des trois actions possessoires mentionnées dans la loi du 25 mai 1838, la complainte, la réintégrande, et la dénonciation de nouvel œuvre.

§ 1er. — Notions historiques sur les actions possessoires.

63. Nous avons vu qu'à Rome la possession était protégée par des interdits, espèces d'ordres et de défenses que le préteur émettait pour la faire respecter. Nous avons vu également que le système des interdits possessoires du droit romain fut conservé par le droit canonique, qui réduisit les interdits à deux actions fondamentales, l'une récupe-

randæ, l'autre *retinendæ possessionis* (59). Il est à croire que le système romain sur la possession fut conservé aussi, pendant le moyen âge, par une partie notable des populations soumises aux barbares, populations qui continuèrent à être régies par les lois romaines, du moins dans les provinces méridionales. Quant aux lois barbares, monuments confus où les pénalités et les compensations pécuniaires occupaient beaucoup plus de place que le droit privé, aucune n'a entrevu la distinction du possessoire et du pétitoire.

Il ne faut pas croire cependant qu'avant la fin du XIII° siècle, époque à laquelle les ténèbres de la féodalité commencent à se dissiper, la possession en elle-même n'ait été l'objet d'aucune préoccupation de la part des législateurs. Si, dans le désordre qui suivit l'invasion, l'interdit *retinendæ possessionis* semble avoir été oublié, le cas de dépossession violente, qui touche de beaucoup plus près à l'ordre public, paraît avoir attiré plusieurs fois l'attention des rois barbares. Ainsi le 161° capitulaire du sixième livre reproduit la loi 7, au Code, *unde vi*, et les rigueurs qu'elle déployait contre les possesseurs violents (1). Suivant M. de Parieu (2), l'action de *nouvelle dessaisine* remonte au moins au XII° siècle, et probablement à une époque antérieure. Il cite à l'appui de cette assertion le livre des *Petri exceptiones*, rédigé au XI° siècle dans le midi de la France, et surtout les *Assises de Jérusalem*. Les documents que nous trouvons dans les Assises de Jérusalem, ou du moins dans le livre de Jean d'Ibelin, qui les a retracées, sont pour nous du plus haut intérêt ; car le droit que les premiers croisés ont apporté en Orient, à la fin du XI° siècle, ne pouvait être autre chose que le droit qui les régissait antérieurement dans leur patrie. Or, le 61° chapitre de Jean d'Ibelin nous donne des détails curieux sur le système possessoire de l'époque. Sous cette rubrique, *que l'on deit dire et faire qui viaut recovrer saisine de ce de quei l'on l'a dessaisi*, ce chapitre nous expose l'action de dessaisine avec des complications qui révèlent évidemment des notions préexistantes. La plainte de nouvelle dessaisine doit être faite dans le délai de quarante jours, par une requête adressée au seigneur ; le demandeur n'a du reste à justifier d'aucune durée lé-

---

(1) Walter, *Corpus juris Germanici*, t. II, p. 618. — (2) Études historiques et critiques sur les actions possessoires, p. 88 et suiv.

gale dans sa possession ; s'il se plaint dans les quarante jours, le seigneur statue sans procédure contradictoire ; s'il laisse passer les quarante jours sans réclamer, le dessaisi n'a plus d'autre ressource que la procédure par *claim* et par *responce*, pour faire valoir son droit à la propriété (1).

La preuve de l'existence des actions possessoires à une époque reculée du moyen âge se trouve également dans les anciennes coutumes de Normandie, du XIe au XIIe siècle, publiées par M. Marnier (2). On y distingue clairement le *plet* de la propriété du *plet* de la possession. Pour élever la plainte ou *clameur* de nouvelle dessaisine, il fallait avoir possédé au *derrenier aost*, c'est-à-dire à l'époque de la moisson précédente.

Brodeau nous cite comme rappelant l'existence de la nouvelle dessaisine avant l'époque de saint Louis, la charte de Saint-Quentin, de 1105, et les anciennes traductions françaises du Code de Justinien faites vers l'an 1135. Ces traductions, aux six premiers titres du huitième livre du Code, parlent de *dessaisine trouble* et de *dessaisine d'héritage* au lieu d'interdits (3).

64. Vers la fin du XIIIe siècle encore, le possesseur dépouillé par violence était autorisé à se faire justice à lui-même, en reprenant son bien les armes à la main, ou, si cela lui était impossible, en s'emparant de celle des propriétés du spoliateur qui se trouvait le plus à sa portée. Saint Louis réprima dans ses domaines cet usage barbare ; celui qui ressaisinait sa chose par force fut tenu de la rendre, et même de payer une amende : « *Nul ne doit en nulle cort pleder desesis, mais il doit demander sesinne en toute œuvre, ou doit savoir se il le doit avoir et droit dit que il la doit avoir, et n'est mie tenus de respondre dessesis, ne despouillés, ne le sien tenant ne ne fere nule connoissance, ne response, ne desfautes nulles selone droit escrit en décrétales et titre de l'ordre des connoissances, en la décrétale qui commence: quum dilectus filius (4).* » Le droit pour le spolié d'être réintégré, avant tout procès sur la propriété, était donc proclamé par les établissements sous forme d'exception préalable.

---

(1) Jean d'Ibelin, chap. 64. — (2) Établissements, coutumes et assises de l'Échiquier de Normandie, p. 17, 10, 20, 53, etc. — (3) Brodeau, sur la coutume de Paris, t. II, p. 84. — (4) Établissements de saint Louis, livre 2, chap. 8.

Ailleurs les Etablissements de saint Louis règlent la forme dans laquelle le possesseur, expulsé de son héritage, devait se faire restituer. Il allait trouver le juge et lui demandait que la chose contentieuse fût ôtée à son adversaire et mise sous la main de la justice. Le juge exigeait de celui qui reconnaissait ainsi que son adversaire était saisi, qu'il donnât *plége*, ou caution de suivre son action et de payer les dommages-intérêts auxquels il pourrait être condamné. S'il refusait ce cautionnement, la chose en demeurait là ; s'il le donnait, le juge en exigeait un semblable du défendeur ; si celui-ci le refusait, le juge retirait de sa main l'objet contentieux, et le remettait au demandeur. Lorsque les deux parties avaient également donné le plége, la chose était mise sous la main de la justice. C'est ce qu'on appelle la procédure par *applégement* et *contre-applégement* (1).

65. On voit que, soit dans les Établissements de saint Louis, soit dans les sources antérieures, il n'était question que du cas de spoliation, et nullement du cas de simple trouble. L'interdit *unde vi* avait un équivalent, l'interdit *uti possidetis* n'en avait pas. C'est seulement dans la jurisprudence des *Olim* et dans Beaumanoir, que nous trouvons des idées claires et complètes sur le système possessoire de notre ancien droit coutumier.

La distinction du possessoire et du pétitoire est formellement établie dans les Olim. Le possesseur d'an et jour doit être maintenu en possession, et ces décisions sur la possession ne sont rendues que *quantum ad saisinam, salvo jure proprietatis, salva quæstione proprietatis* (2).

Selon Beaumanoir (3), trois sortes d'attaques peuvent être dirigées contre la possession, « c'est à savoir : force, novelle dessaisine et nouvel tourble. »

1° Il y a *force nouvelle*, quand on m'enlève par violence ou voie de fait la chose dont j'étais en possession.

2° Quand la chose m'est enlevée sans violence, il y a simplement *dessaisine*.

---

(1) Établissements de saint Louis, livre i, chap. 65. — (2) Les Olim, édition Beugnot, t. i, p. 4, 8, 50, 598, 452, 925; t. ii, p. 521, 444, 484, 615, etc. — (3) Coutume de Beauvoisis, chap. 32.

3° Enfin, il y a *simple trouble*, quand on m'empêche de jouir comme je faisais devant, sans cependant me dépouiller de la chose.

Dans chacun de ces trois cas d'atteinte à la possession, une action est ouverte à la partie lésée, pouvu qu'elle soit en possession d'an et jour, et d'un autre côté, elle ne peut former sa plainte que dans l'an et jour du trouble ou de la spoliation; passé ce délai, elle ne peut plus agir qu'au pétitoire « et ne peut mès plaider, for sur la propriété. » Si chacune des deux parties se prétend en possession d'an et jour, elles feront preuve de leurs dires, « et qui mieux preuve il en doit emporter la saisine. » Celui qui succombait était condamné à une amende de soixante livres.

Beaumanoir donne peu de détails sur la procédure compliquée que nous ont transmise les Établissements de saint Louis, mais il nous transmet les premières traces d'un principe qui, inconnu aux juris-consultes romains, s'est profondément enraciné dans notre droit français, la prohibition de cumuler le possessoire avec le péti-toire [158].

66. Cette annalité de la possession, que Beaumanoir est le premier à formuler nettement, n'est cependant pas exigée par lui dans tous les cas. Quelquefois, dit-il (1), l'action de nouvelle dessaisine peut être intentée sans qu'on ait été en saisine d'an et jour, par exemple si on me dépossède « d'un queval, ou d'une autre beste, ou de denier, ou « de mueble quel qu'il soit, ou d'aucune despuelle que j'ai gaignée et « labourée en mon nom. » Ainsi lorsqu'il s'agit de meubles, le juge ne s'informe pas d'autre chose que du fait de ma possession actuelle, et si le meuble m'est enlevé, le spoliateur est condamné, par cela seul que j'étais possesseur, à me ressaisir; mais la restitution faite, il pourra prouver que la chose est sa propriété, et se la faire rendre. « Et « par ce pot-on entendre ç'on pot bien estre ressaisis de tel coze par « coustume, ç'on en porterait après le hart, si comme ç'on avait le « coze dont on serait resaisis mal tolue et emblée. »

Cette existence d'une action possessoire spéciale aux meubles, et dispensée des conditions ordinaires, nous est révélée avec plus de

---

(1) Coutume de Beauvoisis, chap. 32, § 15.

détails, par la relation d'un procès du temps, que nous donne Beaumanoir (1).

« Pierre estoit entrés en une tere el mois do mars et le fist aréer « et semer pesivlement, et quand vint à l'aoust et il quida l'aveine, « soier et tout présentement la terre despouiller de celle année et y « estoient si ouvrier jà dedens pour queiller les biens, adont vint « Jehans et en osta les ouvriers du dit Pierre et contre son gré, « et y mit les siens ovriers et emporta que lui sa mesnie, l'aveine. « Adont fit Pierre ajorner Jehans sor novelle dessaisine, et quant ils « vinrent en cort, Pierre requist à estre restablis de l'aveine que « Jehans en avait emporté... Il fut jugé quo Pierre seroit ressaisis et « restablis *de l'aveine* lequele il avoit laborée pesivlement, tout « n'eust-il pas esté en saisine an et jor. Et par cel jugement pot-on « veoir quo *de quelque cose je soie en saisine et que le saisine soit* « *bone ou malvese et de quelque tans que ce soit, soit grans ou* « *petit,* qui m'oste de cele saizine sans jugement ou sans justice, « je doi estre resaisis avant toute œvre, si je le requier, etc. »

Voilà un premier procès jugé, sur la restitution de l'avoine ; mais il reste un autre point à décider ; Beaumanoir continue :

« Or veons comment cil qui est tenus à resaizir par jugement se « pot plaindre de novele desaizine de cell qu'il a resaisis et de ce « meismes dont il a resaisi. Quant Jehan out resaisi *de l'aveine* dessus « dite et aempli le jugement, il fist Pierre ajorner, qui resaisi estoit « sor novele desaizine et proposa contre li qu'à tort et sans cause estoit « entrés en le saizine et possession de *son héritage* et sans saisine de « segneur et de novel puis un an et un jour, pourquoi il requerait « que cele saizine fut ostée à Pierre et baillié à Jehan, como à cell « qui avoit esté en lo derraine saizine de un an et un jor, et jusqu'au « jour qu'il entra en la terre pour labourer et semer. A ce respondi « Pierres qu'il avait plédié au dit Jehan de cele meismo cozo et sor « novele dessaizine et il avoit esté livrée le saizine par jugement, par « quoi il ne voloit estre tenus à nule resaizine fere ne à respondre, « ce n'estoit au plet de lo propriété, quant il seroit sor le propriété « ajornés, et sor ce se mirent en droit. Il fut jugié que Pierres respon-

---

(1) Coutume de Beauvoisis, chap. 32, § 12, 23 et 24.

« droit au claim que Jehan avoit fet contre li ; car por ce se Pierre
« avoit esté resaisis *de ce dont il avoit esté trové en saisine* ; et il
« n'avoit maintenu le saizine d'un an et un jor entièrement, ne de-
« more pas que Jehan qui maintenoit sa saisine d'un an et un jor
« entièrement, ne se peut plaindre de novele dessaisine de Pierre,
« qui derrainement estoit en le saisine entrés et n'i avoit pas esté an
« et jor. »

Ainsi Pierre avait triomphé dans la première action, par ce fait
seul qu'il s'était trouvé, lors de la spoliation, en saisine de la récolte,
et qu'en matière mobilière la saisine d'an et jour n'était pas nécessaire ;
mais il avait succombé dans la seconde action, parce qu'alors il s'agissait de l'immeuble lui-même, et que ce n'était pas à lui Pierre, mais
à Jehan, qu'appartenait la saisine d'an et jour du fonds. Toute la
difficulté était de savoir s'il pouvait y avoir deux actions possessoires
distinctes, l'une pour la récolte, et l'autre pour le fonds même ; et c'est
sans doute pour résoudre affirmativement cette difficulté, que Beaumanoir rapporte le procès.

La conclusion à tirer de cette espèce et de l'autre passage de Beaumanoir que nous avons cité semble toute claire : dans ces deux cas, il
s'agit de meubles enlevés à leur possesseur. Ce possesseur a, pour se
faire rétablir dans sa possession, une action possessoire qui n'est pas
assujettie à la condition d'annalité, et qui, du reste, n'a pas tardé à
disparaître de notre droit. Beaumanoir nous fait voir ensuite que ce
rétablissement n'était souvent que provisoire ; car la personne maintenue en possession de l'objet mobilier peut très bien perdre sa cause
au pétitoire ; et même si les objets mobiliers dont il s'agit sont l'accessoire d'un fonds, une récolte, par exemple, la partie qui a succombé
au possessoire a, pour réparer cet échec, non-seulement l'action pétitoire, mais l'action possessoire qu'elle peut intenter à raison du fonds
lui-même. Les deux procès possessoires successifs entre Jehan et Pierre
s'expliquent, parce qu'ils s'appliquent à deux objets différents (1).

Mais cette interprétation n'est pas celle de tout le monde : d'anciens auteurs ont vu là non pas une action spéciale aux meubles, mais
simplement l'action possessoire en cas de spoliation, l'action qu'ils ont

---

(1) En ce sens : MM. Alauzet, p. 180 ; de Parieu, p. 113.

nommée et qu'on nomme encore *réintégrande*. Ils se sont basés sur ce passage de Beaumanoir pour dispenser la réintégrande des conditions exigées pour les autres actions possessoires. Selon eux, elle n'est même pas une action possessoire : la restitution qu'opère la réintégrande n'est qu'une satisfaction due à l'ordre public, troublé par la spoliation ; elle n'empêche pas les parties d'agir ensuite non-seulement au pétitoire, mais encore au possessoire. Voilà comment ils expliquent les deux procès possessoires des § 23 et 24 du chapitre xxxii de la coutume de Beauvoisis. De nos jours cette réintégrande, telle qu'on la prête à Beaumanoir, a de fort nombreux partisans, et quelques-uns même de ses adversaires se croient obligés d'avouer que, si elle n'existe plus aujourd'hui, il faut bien, pour qu'on en ait tant parlé, qu'elle ait quelque peu existé, ne fût-ce qu'au temps de Beaumanoir (1).

Nous ne saurions admettre ce système, et nous croyons qu'en ce temps-là, pas plus qu'aujourd'hui, la réintégrande n'était une action distincte des actions possessoires. D'abord si Beaumanoir avait voulu poser une règle spéciale au cas de spoliation violente, il aurait parlé d'action *de force*. Tel est en effet le nom qu'il donnait à l'action possessoire, dans le cas pour lequel on a voulu organiser la réintégrande. Or, il est à remarquer que les textes que nous avons cités ne parlent jamais que de *nouvelle dessaisine*. Et puis, à quels biens Beaumanoir applique-t-il cette action dispensée des conditions habituelles ? Les exemples qu'il donne n'énoncent que des meubles ; et s'il n'a pas dit un mot des biens immobiliers, considérés en ce temps-là comme les seuls dignes de l'estime des hommes, on ne peut attribuer ce silence au hasard. Il nous semble donc que la tradition qui fait remonter la réintégrande à Beaumanoir pourrait bien ne reposer sur aucun fondement solide [83, 84].

67. La procédure par applégement et contre-applégement, qu'on suivait en cas de dessaisine, était longue et hérissée de difficultés [64]. Mais au moyen de l'un de ces subterfuges par lesquels les préteurs romains tournaient les obstacles, ou arriva à simplifier la procédure, même au cas de dessaisine, en présentant la dessaisine sous l'apparence d'un simple trouble. « On admit par fiction, dit Klimrath (2),

---

(1) M. Troplong, Prescription, n° 206. — (2) Travaux sur l'histoire du droit français, t. ii, p. 366.

« que lorsque le possesseur d'an et jour était dessaisi de nouvel, il ne
« serait point considéré comme ayant perdu la saisine, mais comme y
« étant seulement troublé et empêché ; la nouvelle dessaisine fut assi-
» milée au nouveau trouble. » Ce système résultait naturellement
de l'annalité de la possession. En effet, tant qu'un autre n'avait pas acquis le droit de possession, et il ne s'acquérait que par un an, ce droit
restait encore au précédent possesseur, qui sans doute était troublé
dans sa possession, mais qui pouvait à la rigueur ne pas être considéré
comme dessaisi. C'est ainsi que, par une autre fiction, les jurisconsultes romains réputaient le spolié toujours possesseur tant qu'il ignorait la spoliation ; il conservait sa possession *solo animo* [18]. De même
chez nous la partie dessaisie de fait fut considérée comme ayant conservé la saisine de droit ; et en général, quelle que fût l'atteinte plus
ou moins profonde portée au saisi dans sa possession, il naquit pour
lui, du trouble ou de la spoliation, une action unique, dont le nom
rendait assez exactement cette situation. Comme le possesseur troublé
ou dépouillé conservait de droit la saisine, mais qu'à l'encontre de
cette saisine était survenue une innovation dont le caractère assez vague pouvait varier depuis le simple trouble jusqu'à la dépossession
complète, l'action intentée en ce cas fut appelée *complainte en cas de
saisine et de nouvelleté*. « Ces termes *saisine* et *nouvelleté*, dit Merlin (1)
sont de vieux mots de coutume, dont l'un signifie possession et
l'autre signifie trouble. »

L'opinion générale attribue l'origine de l'action en cas de saisine et
de nouvelleté à Simon de Bucy, qui mourut premier président du
parlement de Paris en 1368. « Messire Simon de Bucy, dit de Lau-
« rière (2), qui était premier président du parlement, introduisit le
« premier que celui qui serait expulsé de son héritage n'en perdrait
« que la possession de fait, et qu'il en conserverait la saisine. Il éta-
« blit, sur ce principe, que la force, et ce qu'on appelait dessaisine,
« seraient regardés comme nouvelletés et nouveaux troubles, et que,
« dans tous ces cas, on agirait également pour être maintenu dans sa
« possession et saisine ; de sorte que, depuis messire Simon de Bucy,

---

(1) Répertoire, v° Complainte, § 1. — (2) Sur l'art. 98 de la cout. de Paris.

« il n'y a plus en France d'autre complainte que celle en cas de saisine
« et nouvelleté, etc. »

68. Une fois la complainte fondée, la vieille procédure d'applégement disparut, et la dénomination de complainte fut appliquée à toutes
les actions possessoires. « Qui a joui par an et jour, dit Loysel, d'au-
« cune chose réelle ou droit immobilier, par soi ou son prédécesseur,
« *non vi, non clam, non precario*, en a acquis la saisine et possession,
« et peut former complainte dans l'an et jour du trouble à lui fait....
« En cas de nouvelleté, se faut bien garder de dire qu'on ait esté
« spolié, mais simplement troublé ou déjeté de sa possession par
« force (1). » Ainsi une action particulière pour le cas de dessaisine
devint complétement inutile, la complainte répondant à tous les
besoins.

Cependant plusieurs auteurs de cette époque mentionnent une action spécialement destinée à réprimer la dépossession violente. Ils la
nomment *réintégrande*, nom qui provenait, nous l'avons vu, du droit
canonique [59]. Imbert (2) nous explique que la réintégrande différait
de l'interdit *unde vi*, en ce qu'elle s'exerçait contre tous ceux qui in-
justement détenaient la chose, tandis que l'interdit *unde vi* ne se donnait
que contre l'auteur de la violence, et aussi en ce qu'elle s'appliquait
aux meubles, tandis que l'interdit *undi vi* ne s'appliquait qu'aux immeubles. Il pense que la possession annale n'est pas nécessaire pour
intenter la réintégrande. Charondas (3) semble aussi dispenser le
demandeur en réintégrande de la condition de possession annale. Il
appelle cette action *interdictum momenti, sive momentariæ possessionis, quæ statim, sine ulla cunctatione spoliato restituenda est.* La
réintégrande est nommée aussi dans l'art. 63 de l'ordonnance de
Villers-Coterets, en 1530; mais c'est incidemment et sans aucune
espèce de détails.

Il fut donc question d'une action spéciale au cas de spoliation,
même après Simon de Bucy, mais plutôt en théorie qu'en pratique, et
comme d'une rareté dont les caractères n'étaient pas bien définis. Si
quelques jurisconsultes s'en préoccupèrent encore, la presque totalité

---

(1) Inst., cout., livre 5, tit. 4, n°° 10 et 11. — (2) Pratique, livre 1, chap. 17. — (3) Sur
le grand coutumier, livre 2, chap. 21.

des coutumes la mirent en oubli et se servirent du terme générique de *complaintes* pour désigner toutes les actions possessoires (1); pour toutes ces actions, elles exigent également la possession d'an et jour. Quant à la coutume de Paris, tout en se taisant sur la réintégrande, elle ne parle pas de possession annale, même pour la complainte. Son art. 96 est ainsi conçu :

« Quand le possesseur d'aucun héritage ou droit réel réputé im-
« meuble est troublé ou empêché dans sa possession et jouissance, il
« peut et lui loist soi complaindre et intenter poursuite en cas de
« saisine et de nouvelleté, dans l'an et jour du trouble à lui fait et
« donné au dit héritage ou droit réel contre celui qui l'a troublé. »

Mais il ne faut voir là qu'un oubli, et la possession annale n'en était pas moins considérée partout comme le droit commun.

69. Après la complainte et la réintégrande, il reste à mentionner d'autres actions usitées dans notre ancien droit, notamment la dénonciation de nouvel œuvre et l'action de simple saisine. Nous parlerons de la dénonciation de nouvel œuvre plus bas, pour ne pas scinder cette matière [87]. Mais disons, avant de passer outre, quelques mots de l'action de simple saisine, qui paraît avoir été usitée seulement du XIVe au XVIe siècle, et que nous ne retrouverons plus à une époque postérieure.

« Qui chet en la nouvelleté, dit Loysel, pour n'avoir joui an et jour
« avant le trouble, peut intenter le cas de *simple saisine*.

« Celui qui vérifie sa jouissance par dix ans, ou la plus grande
« partie d'iceux, avant l'an du trouble, recouvre par le cas de simple
« saisine la possession qu'il avait perdue (2). »

Ainsi l'action de simple saisine était un nouveau moyen de protection introduit à l'usage de ceux qui, en possession depuis longues années, avaient cependant échoué dans l'action de saisine et de nouvelleté, soit parce qu'il s'était fait dans leur possession une interruption d'un an, dont l'adversaire avait profité, soit parce qu'ils avaient

---

(1) Coutumes de Paris, art. 96; d'Orléans, art. 488; de Poitou, art. 300; d'Anjou, art. 426; du Maine, art. 446; de Bourbonnais, art. 87; de Valois, art. 118; de Sedan, art. 283; de Clermont en Beauvoisis, art. 46; de Montargis, chap. 21, cas possessoires, art. 1er; de Mantes, art. 67 et 68; de Senlis, art. 266 et 267. — (2) Inst. cout., liv. 5, chap. 4, n°s 23 et 25.

négligé d'agir dans l'année du trouble. Alors ils avaient la ressource de justifier d'une possession de dix ans, antérieure au procès; la preuve se trouvait portée sur un autre terrain, et c'est pour cela que, suivant Loysel : « en simple saisine, les vieux exploits valent mieux; en cas « de nouvelleté, les nouveaux ou modernes (1). »

L'action de simple saisine, dont l'origine est rapportée, comme celle de la complainte, à Simon de Bucy, était destinée à protéger spécialement la possession des servitudes et des rentes (2); on conçoit en effet que la possession des servitudes et des droits réels autres que la propriété demande pour se fixer, en raison de son caractère discontinu, une durée plus longue que la possession des biens corporels.

Au reste, l'action de simple saisine, quels que fussent ses objets, ne pouvait faire autrement que de tomber en désuétude; car du moment qu'il fallait prouver une possession de dix ans pour obtenir gain de cause au possessoire, autant valait agir tout de suite au pétitoire, une possession de dix ans suffisant pour faire acquérir la propriété elle-même. C'est sans doute ce qui a fait penser à Klimrath que la simple saisine pouvait être considérée comme synonyme de la propriété (3).

A la fin du XVI⁰ siècle, l'action de simple saisine n'était plus en usage, ni pour les fonds, ni pour les droits réels (4).

70. Nous avons vu que la grande majorité des coutumes ne mentionnait d'autre action possessoire que la complainte, et que si quelques-unes parlaient de la réintégrande, c'était sans lui assigner aucun caractère particulier. Les grandes ordonnances du règne de Louis XIV vinrent régler d'une manière générale, et pour tout le royaume, de nombreux points de droit jusque-là variables d'une coutume à l'autre. La matière des actions possessoires fut l'objet du titre XVIII de l'ordonnance de 1667 sur la procédure, et les deux premiers articles de ce titre consacrèrent deux actions possessoires distinctes :

1° La complainte, en cas de saisine et de nouvelleté ;

2° La réintégrande en cas de dépossession violente.

---

(1) Inst. cout., livre 5, tit. 4, n° 26. — (2) Bouthellier, Somme rurale, livre 1, chap. 31; art. 98 de la cout. de Paris. — (3) Travaux sur l'histoire du droit français, t. II, p. 369 et suiv. — (4) Charondas, Ferrière, sur l'art. 98 de la cout. de Paris; Duplessis, Actions, livre 1, etc.

Mais l'ordonnance ne fit mention, ni pour l'une ni pour l'autre de ces deux actions, des conditions de possession nécessaires à leur exercice; elle ne parla pas de la différence qui pouvait exister, à ce point de vue, entre la réintégrande et la complainte; elle passa complétement sous silence l'annalité de la possession. Quelques auteurs (1) arguant du silence de l'ordonnance, se sont dispensés, d'après cela, d'exiger la possession annale, même pour la complainte. Mais la plupart continuèrent à enseigner que l'annalité de la possession était nécessaire pour agir au possessoire; et quoique l'ordonnance n'eût pas tranché la grande question de la différence entre la complainte et la réintégrande, les auteurs qui assignèrent une place spéciale à la réintégrande furent rares; le plus grand nombre confondit ces deux actions l'une dans l'autre, et exigea l'annalité de la possession pour la réintégrande comme pour la complainte (2).

La seule distinction que fit l'ordonnance de 1667 entre la réintégrande et la complainte ne touchait pas aux conditions de la possession. Elle consistait à donner, en cas de réintégrande, deux actions au possesseur spolié, l'action civile et l'action criminelle. Il avait le choix.

71. L'assemblée constituante, par son décret du 24 août 1790, titre III, art. 10, attribua aux juges de paix la connaissance « des « déplacements de bornes, des usurpations de terres, arbres, haies, « fossés et autres clôtures, commises dans l'année, des entreprises sur « les cours d'eau servant à l'arrosement des prés, commises pareille- « ment dans l'année, et de toutes autres actions possessoires. »

Puis survinrent nos Codes. Mais le Code Napoléon ne parla point des actions possessoires; on était habitué à traiter cette matière avec les matières de procédure. L'art. 2060 seulement prononça, d'une façon tout accidentelle, le nom de la réintégrande. On peut dire aussi que l'art. 2243, en exigeant, pour l'interruption de la prescription, une dépossession de plus d'une année, s'écartait des principes du droit romain, et consacrait les anciennes traditions françaises sur la durée annale de la possession juridique.

---

(1) Ferrière, sur l'art. 66 de la cout. de Paris. — (2) Duplessis, Actions, livre 1; Bourjon, Droit commun, t. 11, p. 510.

Le Code de procédure, lui-même, ne détailla pas les différentes actions possessoires; il se contenta d'exiger, pour les actions possessoires en général, et sans faire de distinctions, diverses conditions, notamment l'annalité de la possession et l'annalité de l'exercice de l'action. Encore le titre fort court relatif aux actions possessoires manquait-il dans le projet du Code, et n'a-t-il été ajouté que sur les observation du Tribunat (1). La majeure partie des dispositions dont il se compose est la reproduction des règles de l'ordonnance de 1667 sur la séparation du possessoire et du pétitoire.

Les paroles prononcées dans la discussion par les orateurs du conseil d'État et du Tribunat n'ajoutent que peu d'éclaircissements aux dispositions déjà fort écourtées de la loi. Aussi la matière des actions possessoires, malgré son importance, est-elle, dans notre législation, une de celles qui ont causé le plus de controverses. Les questions les plus importantes y ont été laissées dans le vague; de là un vide énorme que la doctrine et la jurisprudence se sont diversement efforcées de combler. L'histoire doit surtout être d'un grand secours; elle seule peut porter la lumière sur les points que nos lois actuelles ont laissés dans l'obscurité.

72. On pouvait espérer que la loi du 25 mai 1838, sur les justices de paix, ferait cesser toutes ces incertitudes; mais elle n'a tranché qu'une question, agitée depuis quelque temps, celle de savoir si toutes les décisions du juge de paix sur les actions possessoires étaient ou non susceptibles d'appel [183].

Elle se borne à décider, dans son art. 6-1°, que les juges de paix connaissent, à charge d'appel : « des entreprises commises *dans l'an-* « *née* sur les cours d'eau servant à l'irrigation des propriétés, et au « mouvement des usines et moulins, sans préjudice des attributions « de l'autorité administrative dans les cas déterminés par les lois et « par les règlements; des *dénonciations de nouvel œuvre,* com- « *plaintes, actions en réintégrande et autres actions possessoires* fon- « dées sur des faits également commis *dans l'année.* »

Nous allons nous occuper successivement de ces diverses actions, et nous essaierons de montrer qu'elles ne sont toutes aujourd'hui que des

(1) Lorré, t. xii, p. 189 et 378.

cas particuliers de la complainte, à laquelle, en définitive, se réduisent toutes les actions possessoires.

§ 2. — De la complainte.

73. La complainte est l'action par laquelle le possesseur légal, troublé dans sa possession, demande à y être maintenu.

Le mot de *complainte* était autrefois un terme générique servant à désigner toutes les actions : peu à peu le sens du mot *complainte* s'est restreint ; il ne s'est plus appliqué qu'à l'action possessoire, et même une partie notable de nos anciens auteurs n'entendait par complainte que l'action possessoire pour simple trouble, réservant le nom de *réintégrande* à l'action qui était intentée lorsque le possesseur avait été complétement dessaisi de sa chose.

La complainte, après la transition de notre ancien droit français, qui a reconnu trois ou quatre actions possessoires, est l'action unique dans laquelle s'est fondue la multiplicité des interdits romains.

74. La complainte n'est pas la seule ressource donnée au possesseur troublé. Les voies de fait, les dommages, les rapines dont il est victime, peuvent très bien être prévus par les lois pénales et motiver une action criminelle, par laquelle la partie lésée pourra poursuivre la réparation du préjudice causé. Si donc, abusant du cours d'eau qui alimente votre étang, vous inondez ma propriété, je puis vous traduire en police correctionnelle, en vertu de l'art. 457 du Code pénal, punissant ceux qui, par l'élévation du déversoir de leurs eaux au-dessus de la hauteur déterminée par l'autorité compétente, auront inondé les propriétés d'autrui ; ou bien je puis agir en vertu de l'art. 6-1° de la loi du 25 mai 1838, qui classe parmi les actions possessoires les entreprises commises dans l'année sur les cours d'eau ; comme votre entreprise ne constitue qu'un simple trouble à ma possession, c'est là un cas de complainte, et je puis choisir cette voie au lieu de l'action criminelle. De même, si vous avez supprimé ou déplacé les bornes qui limitent nos champs, je puis, à mon choix, agir contre vous en police correctionnelle, en vertu de l'art. 456 du Code pénal, ou intenter contre vous la complainte, à cause de l'atteinte que vous avez portée à ma possession. On peut encore citer les art. 434 et 438 du Code pénal, l'un sur les destructions d'édifices, ponts, digues et chaussées, l'autre sur l'enlèvement des grains et fourrages appartenant à autrui.

Mais l'action par la voie criminelle diffère de la complainte en ce que le juge criminel ne peut prononcer qu'une peine et des dommages-intérêts, sans pouvoir statuer sur la possession, comme l'ordonnance de 1667 lui en donnait la faculté en cas de réintégrande [70]. Au contraire, le juge de paix saisi de l'action possessoire, quoique ne pouvant prononcer de peine, peut et doit, en revanche, décider la question de possession et régler la position des parties pour l'action pétitoire [170]. Il faut aussi remarquer que l'action possessoire ne peut s'intenter que dans l'année du trouble, tandis que l'action par la voie correctionnelle peut s'intenter pendant trois ans (1). Cette dernière différence est surtout importante au point de vue des dommages-intérêts.

75. Il faut se garder de confondre l'action possessoire pour déplacement de bornes avec l'action en bornage. L'action en déplacement de bornes est possessoire ; c'est un cas de la complainte ; le juge de paix n'y statue que provisoirement sur le trouble, et sauf la décision à intervenir sur la propriété. L'action en bornage, au contraire, est pétitoire ; car elle tend à faire régler la place que doivent occuper définitivement les bornes ; elle tend, par conséquent, à faire statuer sur la propriété du terrain litigieux.

Mais, dira-t-on, l'art. 6-2° de la loi de 1838 n'attribue aux juges de paix la connaissance des actions en bornage que *lorsque la propriété ou les titres qui l'établissent ne sont pas contestés.* Dès lors, ou bien les parties sont d'accord sur les limites de leurs héritages, et alors il n'y a pas procès ; ou bien elles ne sont pas d'accord sur l'emplacement que doivent occuper les bornes ; la propriété est alors contestée entre elles, et le juge de paix n'est plus compétent. Que faut-il donc entendre par une action en bornage de la compétence du juge de paix ?

Nous croyons que les paroles du législateur ne doivent pas ici être prises trop à la lettre. Il peut se faire que les titres soient reconnus également par les deux parties, et que, malgré cet accord, elles ne s'entendent pas sur l'emplacement exact des bornes qui doivent séparer

____

(1) Code d'inst. crim., art. 638.

leurs héritages. Ici, sans doute, quoique les titres ne soient plus contestés, c'est bien encore la propriété qui est l'objet de la contestation ; quelques auteurs soutiennent donc qu'ici encore le juge de paix n'est plus compétent, qu'il ne peut statuer, même à propos d'action en bornage, sur des questions de propriété immobilière, et que son rôle se restreint à forcer à l'abornement les parties qui s'y refusent et sont en retard de se borner, soit par mauvaise volonté, soit par simple négligence (1).

Mais nous puiserons, dans les raisons mêmes de nos adversaires, des moyens à l'appui de notre système. La plupart des praticiens, dit M. Bellime, ne voient de question pétitoire, de litige sur la propriété, que là où l'on allègue des titres contestés par l'adverse partie ; or, c'est précisément là l'idée qui a dû diriger les rédacteurs de la loi de 1838 : « Lorsque le titre n'est pas contesté ou que les parties *ne « sont pas d'accord sur le lieu du bornage*, disait à la Chambre des « députés le rapporteur, M. Amilhau (2), chacun remet ses titres au « juge de paix, qui fait une visite des lieux et qui ordonne que la « borne sera plantée à l'endroit déterminé par un expert. Si l'on « conteste le titre, alors c'est une question de propriété ; il faut aller « devant les tribunaux ordinaires. » Ces paroles nous semblent montrer clairement l'intention du législateur de soustraire à la compétence du juge de paix la question de propriété résultant des titres ; mais une fois les parties d'accord sur le titre, c'est le juge de paix qui videra la question de délimitation, la question de détail. Sans doute, c'est bien là une question pétitoire ; mais son importance minime a fait que le législateur n'a pas hésité à la placer dans la compétence du juge de paix. Quand donc il a parlé, dans le 2° de l'art. 6 de la loi de 1838, de *propriété* et de *titres non contestés*, il n'a entendu exprimer qu'une seule et même idée, l'idée de la propriété résultant des titres, et il n'en a pas moins laissé au juge de paix le pouvoir de décider, jusqu'à un certain point, par la voie de l'abornement, des questions de propriété (3).

---

(1) Bellime, n° 214. — (2) *Moniteur*, séance du 23 avril 1838. — (3) En ce sens : Bollard, Leçons de proc. civile, t. II, n° 105.

Maintenant il ne faudrait pas accuser de cumuler le pétitoire avec le possessoire le juge de paix qui, saisi d'une plainte en trouble, en déplacement de bornes ou autrement, ordonnerait la plantation de bornes, pour empêcher le renouvellement de troubles semblables. Les bornes ainsi plantées ne sont que provisoires; le procès sur l'action en bornage ou sur l'action pétitoire en fixera seul définitivement la place. L'ordre que donne ici le juge de paix n'est qu'une conséquence du pouvoir qu'il a de statuer sur la possession, et un moyen d'assurer l'exécution de sa décision principale. La jurisprudence a reconnu ce pouvoir au juge de paix, même avant la loi de 1838, alors qu'il n'était pas compétent pour connaître des actions en bornage (1).

70. C'était une vieille maxime de notre droit coutumier que *complainte sur complainte ne vaut*. On en a fait de nos jours une application erronée. On l'a interprétée dans ce sens, qu'une partie qui a une fois succombé au possessoire, et qui se trouve ensuite en possession de la chose, ne peut jamais agir en complainte pour se faire maintenir dans cette possession, quand même elle réunirait du reste l'annalité et toutes les autres conditions exigées, parce que, dit-on, *le demandeur ne peut plus avoir qu'une possession précaire*. La Cour de cassation a consacré ce système (2).

Mais nos anciens auteurs donnaient à la maxime *complainte sur complainte ne vaut* un tout autre sens. Ce sens était que si deux personnes plaident au possessoire relativement à un héritage dont un tiers croit à son tour avoir la possession, ce tiers ne doit pas former contre elles une nouvelle complainte, mais simplement intervenir dans le procès déjà engagé (3). Cette maxime n'était donc qu'une règle de procédure. En quoi du reste la décision rendue précédemment au possessoire peut-elle toucher à la précarité? Les détenteurs précaires sont ceux qui détiennent pour autrui [111]; ici le demandeur détient si peu pour autrui qu'il n'a jamais songé qu'à contester le droit du défendeur; il a succombé une première fois; mais, depuis ce temps, il a pu acquérir une possession annale, réunissant tous les caractères

____

(1) Cass., 29 avril 1814; 26 janvier 1823. — (2) Arrêts des 12 juin 1800 et 17 mars 1810. — (3) Papon, 2e notaire, livre 8, titre des interdits; Ferrière, sur l'art. 66 de la cout. de Paris.

qui assurent au possesseur la protection de la loi ; c'est précisément
ce qu'il offre de prouver. D'ailleurs ne peut-il pas être intervenu,
depuis le premier jugement, une vente, une donation, ou tout autre
acte qui a dû amener la translation de la possession ? L'adversaire
démontrera, s'il le peut, que notre possession manque des conditions
essentielles pour nous assurer gain de cause au possessoire, mais il ne
peut, pour faire sa preuve, invoquer le premier jugement qui a statué
sur une autre possession annale, sur un objet tout différent. Cette
première décision ne préjuge en rien la question débattue au nouveau
procès, et, dans tous les cas, elle ne peut imprimer à notre possession
un caractère précaire. « *Tamen pars adversa poterit dicere se posse-
disse per annum et ultra a tempore arresti, et sic saisina poterit
adquiri, etiam post arrestum.* » C'est ainsi que notre opinion se trouve
confirmée par un ancien auteur, qui devait parfaitement connaître la
maxime *complainte sur complainte ne vaut* (1).

77. Voyons quels sont les troubles à raison desquels on peut intenter
la complainte.

Cette action ayant pour but de protéger la possession, il est clair
qu'un trouble, donnant lieu à la complainte, ne peut être autre chose
qu'une atteinte portée à la possession. Le voleur qui me dérobe mes
fruits, le délinquant qui chasse sur mon terrain, ne portent à ma
possession aucune atteinte. Il faut, pour constituer un trouble, que
l'acte commis emporte prétention à un droit sur la chose que je possède ; autrement il pourra bien motiver une action en réparations
civiles, ou même une action criminelle ; mais il ne pourra donner
lieu à la complainte. La prétention à un droit de propriété ou de
servitude est de l'essence du trouble. Du moment où cette prétention
s'est fait jour, quand même le possesseur n'aurait éprouvé qu'un préjudice insignifiant, ou n'en aurait éprouvé aucun, il y a pour lui péril ;
son droit est menacé ; il lui importe de le défendre contre de nouvelles
attaques possibles.

Dès lors ce sera souvent la réplique du défendeur qui déterminera
si l'action est ou non possessoire. S'il déclare qu'il a agi dans son

---

(1) Rebuffe, *Comment. in reg. constit. gall. de mater. poss.*, cité par Bélime, n°° 218 et
suiv. *Contra*: MM. Carré et Chauveau, Lois de la proc. civile, t. 1, n° 101.

droit, sa prétention rivale est bien établie ; il y a trouble ; c'est une action en complainte qui est portée devant le juge. Si le défendeur au contraire décline toute prétention sur la chose dont le demandeur est possesseur, l'action n'est plus possessoire. C'est au juge de paix à voir s'il est encore ou non compétent ; si le fait n'est plus de sa compétence, il doit se dessaisir ; s'il rentre encore dans ses attributions, s'il s'agit, par exemple, d'un dommage fait aux récoltes (1), il statuera, sans qu'une nouvelle citation soit nécessaire (2).

Tel est donc le caractère principal du trouble : un fait impliquant prétention à un droit contraire à la possession de l'adversaire. Peu importe, du reste, que ce fait constitue une dépossession complète ou un trouble proprement dit ; seulement, dans le premier cas, l'action s'appelle réintégrande au lieu de s'appeler complainte. Maintenant, nous distinguerons, avec nos anciens auteurs, deux sortes de troubles : le trouble de fait et le trouble de droit.

78. Le trouble de fait consiste en un dommage matériel porté à la possession d'autrui, en vertu d'une prétention contraire à cette possession. Je suis troublé de fait si, par exemple, on se met à labourer mon champ, à enlever ma récolte, si l'on commence des travaux dans ma maison, si l'on clôt un héritage sur lequel j'ai un droit de passage. Dans ces différents cas, je puis intenter la complainte. J'aurai également la complainte pour trouble de fait contre mon fermier, s'il se met à faire sur mon fonds des actes de maître, si, à l'expiration de son bail, il refuse de sortir, en alléguant qu'il est propriétaire. Sans doute, j'ai déjà contre lui l'action qui résulte, à mon profit, du contrat de louage ; mais ce n'est pas une raison pour me refuser, comme le fait M. Zachariæ (3), l'action possessoire. Que me manque-t-il, en effet, pour agir en complainte ? Ne suis-je pas possesseur, et ne suis-je pas troublé ? Au lieu d'une seule action, j'en aurai deux au choix : voilà toute la différence (4).

79. Le trouble de droit consiste dans une sommation, dans une action en justice ou dans tout autre acte qui, sans me porter un préju-

---

(1) Loi du 25 mai 1838, art. 5. — (2) En ce sens : Belime, nos 315 et suiv. — (3) Cours de droit civil français, t. i, § 190. — (4) En ce sens : Papon, 2e notaire, livre 5, titre des interdits ; Belime, no 325.

dice matériel, implique néanmoins une prétention à un droit quelconque sur la chose dont je suis possesseur. « Trouble s'entend, disait « Loysel, non-seulement par voie de fait, mais aussi par dénégation « judiciaire (1). » Il y a trouble de droit quand, par exemple, mon voisin me fait sommation d'avoir à m'abstenir de bâtir sur son terrain, prétendant avoir acquis sur moi une servitude *altius non tollendi*. Il y a encore trouble de droit si mon fermier, se prétendant propriétaire, me signifie qu'il ne me paiera plus de fermages, ce qui, d'après l'article 2238 du Code, intervertirait son titre, et le mettrait en état de prescrire contre moi; ici, comme pour le trouble de fait, j'aurai le choix entre la complainte et l'action *locati*. Un trouble de droit des plus fréquents est celui qui résulte du procès-verbal dressé par un garde champêtre ou forestier, à l'occasion d'actes commis sur un fonds par celui qui s'en prétend possesseur.

Mais il ne faudrait pas considérer comme un trouble de droit de simples propos sans conséquence juridique. J'aurais beau répéter à qui voudrait l'entendre que j'ai sur votre fonds telle ou telle servitude, ou même que j'en suis propriétaire : vous ne seriez nullement autorisé à intenter contre moi la complainte. Il n'y a rien là, en effet, qui tende à gêner l'exercice de votre droit, rien qui contienne contre vous une attaque, un commencement d'exécution, rien qui soit de nature à vous inquiéter sérieusement.

Le fait d'agir en complainte contre moi constitue une atteinte à ma possession; aussi est-il d'usage, en pareille circonstance, de conclure reconventionnellement à être maintenu dans cette possession contestée.

Tout au contraire de la complainte, une action en revendication ne pourrait être considérée comme un trouble; car, par le fait seul que vous revendiquez contre moi, vous reconnaissez que je suis possesseur.

80. Les actes de l'autorité publique ne peuvent jamais être considérés comme des troubles donnant lieu à la complainte. Ces actes ne peuvent être soumis à l'appréciation du juge de paix; le pouvoir judiciaire empiéterait sur le pouvoir administratif. Ainsi, un maire qui

---

(1) Inst. cout., livre 4, titre 5, n° 12.

ordonne la destruction d'un mur menaçant ruine, ne fait qu'user du droit que lui donne, dans l'intérêt de la sûreté publique, la loi du 24 octobre 1790 ; le propriétaire du mur ne pourra agir en complainte, il ne pourra que se pourvoir devant l'autorité administrative, au sujet du plus ou du moins d'opportunité de la démolition. Il en serait autrement si le maire représentait l'intérêt privé de la commune, considérée comme propriétaire : ainsi, je dépose des matériaux sur un terrain attenant à ma maison ; le maire m'ordonne de les enlever comme encombrant la voie publique ; comme je suis en possession de ce terrain, l'arrêté du maire constitue envers moi un véritable trouble ; il s'agit, en effet, de savoir qui a droit à ce terrain, de la commune ou de moi ; c'est là une question possessoire, puis pétitoire, éminemment du ressort des tribunaux ordinaires (1).

81. La complainte se donne contre l'auteur du trouble. Elle se donnera également contre ses héritiers et ses successeurs universels ; car ils succèdent à ses obligations, sans qu'il faille distinguer si elles proviennent ou non d'un délit. Quant aux successeurs particuliers, acheteurs, donataires, légataires, ils sont complétement étrangers aux obligations de leur auteur ; mais ils peuvent être actionnés *in id quod ad eos pervenit.* Cette distinction trouve son application quand le possesseur a été dépouillé de sa chose, quand le trouble est une dépossession complète. Alors, si l'auteur de la dépossession vend ou lègue la chose à un tiers, l'action possessoire sera donnée contre le spoliateur ou ses successeurs universels, pour faire obtenir au spolié les dommages-intérêts auxquels il a droit ; elle sera donnée contre le détenteur de la chose, contre l'acheteur ou légataire, successeur particulier du spoliateur, afin que le spolié obtienne la restitution de son bien. Déjà, en droit romain, si l'on refusait l'interdit contre toute personne qui n'était pas l'auteur de la violence, on donnait contre elle une action *in factum* pour tout ce dont elle avait profité. Mais il y avait cette différence que l'interdit ne se donnait même pas contre les successeurs universels, parce qu'ils ne succédaient pas, comme chez nous, aux obligations provenant des délits de leurs auteurs (2).

---

(1) En ce sens : Merlin, Répertoire, v° Complainte, § 4 ; Bélime, n°° 530 et suivants. —
(2) MM. Aubry et Rau, Notes sur Zachariæ, t. 1, § 190 ; Troplong, Prescription, t. 1, n° 236.

Il faut considérer comme étant les auteurs du trouble ou de la spoliation ceux qui les ont ordonnés, qui les ont fait commettre par leurs mandataires ou les gens à leurs gages. La complainte sera intentée contre eux comme s'ils avaient eux-mêmes commis le trouble. Nous renvoyons sur ce point aux règles du droit romain [41].

§ 3. — De la réintégrande.

82. Nous avons vu que la complainte proprement dite s'intentait lorsque le possesseur avait éprouvé un trouble de fait ou de droit dans sa possession. Quand le trouble de fait va jusqu'à la spoliation complète, l'action possessoire prend le nom de *réintégrande*. L'art. 6-1° de la loi du 25 mai 1838 énumère la réintégrande parmi les actions possessoires de la compétence du juge de paix. Le Code de procédure ne la nomme pas; il ne parle que d'actions possessoires en général. Soit dans la loi de 1838, soit dans le Code de procédure, on ne trouve aucune disposition qui distingue les effets de la réintégrande de ceux de la complainte. Ces deux actions ne semblent différer uniquement que par le degré de gravité du trouble qui leur donne naissance. C'est cependant une question des plus controversées entre les jurisconsultes que de savoir si la réintégrande est ou non une action possessoire. Pour nous, les textes nous semblent clairs : d'un côté l'art. 23 du Code de procédure soumet toutes les actions possessoires à la condition d'une possession annale, paisible et non précaire; de l'autre, la loi du 25 mai 1838 classe la réintégrande parmi les actions possessoires; donc la réintégrande est une action possessoire soumise aux diverses conditions exigées par l'art. 23 du Code de procédure pour les actions possessoires en général. Dès lors comment expliquer la jurisprudence constante de la cour de cassation et l'opinion d'un grand nombre d'auteurs qui accordent cette action à un possesseur quelconque, à celui qui ne possède que depuis quelques jours, à celui qui possède violemment ou clandestinement, enfin à celui qui ne possède que précairement, ou qui, pour mieux dire, ne possède pas du tout, comme le locataire ou le fermier ? Nous allons examiner les principales raisons qui ont été données à l'appui de ce système.

83. L'opinion que nous combattons est surtout développée par

M. Belime, qui a pris à cœur de démontrer, avec un grand talent d'argumentation, que la réintégrande doit être placée et a toujours été placée dans des conditions différentes de celles de la complainte (1). Selon lui, la dépossession, et surtout la dépossession violente, exige une réparation immédiate, par le fait seul qu'il y a eu dépossession, et sans qu'on ait à considérer les caractères de la possession du spolié. Passant aux applications historiques de cette idée, il cite d'abord les constitutions du Bas-Empire, qui donnaient l'interdit *unde vi*, en cas de violence simple comme en cas de violence armée, même au possesseur violent, clandestin et précaire, et qui sévissaient contre le spoliateur au point de lui faire perdre tout droit dans la chose, quand même il eût été propriétaire [23, 30]. Il nous montre ensuite cette rigueur contre les voies de fait reproduite dans les décrétales des papes et proclamée par la maxime *spoliatus ante omnia restituendus* [60]. Il arrive au droit français et nous fait voir la réintégrande du droit canonique introduite dans les Établissements de saint Louis. Un remède énergique était impérieusement réclamé par l'état de la société à cette époque, par la nécessité de mettre un terme aux pillages et aux dépossessions violentes, encouragés plutôt que réprimés par les usages féodaux; car, en ce temps-là, tout spolié était autorisé à se faire justice lui-même en reconquérant l'objet enlevé, ou même en s'emparant de telle des propriétés du spoliateur qui lui tombait sous la main. Saint Louis mit un terme à ces désordres en frappant le spoliateur *pour le quemun profit du royaume*, et en outre de la restitution de la chose, d'une amende variable selon la qualité des personnes; de sorte que bientôt après, au temps de Beaumanoir, il est fait mention, dans le commentaire de la coutume de Beauvoisis, d'une action que nos adversaires trouvent parfaitement conforme à l'idée qu'ils se font de la réintégrande. La possession annale est sans doute exigée pour les actions possessoires en général, mais il en est autrement au cas dont il s'agit; le juge ne rétablit pas le dépossédé dans la saisine ou possession légale; il le fait remettre seulement dans la détention matérielle qu'on lui a ôtée, sauf aux parties, après cette réintégration, à reprendre la question, *même au possessoire*. Et à ce propos, on cite les termes de

---

(1) Nos 371 et suiv.

Beaumanoir : « *De quelque coze je soie en saizine, et que la saizine* « *soit bone ou malvese, et de quelque tans que ce soit, grans ou petis,* « *qui m'oste de cete saizine sans jugement et sans justice, je dois estre* « *resaisis avant toute œuvre* [66]. »

« Ainsi, » ajoute M. Belime, « rien n'était plus différent que « la complainte et la réintégrande. La complainte était une action « possessoire qui présupposait la saisine; la réintégrande appartenait « au simple possesseur de fait. La complainte se donnait en cas de « simple trouble, la réintégrande en cas de violence. Le juge, dans la « première de ces deux actions, constatait que le demandeur avait la « possession légale, dans laquelle il le maintenait; dans la seconde, « il ne préjugeait rien sur la possession; il rétablissait seulement, avant « tout examen, l'état de choses détruit par la force. Du reste, la ré- « intégrande était si peu une action possessoire, qu'une fois que « l'auteur de la voie de fait avait réintégré son adversaire, il pouvait « à son tour l'attaquer en complainte, s'il pouvait justifier de sa « possession annale. » Telle est l'action dont on veut doter notre législation actuelle.

84. Quant à ce qui concerne le droit romain, nous croyons qu'il ne peut nous être opposé. D'abord il ne prouvera rien contre l'annalité de possession, puisque aucune durée dans la possession n'était exigée à Rome [21]. Si maintenant, dans le dernier état du droit, le demandeur à l'interdit *unde vi* était dispensé de justifier d'une possession paisible, publique et non précaire vis-à-vis de l'adversaire, toujours est-il qu'il lui fallait au moins posséder *animo domini*, et, dans le système qui nous est opposé, on donne la réintégrande au fermier que les Romains ne considéraient pas comme possesseur. D'ailleurs l'histoire nous montre que le droit romain a exercé bien peu d'influence sur la formation de notre système possessoire. On peut en dire autant du droit canonique, et nous avons vu que le vrai sens de la maxime : *spoliatus ante omnia restituendus*, était, non pas de dispenser le spolié de toute condition de possession juridique, mais d'interdire le cumul du possessoire et du pétitoire [60, 61].

Saint Louis a pu prendre des mesures d'ordre public; mais il ne parle pas des conditions de la possession [64]. Beaumanoir, lui, a bien véritablement exposé un système possessoire [65, 66]; mais les § 15,

22, 23 et 24 de son chap. xxxii, qui parlent effectivement d'une action possessoire dispensée de la condition de possession annale, n'ont pas trait au cas de spoliation violente ; ils sont relatifs à une action toute particulière dont les meubles seuls pouvaient être l'objet.

Enfin, à supposer que les empereurs, les papes, saint Louis et Beaumanoir se fussent réunis pour organiser la réintégrande ; dans tous les cas, cette chaîne, qui remonterait jusqu'au Code de Justinien, s'est rompue à l'époque de Simon de Bucy [67]. Depuis lors jusqu'à nos jours, nous trouvons le vide dans l'histoire de la réintégrande, et cette solution de continuité de cinq siècles frappe de stérilité toutes les raisons qu'on pourrait tirer des lois romaines, du droit canonique et des premiers monuments de notre droit français. Nous avons vu en effet qu'au temps de Simon de Bucy, premier président du parlement de Paris, les actions de force et de dessaisine furent absorbées dans l'action de simple trouble. Suivant M. Bellime, cette confusion n'eut lieu que pour la forme, pour ramener la procédure d'*applégement*, usitée pour la réintégrande, aux formes plus simples de la procédure en complainte. Nous croyons sans doute que la procédure a été l'intérêt principal de l'innovation ; mais il n'en est pas moins vrai que la forme a emporté le fond. Et en effet, les diverses coutumes, en traitant des actions possessoires, ne parlent que de la complainte, et ne font pas mention de la réintégrande [68]. Comment expliquer le silence des coutumes sur un point aussi important que l'existence de cette action tout exceptionnelle, autrement que par la disparition même de l'action de force, ou, si l'on veut, de la réintégrande, absorbée dans la complainte ?

Sans doute la réintégrande est nommée dans les écrits d'un bon nombre de nos anciens jurisconsultes, et peut-être faut-il rapporter ce fait à la tendance qui les poussait à enter toutes les institutions de notre droit français sur des institutions correspondantes du droit romain : la complainte était considérée comme remplaçant l'interdit *uti possidetis* ; il fallait aussi un équivalent à l'interdit *unde vi* ; pour combler cette lacune, on fouilla dans les décrétales, dans Beaumanoir, et l'on parvint à construire la réintégrande. Mais il paraît que cette action ne passa guère dans la pratique, car les auteurs mêmes qui en parlent se taisent, pour la plupart, sur les caractères qui pouvaient la distinguer de la complainte. Nous n'avons trouvé, avant l'ordonnance de

1667, qu'un seul auteur, Imbert, qui dispensât formellement le demandeur en réintégrande de la condition de la possession annale (1).

· L'ordonnance de 1667 ne distingua la réintégrande de la complainte que pour laisser au demandeur en réintégrande le choix entre l'action civile et l'action criminelle, faisant voir assez, en s'exprimant sur ce point, qu'elle n'entendait pas établir entre les deux cas d'autres différences. Ce silence de l'ordonnance laissa le champ libre aux différentes opinions. Quelques auteurs, comme Denizart, déclarèrent formellement que la possession actuelle suffisait au demandeur en réintégrande (2). D'autres, comme Pothier dans son traité de la possession, ne parlèrent point d'annalité, ni pour la réintégrande, ni pour la complainte. Quelques-uns, comme Duplessis, ne parurent pas se douter que la réintégrande existât (3). Le plus grand nombre exigea la possession civile ou annale, sans distinguer entre la complainte et la réintégrande (4). Il y avait donc au moins doute, dans l'ancienne jurisprudence, sur la question qui nous occupe. Or, en présence des lois nouvelles, qui statuent d'une manière générale, sans distinguer entre les deux actions, ce doute 'ui seul doit nous donner gain de cause ; car il n'était pas ignoré des rédacteurs de nos Codes, et, en ne distinguant pas, ils ont tranché la question. M. Belime pense au contraire que, dans le silence des Codes sur la réintégrande, cette action doit revivre ; il nous semble que c'est oublier l'art. 1041 du Code de procédure portant que : « Toutes lois, coutumes, usages ou règlements, « relatifs à la procédure civile, seront abrogés. »

Ce ne sont donc pas des arguments historiques qui peuvent justifier l'action exceptionnelle introduite par nos adversaires. « C'est, dit « M. Alauzet, une espèce de réintégrande de leur façon, faite de « pièces et de morceaux pris un peu partout, et dont on ne retrouve « les règles ni dans la législation française, ni dans aucune autre légis- « lation connue. »

Nous passons aux raisons tirées du droit actuel.

85. Pour nous montrer dans la réintégrande une action distincte de la complainte, nos adversaires argumentent de l'art. 2060 du Code Na-

---

(1) Imbert, Pratique, ch. 17. — (2) Denizart, Répertoire, v° Complainte, nᵒˢ 14 et 15. — (3) Duplessis, Actions, liv. 1. — (4) Bourjon, Droit commun, t. 11, p. 510 ; Jousse, sur l'ord. civile, titre 18.

poléon, portant que la contrainte par corps a lieu « en cas de réinté-
« grande, pour le délaissement, ordonné par justice, d'un fonds dont
« le propriétaire a été dépouillé par voies de fait. » Mais le législateur, qui a voulu veiller à l'exécution rigoureuse des jugements rendus
sur les spoliations violentes, ne pouvait faire autrement que de donner
à cette situation le nom qu'elle a toujours porté, et dans tous les cas, il
faut être, à notre avis, bien à court d'arguments pour chercher dans
une dénomination jetée là incidemment, tout un système d'action exceptionnelle. D'ailleurs l'art. 2060 est antérieur au Code de procédure, qui n'a pas distingué entre la réintégrande et la complainte.

Le Code de procédure, nous répond-on, en parlant des actions possessoires, n'entendait parler que de la complainte, le législateur
n'ayant pas considéré la réintégrande comme une action naissant de la
possession, mais comme une simple action personnelle en indemnité
contre l'auteur d'un dommage. C'est cette considération qui fait qu'on
accorde la réintégrande aux fermiers et aux autres détenteurs précaires.
Cette action naîtrait alors du délit qui consiste à se faire justice à soi-
même. Remarquons d'abord en passant que ce délit existe aussi bien
au cas de simple trouble de fait qu'au cas de spoliation. Et puis si, à
l'époque de la rédaction du Code de procédure, la réintégrande n'était
pas considérée comme une action possessoire, en vertu de quelle loi la
portait-on devant le juge de paix? S'appuyait-on sur l'art. 10 du
titre III de la loi du 24 août 1790, qui attribua en effet les actions
possessoires aux juges de paix? Alors évidemment on considérait la
réintégrande comme comprise dans ces termes de la loi de 1790 : « *et
autres actions possessoires.* » Pourquoi scinder ainsi la volonté du
législateur? Pourquoi avoir deux poids et deux mesures?

M. Belime déplore que la loi du 25 mai 1838 n'ait pas, d'un mot,
tranché à tout jamais cette controverse. Il nous semble cependant que
cette loi, en classant la réintégrande parmi les actions possessoires, a
singulièrement simplifié la difficulté. Du reste, si quelque doute pouvait rester sur l'intention du législateur de 1838, ce doute serait levé
par les paroles suivantes de M. Barthe, dans l'exposé des motifs de la
loi, paroles que M. Belime lui-même prend la peine de citer : « Le
« législateur doit ne plus abandonner aux variations de la jurispru-
« dence la solution de quelques questions controversées ou qui pour-

« raient l'être. Dans ce dessein, le projet ajoute à la clarté de la loi du
« 24 août 1790..., en classant formellement au nombre des actions
« possessoires, les dénonciations de nouvel œuvre, la complainte qui
« s'exerce en cas de trouble apporté à une possession acquise, la
« réintégrande qui suppose la spoliation du possesseur. » Après ces
paroles, qui sont le commentaire de l'art. 6-1°, est-il permis de douter que la réintégrande soit une action possessoire, et que, par conséquent, elle soit soumise, comme la complainte, aux diverses conditions
exigées par l'art. 23 du Code de procédure?

Les rigueurs exceptionnelles de la réintégrande pouvaient se justifier au XIII° siècle par l'état de la société, livrée aux guerres privées,
aux représailles sanglantes, au droit du plus fort; alors on pouvait
s'expliquer l'utilité d'une action qui, avant tout, frappe la violence
d'une peine civile, sans crainte de porter atteinte aux droit du propriétaire ou du possesseur annal. Aujourd'hui de semblables désordres
n'affligent plus la société, et nous avons des tribunaux criminels qui
suffisent à la répression des voies de fait et des violences. M. Belime a
beau scruter les lacunes de notre législation criminelle, et citer, par
exemple, l'impunité de celui qui, pendant l'absence des habitants,
s'est introduit par escalade dans une maison. Sans doute si celui qui
se trouve ainsi dépossédé de la maison n'est pas possesseur annal, il
n'aura pas la réintégrande, et il est fâcheux que le simple fait d'escalade ne soit pas, en lui-même, puni par nos lois. Mais dans cette
hypothèse, qui, sans doute, se présentera fort rarement, le spolié
n'aura-t-il pas au moins l'action pétitoire? Il n'y a réellement de lacune que quand il n'est pas propriétaire; et alors il faut convenir que
sa situation devient beaucoup moins intéressante.

86. En résumé, la réintégrande, considérée comme distincte des
actions possessoires, ne se justifie ni par l'histoire, ni par notre législation actuelle, ni par des motifs d'utilité. Pour nous, la réintégrande
ne sera donc pas autre chose que le nom particulier que prend la complainte en cas de spoliation violente. La diposition de l'art. 2060 du
Code Napoléon constituera la seule différence entre la réintégrande et
la complainte. Ces deux actions ne différant plus guère que de nom,
la question de savoir quel degré de violence est nécessaire pour donner
lieu à la réintégrande, diminue sensiblement d'intérêt. Toutefois,

comme la jurisprudence a consacré le système que nous combattons, il importe de tracer une règle. L'art. 2060 parle de dépossession *par voies de fait*; une simple usurpation, sans voies de fait, ne sera donc pas considérée comme un cas de réintégrande; mais d'un autre côté il ne sera pas nécessaire qu'il y ait eu lutte, coups portés ou sang répandu.

De l'assimilation de la réintégrande à la complainte il résulte qu'en général toutes les règles applicables à la complainte s'appliqueront aussi à la réintégrande. Nous exigerons, pour les deux actions, les mêmes conditions de possession, entre autres l'annalité; elles s'intenteront à raison des mêmes objets; elles seront exercées par les mêmes personnes; elles suivront les mêmes règles de procédure : tels nous paraissent être les vrais principes. Cette question est du reste l'une des plus controversées de notre droit (1).

§ 4. — De la dénonciation de nouvel œuvre.

87. On a voulu introduire dans notre droit, en la dénaturant, la *nuntiatio novi operis* du droit romain. Nos plus anciens auteurs nous dépeignent une dénonciation de nouvel œuvre empruntée à la législation romaine : « Si sachez, dit Boutheillier, que dénonciation de nou-
« vel œuvre a lieu sitôt que quelqu'un fait ou fait faire nouvel œuvre
« au préjudice d'autres, celui qui sent que c'est en son préjudice le
« peut défendre et dénoncer,.... que cette dénonciation est de tel
« effet, sitôt que celui qui se sent troublé s'en aperçoit, il peut venir
« sur le lieu où l'on fait et commence cette nouvelle œuvre, et dire à

---

(1) V. dans notre sens : MM. Troplong, Prescription, t. 1, n°° 305 et suiv.; Toullier, t. 11, n°° 126 et suiv.; Boitard, t. 11, n° 123; Carré, Lois de la proc., t. 1, n° 107 bis; Curasson, Compétence des juges de paix, t. 11, p. 37 et suiv.; de Parieu, Études sur les act. poss., p. 161 et suiv.; Alauzet, Hist. des act. poss., p. 270 et suiv.— Dans le sens contraire, MM. Henrion de Pansey, qui tranche la question sans la discuter, Comp. des juges de paix, chap. 52; Duranton, t. iv, n° 246; Proudhon, Domaine de propriété, t. 11, n°° 490 et suiv.; Bonnier, proc. civile, t. 11, n° 1390; Garnier, Traité des act. poss., p. 37 et suiv.; Béline, n°° 371 et suiv.; Dalloz, Nouveau Répertoire, v° Action possessoire. — Cette dernière opinion est aussi consacrée par la jurisprudence de la Cour suprême, fixée en ce sens par un arrêt du 28 décembre 1826 ; et depuis, de nombreux arrêts, soit antérieurs, soit postérieurs à la loi du 25 mai 1838, sont venus confirmer ce système.

« ceux qu'il trouvera là, soit qu'ils soient des gens de celui qui fait
« faire, ou non, soit que celui y soit, qui l'ouvrage fait, ou non, et
« doit ainsi dire aux ouvriers et assistants qui là seront trouvés : *Vous*
« *faites cy nouvel œuvre à mon préjudice : je vous dénonce que vous*
« *cessiez de faire et désistiez entièrement ; et de ce que vous fait avez,*
« *je fais protestation que tout soit démoli ou réparé, et que amende*
« *soit si avant que juge esgardera qu'il appartiendra.* Et ne le con-
« vient jà autrement faire dénoncer à celui qui la nouvelle œuvre fait
« faire, si présent n'y est trouvé ; mais bien lui fassent les ouvriers
« savoir, si bon lui semble ; car si depuis il y était œuvré, ce serait
« attenté, et tomberait en peine et amende d'attentat. Et de fait con-
« vient que l'ouvrage soit cessé du tout, jusqu'à ce que celui qui l'ou-
« vrage fait faire, fait convenir et dénoncer pardevant le juge, à savoir
« pourquoi il a fait cette dénonciation ; .... alors le dénonçant, comme
« défendeur et possesseur, soutiendra la dénonciation et les causes
« qu'il a de ce faire ; mais selon aucuns, il est de nécessité que cette
« dénonciation soit faite dedans l'an que cette nouvelle œuvre est
« commencée, et, la cause mise en cour, le procès doit être fait en
« trois mois ; sinon le faiseur de la nouvelle œuvre requiert, disant
« que le procès est apparent de durer longuement, et par ainsi, l'œuvre
« qui est profitable et nécessaire pouvoir aller à perdition, ... le juge
« d'office peut et doit pourvoir à ce que l'ouvrage se parfasse, en bail-
« lant suffisante caution (1). » Ce système diffère de celui du droit
romain, en ce qu'à Rome c'était l'auteur du nouvel œuvre qui jouait
le rôle de défendeur [55], tandis que Boutheillier attribue ce rôle au
dénonçant.

Depuis Boutheillier, on régularisa les formes de la dénonciation de
nouvel œuvre. Au lieu de se borner à une simple protestation jetée au
vent, le dénonçant dut assigner son adversaire devant le juge du lieu,
pour voir ordonner la suspension de l'ouvrage. Le juge décidait si la
dénonciation produirait son effet, ou si l'auteur des travaux les continuerait en donnant caution (2).

Malgré ce perfectionnement, la dénonciation de nouvel œuvre tendit
de plus en plus à disparaître de notre ancien droit, ou du moins à se

---

(1) Boutheillier, Somme rurale, livre 2, titre 32. — (2) Charondas, sur Boutheillier.

confondre avec la complainte. On se mit à appeler dénonciation de nouvel œuvre toutes les actions en trouble fondées sur des constructions, démolitions ou excavations portant atteinte à la possession du demandeur. « Autre et troisième force, » dit Papon, « se nomme in-
« quiétative et clandestine, sans apertement être découverte, comme
« de bâtir sur la possession d'autrui et faire nouvel œuvre ; et pour
« avoir réparation de cette dernière force, est propre l'interdit *quod*
« *vi aut clam* [56]. Mais l'usage d'aujourd'hui n'a fait différence d'i-
« celui et de la complainte, prinse pour ladite première force. Vray
« est que l'on y a voulu pratiquer une action nommée dénonciation
« de nouvel œuvre, qui n'est pas diverse du cas de nouvelleté nommé
« complainte (1). »

Ainsi dès le temps de Papon, cette dénonciation de nouvel œuvre, qu'on veut encore aujourd'hui distinguer de la complainte, n'en différait plus que de nom, et ce nom se perpétuait sans doute, grâce à la manie des subdivisions et dénominations particulières. On ne trouve plus, dans les anciennes coutumes, ni dans les ordonnances, aucune disposition relative à la dénonciation du nouvel œuvre. L'ordonnance de 1667 n'en fait pas mention ; les auteurs les plus répandus, Pothier, Domat, Jousse, ne la mentionnent pas non plus ; enfin nos Codes gar   t sur elle le silence le plus complet. Il nous semble résulter clairement de cette désuétude, que la dénonciation de nouvel œuvre n'existe plus dans notre droit, à moins qu'on ne veuille appeler de ce nom la complainte, dans le cas où le trouble est occasionné par des travaux portant atteinte à la possession.

88. Malgré le silence de nos Codes, malgré celui des coutumes et de la plupart de nos anciens jurisconsultes, plusieurs auteurs ont encore voulu, de nos jours, faire revivre la dénonciation de nouvel œuvre comme action possessoire distincte de la complainte (2). Suivant eux, la dénonciation de nouvel œuvre s'applique au cas où un tiers, par des travaux exécutés sur son propre fonds, nuit à un droit de servitude appartenant à autrui, tandis que c'est par la complainte qu'on agit pour les autres troubles. Si donc vous creusez ou construisez sur mon

---

(1) Papon, 2e notaire, livre 8, titre de l'interdit *unde ti*, p. 588. — (2) Henrion de Pansey, Compét. des juges de paix, chap. 38.

terrain, je dois me pourvoir par la complainte; si au contraire, par vos fouilles, vos constructions, vous nuisez à un droit de passage ou de vue que j'ai sur votre terrain, c'est par la dénonciation de nouvel œuvre que je dois agir. Cette action différerait aussi des autres en ce que le juge de paix ne pourrait pas ordonner la destruction des travaux opérés avant la demande, mais seulement leur suspension, en réservant au juge du pétitoire le droit de les faire détruire, en cas qu'ils eussent été pratiqués au mépris d'un droit de servitude. Dans la complainte, au contraire, le juge, dont la mission est de faire cesser le trouble, doit ordonner la suppression des travaux par lesquels le possesseur est troublé. Enfin on enseigne que la dénonciation de nouvel œuvre n'est possible que tant que les travaux sont en cours d'exécution; s'ils sont terminés, le juge de paix n'est plus compétent, et la partie lésée n'a plus d'autre ressource que le pétitoire. Ce dernier point résulterait naturellement de ce qui précède, car si le juge de paix n'a d'autre pouvoir que celui d'ordonner la discontinuation des travaux, il est clair que, lorsque les travaux seront terminés, il n'aura plus rien à ordonner, et c'est cela surtout que veulent prouver nos adversaires; car si le juge, outre la discontinuation des travaux, pouvait ordonner leur suppression, l'action qu'on veut ressusciter retomberait dans la complainte.

La cour de cassation, sous l'influence de M. le président Henrion de Pansey, a d'abord consacré l'opinion que nous combattons. L'un de ses arrêts, celui du 15 mars 1826, résume assez bien ce système. La cour, dans cette espèce, a pensé qu'il y avait lieu à la dénonciation de nouvel œuvre et non pas à la complainte, parce que le constructeur avait travaillé sur son propre fonds, et non pas sur celui de la partie lésée. Mais où puise-t-on cette distinction? Ce n'est certainement pas dans le droit romain, car nous avons vu qu'il ne distinguait pas sur quel fonds les travaux avaient été exécutés [55]. Ce n'est pas non plus dans le droit romain que les rédacteurs de l'arrêt de 1826 ont pu trouver qu'après l'achèvement des travaux, il ne restait d'autre ressource à la partie lésée que l'action pétitoire. Celui qui ne s'était pas opposé aux travaux commencés pouvait parfaitement faire détruire les travaux, même entièrement terminés, et il avait pour cela l'interdit *quod vi aut clam*, outre l'action pétitoire par laquelle il pouvait faire preuve de ses droits, ou nier ceux de l'adversaire [55, 56].

89. Nous croyons que les anciennes distinctions entre les actions possessoires ont été effacées par nos lois actuelles. Si ces actions sont encore distinguées les unes des autres par des noms différents, ce n'est plus là qu'une réminiscence de leur origine ; mais au fond leur nature est la même, et les mêmes règles leur sont applicables. Ainsi nous avons vu que nos Codes ne mentionnaient même pas la dénonciation de nouvel œuvre : survint la loi du 25 mai 1838, qui attribua aux juges de paix la connaissance « des dénonciations de nouvel œuvre, com- « plaintes, actions en réintégrande, et autres actions possessoires, « fondées sur des faits commis dans l'année.» Est-ce à dire, parce que la dénonciation de nouvel œuvre se trouve nommée, qu'elle soit de- venue une action distincte? Au contraire, les dernières paroles de l'article montrent l'intention du législateur d'assimiler la dénonciation de nouvel œuvre à la complainte. La différence essentielle entre la complainte et la dénonciation de nouvel œuvre de M. Henrion de Pansey, c'est que celle-ci ne pouvait s'intenter qu'avant la terminaison des travaux, tandis que la complainte pouvait toujours être formée dans l'année du trouble. L'art. 6–1° de la loi de 1838 établit que la dénonciation de nouvel œuvre doit être fondée *sur des faits commis dans l'année*. Si donc le législateur a nommé cette action, c'est préci- sément pour montrer qu'elle n'existe plus, ou au moins pour la con- fondre avec la masse des actions possessoires. Tous les doutes doivent du reste être levés par l'observation suivante de M. Dubouchage à la chambre des Pairs, lors de la discussion de la loi de 1838 : « On trouve « que ces derniers mots : *fondés sur des faits commis dans l'année*, « pourraient être entendus comme ne se rapportant qu'aux actions « possessoires en général, tandis que, dans le fait, le législateur veut « qu'ils se rapportent aussi aux actions de nouvel œuvre. *Cela est* « *essentiel pour fixer la jurisprudence*. Ainsi mon observation tend à « faire déclarer par la commission et par le ministère que ces mots... « se rapportent positivement aux dénonciations de nouvel œuvre, « comme à toutes autres actions possessoires (1). »

Du reste la jurisprudence n'avait pas attendu la loi de 1838 pour

---

(1) *Moniteur*, Chambre des Pairs, séance du 25 juin 1837.

abandonner la doctrine de M. Henrion de Pansey, et la cour de cassation, revenant sur son premier système, avait déjà décidé par plusieurs arrêts que l'action possessoire est encore ouverte, même après l'achèvement des travaux, pourvu qu'on soit encore dans l'année du jour où ces travaux ont été commencés (1). Outre les raisons de droit qui ont inspiré ces arrêts, la cour suprême a dû être déterminée par de puissantes considérations d'ordre public. Le système de M. Henrion de Pansey présentait en effet un grave danger, celui d'encourager la prompte exécution des actes d'usurpation. N'y aurait-il pas une injustice criante à mettre à l'abri de l'action possessoire celui qui aurait achevé son œuvre avant qu'on eût eu le temps de réclamer? Nous ne faisons du reste que reproduire l'opinion de la généralité des auteurs(2).

90. Il est donc bien entendu que le juge doit ordonner la destruction des travaux qui ont été faits contrairement à la possession du demandeur, et le rétablissement des lieux dans leur premier état. Cette destruction est même souvent urgente; il importe qu'on abatte le mur, qu'on comble le fossé qui m'empêchent peut-être d'enlever ma récolte. Dans cette situation, on ne peut me forcer à attendre la décision du tribunal civil. Mais ici quelques auteurs reculent devant les conséquences de leur doctrine. Suivant M. Belime, « le juge du possessoire « peut aussi ne pas ordonner la destruction de ce qui a été fait, même « quand il se convaincrait que la possession du demandeur n'a pas été « respectée.... le juge de paix irait-il ordonner la démolition d'une « maison terminée, par cela seul qu'il y a eu atteinte à la possession « du voisin, s'il a la certitude qu'au fond des choses, celui qui l'a « bâtie avait le droit de le faire? » Ces raisons d'utilité, si puissantes qu'elles soient, ne peuvent prévaloir contre les principes. D'ailleurs cette conséquence rigoureuse ne se présentera guère en fait; le demandeur n'ira pas réclamer la destruction de l'ouvrage quand il sera certain de succomber au pétitoire. Le fait seul d'avoir attendu l'achèvement des travaux pour en demander la suppression ferait peser sur lui une lourde responsabilité vis-à-vis de son adversaire. Du reste embrasser

____

(1) Cass., 22 mai 1833, 27 mai et 17 juin 1834, 25 juillet 1836. — (2) Merlin, Questions de droit, v° Dénonciation de nouvel œuvre, § 1; MM. Chauveau, sur Carré, t. 1 n° 109 bis; Belime, n°° 361 et suiv.; Troplong, Prescription, t. 1, n°° 319 et suiv.; Garnier, p. 14 et suiv.

co système, c'est revenir à la doctrine de M. Henrion de Pansey, qui ne voit plus d'action possessoire possible après l'achèvement des travaux.

CHAPITRE II·

De la possession pour agir au possessoire.

91. Nous avons examiné quels divers cas de trouble ou de spoliation peuvent donner lieu à l'action possessoire. Mais le trouble, la spoliation, supposent une possession préexistante de la part de la personne troublée ou spoliée. Il importe donc d'examiner ce que notre droit actuel entend par possession. Ensuite, comme cette possession n'est pas une possession quelconque, comme elle doit réunir certaines conditions qui la rendent digne de la protection de la loi, nous étudierons les diverses conditions de la possession juridique, et principalement l'annalité qui est spéciale aux actions possessoires.

§ 1er. — Notions générales sur la possession.

92. « La possession, dit l'art. 2228 du Code Napoléon, est la dé-
« tention ou la jouissance d'une chose ou d'un droit que nous tenons,
« ou que nous exerçons par nous-mêmes, ou par un autre qui la tient
« ou qui l'exerce en notre nom. » Cette définition est à peu près la reproduction de celle de Pothier (1) ; mais elle diffère profondément de celle de Domat : « On appelle proprement *possession*, dit Domat,
« la détention d'une chose que celui qui en est le maître, ou qui a
« sujet de croire qu'il l'est, tient en sa puissance, ou en celle d'un
« autre par qui il possède (2). » On voit que, d'après le Code et Pothier, il suffit, pour posséder, de détenir la chose, tandis que, d'après Domat, celui-là seul possède, qui détient à titre de maître. Ainsi, d'après le Code et Pothier, le fermier, le locataire, détenteurs d'une chose dont ils reconnaissent ne pas être propriétaires, possèdent cette chose ; d'après Domat, ils ne possèdent pas, car ils ne sont pas les maîtres de

---

(1) Traité de la possession, n° 1. — (2) Lois civiles, livre 3, titre 7, sect. 1.

la chose, et n'ont point sujet de se croire tels. Cette différence entre les deux définitions vient de ce qu'elles ne s'appliquent pas au même objet. Pothier et le Code définissent la possession dans son acception la plus large; ils embrassent tous les cas, aussi bien la simple détention physique que la possession civile, c'est-à-dire la possession accompagnée de diverses conditions qui lui ont fait attacher d'importants effets juridiques. Domat, au contraire, n'entend pas définir une autre possession que cette possession civile ou à titre de propriétaire. « La « simple détention d'une chose, dit-il, ne s'appelle pas proprement « *possession*, et ce n'est pas assez, pour posséder, qu'on tienne une « chose et qu'on l'ait en sa puissance; mais il faut l'avoir avec le « droit d'en jouir ou d'en disposer comme en étant le maître, ou ayant « un juste sujet de croire qu'on l'est (1). » Nous n'avons à nous occuper, au point de vue des actions possessoires, que de la possession *animo domini*.

93. On voit, par ce qui précède, et notamment par la définition même du Code, qu'on peut posséder aussi bien par d'autres personnes que par soi-même. Ceux par qui l'on possède ainsi, c'est-à-dire, suivant l'art. 2236 du Code, *tous ceux qui détiennent précairement la chose du propriétaire*, ne sont réellement pas des possesseurs; car nous verrons qu'ils ne recueillent pas les avantages de la possession, la prescription et les actions possessoires. Cependant, les art. 2230, 2231, 2236, disent que ces personnes *possèdent pour autrui*, par opposition à ceux qui *possèdent à titre de propriétaire*. C'est la conséquence de la signification générale que les rédacteurs du Code, d'après Pothier, ont donnée au mot *possession*. Mais en prenant ce mot dans son sens spécial, il est vrai de dire qu'on peut détenir une chose sans en être possesseur, et, réciproquement, qu'on peut la posséder sans la détenir matériellement, pourvu, du moins, qu'on l'ait par autrui sous sa puissance [19].

94. Ainsi, la possession proprement dite se compose de deux éléments : 1° le fait d'avoir la chose, par soi-même ou par autrui, en sa puissance; 2° l'intention d'en être considéré comme propriétaire. De la nécessité de ces deux éléments pour constituer la possession, dé-

---

(1) Lois civiles, livre 3, titre 7, sect. 1.

coulent les règles sur la manière de l'acquérir, de la conserver et de la perdre. Ces règles ne sont pas exposées dans notre Code; il appartient à la doctrine de les tracer; mais elle n'a guère qu'à se référer au droit romain [17, 18] et à nos anciens jurisconsultes, surtout à ceux qui ont servi de guides aux rédacteurs de nos lois actuelles.

« Pour acquérir la possession d'une chose, dit Pothier, il faut la « volonté de la posséder, jointe à la préhension de cette chose (1). » Tels étaient déjà les principes romains. Cependant, il importe de signaler, entre le droit romain et le droit français, sur l'acquisition de la possession, une différence notable. A Rome, l'héritier n'acquérait la possession des objets dépendant de l'hérédité que lorsqu'il les avait appréhendés; il n'était pas fait exception, pour ce cas, à la règle qui exigeait que la possession fût acquise *corpore et animo* [20]. Nos coutumes ont introduit, en ce qui concerne l'acquisition de la possession dss choses héréditaires, une règle différente [100]. « Il y a une espèce « de possession, dit Merlin, que quelques praticiens appellent aussi « *possession civile*, mais qui n'est qu'une possession par fiction, et qui « est plus d'opinion que de fait. Telle est la possession après la mort « du défunt, suivant la règle écrite dans toutes les coutumes, *le mort* « *saisit le vif, son plus proche héritier et habile à lui succéder*. Cette « possession civile devient naturelle, quand l'héritier est entré en « jouissance des biens de la succession (2). » L'héritier peut donc agir au possessoire, sans avoir appréhendé les choses de l'hérédité. Nous verrons bientôt aussi que la possession, pour agir au possessoire, ne s'acquiert, dans notre droit, qu'après un an d'exercice; l'annalité est donc une troisième condition à ajouter au fait et à l'intention.

95. Les principes sur la conservation et la perte de la possession nous ont également été transmis par le droit romain [18, 19], et par nos anciens jurisconsultes (3). Mais ici nous rappellerons encore que la possession légale ou saisine ne se perd qu'après un an de dépossession matérielle. Sans doute, en règle générale, la possession est perdue quand nous perdons l'un des éléments qui la constituent, le fait ou l'intention; mais il n'en est pas moins vrai que le droit que nous a

---

(1) Possession, n° 39. — (2) Merlin, Répertoire, v° Complainte, § 2. — (3) Pothier, Possession, n°° 55, 65, 73, 79; Domat, Lois civiles, livre 3, titre 7, sect. 2.

conféré la possession juridique, droit sanctionné par l'action possessoire, n'est perdu pour nous que si nous avons été dépossédés pendant
une année entière [107]. C'est ce qui a fait dire à Domat, qui n'entend
par possession que la possession légale : « La possession se perd lors-
« qu'un autre vient à posséder et qu'il a possédé pendant une année. »
Cette règle n'est pas sans quelque analogie avec ce principe spécial au
droit romain, d'après lequel le spolié ne perdait la possession que quand
la spoliation venait à sa connaissance [18]. Bien entendu, nous perdons la possession immédiatement quand nous la transférons volontairement à autrui.

96. Quand le possesseur à titre de propriétaire est de bonne foi,
c'est-à-dire quand il possède en vertu d'un titre de propriété dont il
ignore les vices, il gagne définitivement les fruits de la chose d'autrui ;
il acquiert la propriété même de cette chose par la prescription de dix
ou de vingt ans si c'est un immeuble ; il l'acquiert instantanément si
c'est un meuble (1). Mais nous n'avons pas à nous occuper de la bonne
foi, car elle n'est pas nécessaire à l'exercice des actions possessoires [16],
et même, contrairement au droit romain, elle n'est pas indispensable à
la prescription. Le possesseur à titre de propriétaire qui n'est pas de
bonne foi arrivera sans doute à la prescription plus lentement que le
possesseur de bonne foi ; mais enfin il y arrivera au bout de trente ans,
et de plus il a, au bout d'un an, les actions possessoires (2). Qu'il s'a-
gisse de prescription ou d'action possessoire, c'est toujours une présomption de propriété, plus ou moins forte, que la possession engendre. Voyons quelles conditions sont nécessaires pour constituer
cette présomption.

« Les actions possessoires, » dit l'art. 23 du Code de procédure, « ne
« seront recevables qu'autant qu'elles auront été formées... par ceux
« qui, depuis une année au moins, étaient en possession paisible, par
« eux ou les leurs, à titre non précaire. »

D'un autre côté, l'art. 2229 du Code Napoléon nous dit que « pour
« pouvoir prescrire, il faut une possession continue et non interrompue,
« paisible, publique, non équivoque et à titre de propriétaire. »

---

(1) Code Nap., art. 550, 549, 2265, 2279. — (2) Code Nap., art. 2262 ; Code de proc.,
art. 23.

Faut-il compléter les conditions exigées par l'art. 23 du Code de procédure au moyen de celles de l'art. 2229 du Code Napoléon? Faut-il dire que la possession, pour agir au possessoire, doit être non-seulement annale, paisible, et à titre de propriétaire, ou non précaire, mais encore continue, non interrompue, publique et non équivoque? Faut-il, en un mot, que la possession, pour agir au possessoire, réunisse les mêmes conditions que la possession pour prescrire? Les rédacteurs de l'art. 23 ont-ils entendu se référer à l'art. 2229? Il y a, en effet, identité de motifs. Pourquoi, par exemple, la loi exige-t-elle que la possession, pour prescrire, soit publique? C'est afin que les parties intéressées soient à même de la connaître et de la contredire. Alors on tire de leur silence, au profit du possesseur, une présomption de propriété. Mais la possession annale opère, aussi bien que la possession de trente ans, une présomption de propriété, qui sans doute diffère de la précédente en ce qu'elle peut être combattue par la preuve contraire, mais qui se tire aussi du silence des parties. Les faits de possession doivent donc, pour la possession annale aussi bien que pour la possession trentenaire, avoir été connus des tiers. La possession devra donc réunir, dans l'un et dans l'autre cas, les mêmes caractères. Tous les auteurs sont d'accord sur ce point. Nous verrons qu'il n'en faut pas conclure que toute chose imprescriptible soit incapable de devenir l'objet de l'action possessoire [147]. Mais quant aux conditions de la possession, sauf la différence de durée, elles sont les mêmes dans les deux cas. Nous appliquerons donc à la possession annale non-seulement les règles de l'art. 23 du Code de procédure, mais celles de l'art. 2229 du Code Napoléon, et des art. 2232 et 2233 qui le complètent.

Occupons-nous d'abord de la condition d'annalité, qui est spéciale aux actions possessoires.

§ 2. — De l'annalité de la possession.

97. Il y a deux sortes d'annalité en matière possessoire : 1° la possession doit avoir duré un an ; 2° l'action doit être intentée dans l'année du trouble. Il s'agit ici de l'annalité de la possession et non pas de l'annalité de l'exercice de l'action.

110

Les motifs de l'annalité de la possession se comprennent facilement.
Une possession de quelques instants ne peut mettre les intéressés à
portée de la connaître et de la contredire. Sans une durée suffisante de
la possession, pas de présomption de propriété possible. Aussi les jurisconsultes romains, qui n'exigeaient, pour agir au possessoire, qu'une
possession d'un moment, ne considéraient-ils pas la possession juridique comme une présomption de propriété [6, 21]. L'annalité évite
aussi beaucoup de difficultés de fait sur l'acquisition et la perte de la
possession.

L'annalité de la possession est un trait caractéristique de notre droit
français. Nos pères, s'écartant des traditions romaines, ont pensé
qu'une possession éphémère ne pouvait suffire pour faire accorder
l'action possessoire; ils ont voulu qu'elle durât un temps notable et ils
se sont décidés pour l'an et jour, c'est-à-dire pour une année bien
complète. Mais comment, par quelle tradition, par quelle suite de
vicissitudes ce délai de la possession annale s'est-il introduit dans nos
coutumes? L'histoire du droit présente peu de questions aussi dé-
battues.

98. Suivant M. Laferrière (1) l'annalité de la possession est toute
celtique; elle remonte aux vieux usages de la Gaule; obscurcie par la
domination romaine, cette tradition de la possession d'an et jour aurait
reparu après la chute de l'empire.

Cette opinion se fonde sur un texte tiré des coutumes galloises, du
Code que Howel-le-Bon fit rédiger dans le pays de Galles, au X° siècle,
pour des populations qui étaient effectivement d'origine celtique.
M. Laferrière pense que les Gallois ont dû conserver intactes les vieilles
coutumes celtiques, parce que leur haine profonde contre les Saxons
rendait impossible de leur part tout emprunt aux usages germaniques.
La possession annale aurait donc été transmise, pure de tout mélange,
des vieux Celtes aux Gallois leurs fils. Or les Celtes étaient les habitants primitifs de la Gaule; leurs coutumes n'ont fait que sommeiller
pendant l'occupation romaine; mais elles se sont réveillées quand
l'empire est entré en dissolution. M. Laferrière en donne pour preuve
la possession annale dont il est question dans le bréviaire d'Alaric, et

---

(1) Histoire du droit civil de Rome et du droit français, t. ii, p. 52, 123, 124.

aussi une très ancienne coutume de Bretagne, rédigée au XIVe siècle, qui consacre la possession d'an et jour.

Mais d'abord est-il vraisemblable que le pays de Galles n'ait jamais ressenti, avant le Xe siècle, l'influence des Saxons, d'un peuple qui vivait côte à côte avec les Gallois? L'hostilité entre deux peuples n'exclut pas toute idée d'imitation. Nous avons été souvent en guerre avec nos voisins les Anglais, ce qui n'a pas empêché l'anglomanie de se propager parmi nous. Et puis le texte du Code de Howel, cité par M. Laferrière, ne montre même pas bien clairement s'il s'agit d'une prescription acquisitive de la propriété ou simplement d'une possession suffisante pour agir au possessoire. Voici ce passage :

« *Si quis alteri per annum et diem fundo suo uti frui permiserit,*
« *sine turba et sine noxa, et præsens fuerit, lex dicit illum usufruc-*
« *tuarium de terra illa respondere deinceps non teneri. Lis enim mor-*
« *tua est, utpote intra annum et diem non contestata.* »

M. Laferrière traduit ces mots, *respondere deinceps non teneri,* par « n'être plus tenu de répondre *au possessoire.* » Mais à supposer même qu'il soit question là de possession pour agir au possessoire, et non pas de prescription, ce qui nous semblerait cependant le sens le plus naturel, rien n'empêche de voir là une imitation de l'annalité germaine dont nous parlerons bientôt. Le passage du bréviaire d'Alaric où il est fait mention d'annalité entend parler, non pas de possession d'an et jour, mais de possession *majore parte anni,* par suite d'un emprunt fait à l'interdit *utrubi* [38]. Enfin la coutume de Bretagne a beau être celle du pays de la Gaule qui resta le plus étranger à la domination romaine : cette coutume, quoique ancienne, n'a été rédigée qu'au XIVe siècle, et, à cette époque, la possession annale devait commencer à se généraliser, puisque nous la trouvons dans Beaumanoir et dans d'autres sources antérieures [65,101].

Tout ce que nous conclurons de cette citation du Code de Howel, c'est qu'il pouvait exister une grande analogie entre les coutumes germaines et les coutumes celtiques. Les Celtes ne sont-ils pas des Germains entrés les premiers dans les Gaules? L'origine germaine des Belges, qui étaient aussi des Gaulois, n'est pas mise en question par les historiens. Mais l'opinion qui fait dériver la possession annale des usages celtiques ne nous paraît reposer sur aucune base certaine.

99. Suivant Fr. Pithou, Brodeau et Henrion de Pansey, l'origine de l'annalité de la possession est germaine, et notre possession annale se retrouve dans le plus ancien monument qui nous reste du droit germanique, dans la loi salique (1). Voici à quelle occasion :

Les Germains, au temps de Tacite, ne connaissaient guère que la propriété collective. Mais le contact de la civilisation fit naître pour eux de nouveaux besoins. Toutefois les pâturages n'arrivèrent qu'après les terres labourables à la propriété individuelle; il existait des *villæ communes* où les terres étaient particulières et les pâturages en commun. Si un étranger s'introduit dans la communauté, afin de jouir aussi des pâturages, il faut que la *villa communis* réclame dans l'année; sinon les habitants ne pourront plus s'opposer à la participation de l'étranger. C'est ce que nous explique le titre xlvii de la loi salique, *de co qui villam alienam occupaverit, vel si XII mensibus eam tenuerit :*

« § I. — *Si quis super alterum in villam migrare voluerit, et ali-*
« *qui de his qui in villa consistunt eum suscipere voluerint, et vel unus*
« *ex ipsis extiterit qui contradicat, migrandi licentiam ibidem non*
« *habeat... § IV.— Si autem quis migraverit in villam alienam, et ei*
« *aliquid infra XII menses secundum legem contestatum non fuerit,*
« *ubi admigravit, securus secum ibidem consistat, sicut et alii vi-*
« *cini.* »

Pithou, dans ses notes sur ce texte, écrit: « *Ut fallantur qui D.*
« *Ludovicum regem aut Simonem de Bucy jus istud ante nescitum in-*
« *tra Franciam proquiritasse tradunt.* »

Sans doute le titre xlvii de la loi salique nous montre une application de la possession annale chez les Germains ; nous en tirerons cette conséquence que l'annalité germaine peut n'avoir pas été sans influence sur notre annalité possessoire [101] ; mais cette influence a été au moins fort indirecte; car il s'agit dans ce texte de l'acquisition même de la chose par la possession d'un an, et non pas d'une possession pour agir au possessoire. « M. Henrion de Pansey, » dit M. Troplong, « n'ayant
« pas abordé les premiers temps de notre histoire avec les notions approfondies de l'école moderne, considérait la France comme une

---

(1) Baluze, *Cap. reg. franc.*, t. II, p. 607; Brodeau, sur l'art. 96 de la coutume de Paris; Henrion de Pansey, Compét. des juges de paix, chap. 33.

« grande unité monarchique, ayant eu, depuis la conquête, un droit
« public invariable dans ses principes, gouvernée par des rois plus ou
« moins constitutionnels depuis Clovis et Charlemagne jusqu'à
« Louis XIV, et formant une nation identique à elle-même, et des-
« cendant en droite ligne des barbares du Nord qui désolèrent la
« Gaule. C'est pourquoi M. Henrion de Pansey crut qu'il était *de
« l'honneur national* de faire remarquer que la loi salique était la
« source des actions possessoires. Dans son amour patriotique et presque
« filial pour les Francs, il a pensé que c'était une bonne fortune, pour
« nous autres Français, que de devoir l'institution de la complainte aux
« Germains plutôt qu'aux Romains (1). »

100. Dans une troisième opinion, la possession annale exigée pour
agir au possessoire est étrangère aussi bien à x coutumes germaines
qu'aux coutumes celtiques; ce serait une institution féodale. Les terres
concédées par les seigneurs restaient soumises envers eux à des droits
de mutation, qui se payaient lors de l'investiture donnée par le seigneur
à chaque nouveau propriétaire. C'était seulement après avoir prêté son
hommage et reçu son investiture, que le nouveau propriétaire était ensaisiné; jusque-là, c'était sur la tête du précédent propriétaire que la
propriété continuait à reposer. On appelait proprement *saisine* l'investiture symbolique, la tradition solennelle nécessaire pour asseoir en
général tous les droits réels. Cette saisine fut longtemps indispensable ;
car le domaine direct du fief restait au seigneur, et vis-à-vis de lui, la
possession que pouvait avoir du fief un vassal en retard de prêter hommage ne pouvait être que précaire, ne pouvait fonder aucune prescription contre ses droits. La prescription était naturellement incompatible
avec le régime féodal; aussi disait-on : « *nulle terre sans seigneur.* »
Mais la féodalité fut battue en brèche par les rois, par les communes,
et surtout par les légistes. Les monuments qui nous restent du mouvement communal de la fin du XIIe siècle constatent la réapparition de
la prescription. Des prescriptions sont stipulées dans les chartes des premières communes; et, de même que l'on put acquérir par prescription
la propriété à laquelle on n'avait aucun droit, on prescrivit à plus forte
raison la possession des choses dont on avait acquis la propriété, ou

---

(1) M. Troplong, Prescription, n° 291.

du moins l'on prescrivit la nécessité de cette investiture, de cet ensaisi-
nement, de cet envoi en possession, qui, accordé par le seigneur, constituait la saisine de droit, et qui, réputé accompli après un certain
temps révolu, constitua la saisine de fa.t.

Cette réaction antiféodale fut surtout efficace en matière de succession ; ici aucune condition de temps ne fut nécessaire, l'héritier
naturel fut instantanément réputé saisi de la succession, et telle est
l'origine de la fameuse maxime : *le mort saisit le vif*, mentionnée dès
le XIIIe siècle dans les établissements de saint Louis [94]. En ce qui
concerne les mutations entre-vifs, il fallut certaines conditions de
temps pour que la *souffrance du seigneur* devînt une présomption
d'investiture, une sorte de saisine tacite. Cette souffrance du seigneur,
prolongée pendant de longs délais, imités des prescriptions romaines,
consacra la transmission définitive de la propriété. Pour faire présumer l'accomplissement des formalités symboliques de *vest* et *devest*,
et pour donner le droit d'agir au possessoire, on considéra comme
suffisante la souffrance du seigneur qui s'était prolongée pendant
un an. « Aucun, en cas de fiés, » dit Desmarres, « n'est à oir ne à
« recevoir, à fore ou à intenter demande en cas de nouvelleté contre
« aucun autre, se il n'est en foy et homage, ou en souffrance du
« seigneur qui vault foy de la chouse dont il se dit être troublé (1). »
Laurière nous dit de même : « Pour former la complainte il faut avoir
« la saisine, et pour avoir la saisine il faut avoir possédé pendant l'an
« et jour, à moins qu'on ait été ensaisiné par le seigneur dont la
« chose contentieuse est mouvante, car la saisine donnée par le sei-
« gneur vaut celle qui est acquise par an et jour (2).

Sans doute toutes ces règles ne concernaient que les fiefs, mais la
presque totalité des biens était alors englobée dans le réseau féodal ;
d'ailleurs les mêmes principes ont dû s'étendre, par analogie, aux
biens de toute nature. « La saisine, au moment où elle prit une valeur
« juridique, » dit M. Alauzet, « était synonyme d'investiture. Plus tard
« elle signifia possession juridique, qui dispensa de l'investiture et en
« donna tous les avantages ; elle appartenait, soit à celui qui prouvait
« une détention annale *non vi, non clam, non precario ;* soit à l'hé-

---

« ritier. Mais ces deux saisines, les seules que l'on ait distinguées,
« s'excluaient ; ainsi, sous l'ancienne jurisprudence, comme de nos
« jours, si un étranger a joui des biens composant une hérédité pen-
« dant un an et un jour, il acquerra la possession juridique ou saisine,
« au moment même où l'héritier perdra la sienne. Le successeur irré-
« gulier, le légataire, qui n'ont pas la saisine, sont obligés de la
« demander, comme toute personne devait le faire en droit féodal ;
« c'est un dernier souvenir qui nous reste des anciens principes.
« Ajoutons qu'aujourd'hui la saisine de fait est toujours appelée pos-
« session juridique ; la saisine de droit a exclusivement conservé le
« nom de saisine, et n'a plus besoin par conséquent d'être autrement
« qualifiée. »

101. Mais si la saisine féodale explique l'origine de la possession
annale exigée pour agir au possessoire, elle ne suffit pas à expliquer
comment le délai d'an et jour a été choisi plutôt que tout autre, et l'on
ne peut se rendre compte de l'origine de ce délai sans recourir à des
sources antérieures à la féodalité. L'annalité est toute germaine. Nous
trouvons ce délai d'an et jour, consacré pour l'acquisition de la propriété elle-même, dans la loi salique, dans le Code de Howel-le-Bon,
et dans une foule de lois barbares (1). Chez des peuples qui ne savaient
pas distinguer le possessoire du pétitoire, on ne doit pas s'étonner de
ne trouver à la possession annale d'autre application que la prescription acquisitive de la propriété ; nous avons vu que la distinction du
possessoire et du pétitoire n'apparaît pas avant la fin du XIIe siècle [63].
Comment maintenant de la sphère pétitoire cette annalité passa-t-elle
dans la sphère possessoire ? C'est parce que, lors de la renaissance des
études juridiques, le délai d'an et jour, que les traditions germaines
appliquaient à tout, fut jugé insuffisant pour l'acquisition de la propriété, parce qu'en cette matière les longues prescriptions romaines le
remplacèrent, tandis qu'il demeura la règle du système possessoire,
où une longue durée n'était pas nécessaire, et où d'ailleurs on n'a-
vait pas d'exemples romains à imiter.

Cette transformation est facile à suivre historiquement. Les rois
francs des deux premières races luttèrent contre les coutumes germaines,

____

(1) Lois des Lombards, anciennes lois d'Écosse, citées par M. Alauzet, p. 26.

ils voulaient façonner leurs grossiers compagnons aux traditions du droit romain et au despotisme impérial. Ils tentèrent de substituer les prescriptions par dix, vingt et trente ans à la proscription annale des Germains. L'une de ces tentatives est formulée dans un capitulaire de 819, qui était destiné à abroger le fameux titre XLVII de la loi salique (1). Mais la tâche d'arrêter le torrent germanique était trop forte pour la royauté franque, elle y succomba deux fois ; elle disparut dans la nuit féodale. Au moment où quelques notions historiques et juridiques renaissent, nous voyons que l'esprit germanique a triomphé, notamment en matière de prescription. La prescription de l'époque féodale, du moins aussitôt que la féodalité laissa surgir la prescription, fut partout celle d'an et jour. C'est ce que nous montrent les chartes de nos anciennes communes (2), les Assises de Jérusalem (3), les Miroirs de Saxe et de Souabe, les coutumes anglo-normandes (4). Mais ce triomphe de l'annalité ne fut que momentané, et elle ne se maintint en définitive que partiellement. Le droit romain reprit au XIII° siècle un grand ascendant, la prescription d'un an parut insuffisante aux légistes, on tâtonna, on alla à deux, à trois, à cinq ans. C'est de ce revirement que la coutume d'Anjou tira son *tènement de cinq ans*, correspondant à notre prescription décennale (5). Enfin on arriva à la prescription décennale, et même à la prescription trentenaire. Mais si le droit romain donna le ton pour la prescription, l'annalité dut se maintenir pour donner la saisine et l'action possessoire, car, en cette matière, un temps plus court était suffisant.

L'annalité de la possession, pour agir au possessoire, n'est donc qu'une dégénérescence de l'ancienne prescription annale, bornée à de simples effets provisoires. Une foule de nos coutumes, en réunissant la possession annale et la prescription sous une même rubrique,

---

(1) Walter, *Corpus juris Germanici*, t. II, p. 339. — (2) Chartes de Noyon, en 1181 ; de Saint-Quentin, en 1195 ; de Pontoise, en 1188 ; de Chaumont, en 1182. — (3) Jean d'Ibelin, édition Beugnot, chap. 38 et 39, p. 63 et 64 ; Assises de la cour des bourgeois, chap. 106, p. 131. — (4) Nous citons ces dernières sources d'après le cours d'histoire du droit fait à la Faculté de Paris, en 1852, par M. De Valroger. — (5) M. Alauzet, p. 101.

montrent assez qu'elles viennent de la même origine (1). A cette origine pétitoire on peut rattacher le caractère réel de nos actions possessoires, opposé au caractère personnel des interdits, et la présomption de propriété attachée chez nous à la possession, tandis qu'à Rome la possession n'avait rien de commun avec la propriété (2) [6].

L'annalité de la possession, pour agir au possessoire, est donc l'annalité germaine, détournée de son sens primitif par les usages féodaux et l'influence du droit romain (3).

102. Nos lois actuelles ont consacré le délai d'une année transmis par nos coutumes. C'était même une possession *d'an et jour* que nos anciens auteurs exigeaient pour la saisine possessoire. Il était dans les usages féodaux et germaniques d'ajouter un jour au délai, pour parfaire l'année et pour éviter les contestations sur le calcul. Notre droit moderne n'a pas reproduit cette condition d'un jour supplémentaire; il ne parle que du délai d'un an. C'est donc une année de possession seulement que nous exigerons de celui qui veut agir au possessoire (4).

On s'est demandé si l'année de possession doit être antérieure au trouble ou à l'action : la possession doit avoir duré un an avant le trouble, car l'année de possession doit être paisible.

103. Il n'est pas nécessaire, pour jouir du bénéfice de la possession annale, d'être resté soi-même en possession pendant toute l'année, c'est ce qui résulte de ces mots : « par eux ou les leurs, » de l'art. 23 du Code de procédure. Nous savons, en effet, qu'on peut posséder par autrui, par son représentant, son fermier, son locataire [93]. On peut aussi compléter sa propre possession par celle de son auteur, c'est-à-dire par celle de la personne de qui on tient la chose à titre de vente, de donation, de succession. « Pour compléter la prescription, dit « l'art. 2235 du Code Napoléon, on peut joindre à sa possession celle

---

(1) Cout. de Lorraine, titre 18; de Metz, chap. 14; de Valois, art. 110 et suiv.; de Valenciennes, chap. 12; la coutume d'Épinal dit, dans son titre 11, art. 1er: « Il y a deux sortes de possession, à savoir celle d'an et jour pour le simple possessoire, et la haute, qui est de vingt-un ans, pour le plain-droit au pétitoire. » — (2) M. Ch. Giraud, thèse soutenue à Aix en 1830, et citée par MM. de Parieu et Alauzet. — (3) Dans le même sens, V. MM. Belline, n° 208; Alauzet, p. 77 à 120; de Parieu, p. 117 et suiv. — (4) Conf., Carré, Lois de la proc., t. 1, n° 100 bis.

« de son auteur, de quelque manière qu'on lui ait succédé, soit à titre
« universel ou particulier, soit à titre lucratif ou onéreux. » Or, nous
avons vu que la possession pour agir au possessoire est la même que
la possession pour prescrire [96].

Toutefois, il importe d'établir une distinction entre le successeur
universel et le successeur particulier. Le premier représente la personne du défunt, au point de vue passif comme au point de vue actif;
il ne peut commencer une possession qui lui soit propre; il ne peut
que continuer celle du défunt, telle qu'elle était, avec ses qualités et
ses vices. Si, par exemple, la possession du défunt était précaire,
comme le vice de précarité ne peut se purger par aucun laps de temps,
la possession du successeur universel restera indéfiniment précaire [112].
Au contraire, le successeur particulier, par exemple un acheteur ou
un donataire, acquiert sans doute tous les droits que son auteur avait
sur la chose, entre autres la possession commencée; mais il demeure
complétement étranger aux obligations de cet auteur, et en son nom
propre il commence une possession nouvelle, exempte de tous vices
transmis. Sans doute le nouveau possesseur peut joindre à sa possession, s'il le trouve avantageux, la possession précédente; si, par
exemple, il n'a possédé que six mois, et si son auteur, vendeur ou
donateur, a eu au moins pendant six mois aussi la possession légale,
il joindra les deux possessions, afin d'atteindre la condition d'annalité.
Mais il peut à volonté accepter ou repousser cette possession de son
auteur, il peut renoncer à ce bénéfice introduit uniquement en sa
faveur. Si donc un possesseur précaire vous vend la chose qu'il possède, gardez-vous bien d'invoquer sa possession et de la joindre à la
vôtre (1).

Les successeurs universels ou à titre universel, qui ne représentent
pas le défunt, comme les enfants naturels et les autres successeurs
irréguliers, les légataires universels ou à titre universel, n'en sont pas
moins tenus des obligations du défunt, et si sa possession était vicieuse,
la leur le sera également : l'art. 2239, portant que ceux à qui les détenteurs précaires auront transmis la chose pourront commencer une
possession utile, ne leur est point applicable (2).

____

(1) Pothier, Possession, n° 35; Dunod, Prescription, p. 20, etc. — (2) Conf. : Belime,
n° 127.

104. Il semble, d'après le texte de l'art. 23, que cette condition d'annalité soit exigible, sans distinction, contre tous, aussi bien contre l'usurpateur qui vient à l'instant de me dépouiller du fonds dont j'étais possesseur, que contre le précédent possesseur ou le propriétaire lui-même. Mais il est, dit-on, bien rigoureux de refuser toute action au possesseur de moins d'une année. Comment, je suis possesseur d'un champ, il est vrai que je le possède seulement depuis onze mois, un tiers survient qui m'en dépouille ; j'agis contre lui au possessoire, et je succomberai par cela seul que je n'ai pas la possession annale! La loi n'a pu vouloir, dit-on, un pareil résultat; par cela seul que je possédais, je suis préférable à celui qui ne possédait pas du tout. C'est seulement, ajoute-t-on, contre un possesseur antérieur que la loi n'a pas voulu qu'on pût se prévaloir d'une possession de moins d'une année.

On cite à l'appui de cette doctrine l'art. 96 de la coutume de Paris, et l'art. 1er du titre *Des complaintes et réintégrandes*, dans l'ordonnance de 1667, qui ne mentionnaient pas la condition de la possession annale. Mais qui veut trop prouver ne prouve rien. Un tel argument démontrerait que, d'après cette coutume et sous le régime de cette ordonnance, la condition d'annalité n'était jamais nécessaire. En effet, il s'est trouvé un auteur, Ferrière, pour soutenir ce système [70]; c'était revenir au possesseur actuel du droit romain. Tous les autres auteurs, malgré le silence de l'ordonnance, exigeaient l'annalité en règle générale. Sans doute quelques-uns dispensaient de cette condition le possesseur troublé par un nouveau venu, par un usurpateur (1) ; mais n'oublions pas que ces auteurs écrivaient sous le régime d'une ordonnance qui ne faisait aucune mention de l'annalité. Les rédacteurs du Code de procédure, en exigeant, dans leur art. 23, l'annalité, sans distinction entre le précédent possesseur et tout autre, ont énergiquement condamné ce système, qui cependant compte encore aujourd'hui de nombreux partisans (2). Mais où s'arrêter, dans une opinion pareille ? Cet avant-dernier possesseur, qu'on considère seul comme assez redoutable pour avoir besoin d'être repoussé par la con-

<hr>

(1) Bourjon, Droit commun, t. ii, p. 510.— (2) Merlin, Quest., v° Complainte; Carré, Lois de la proc., t. i, n° 107; Belime, n°° 345 et suiv.

dition d'annalité, peut lui-même n'avoir possédé que quelques instants. Uniquement par ce fait qu'il aurait commis, avant ma mise en possession, une spoliation momentanée, il serait jugé digne d'une faveur particulière! Nous ne croyons pas qu'il doive être plus favorisé que le premier venu. Sans doute, la règle que pose l'art. 23 du Code de procédure pourra quelquefois produire des résultats iniques ; mais cette règle est trop formelle pour que la doctrine puisse se permettre d'y déroger. La possession annale opère seule la présomption de propriété. Hors de cette présomption, les possesseurs ne sont pas plus favorables les uns que les autres. Quant au possesseur légitime, quel qu'il soit, il lui sera toujours facile de justifier de sa possession, dont le bénéfice ne peut lui être enlevé que par une autre possession annale : d'ailleurs, n'a-t-on pas toujours, même quand on n'est pas possesseur annal, l'action en dommages au cas de trouble, l'action pétitoire au cas de spoliation (1) ?

§ 3. — Diverses conditions que doit réunir la possession annale.

105. En réunissant aux conditions de l'art. 23 du Code de procédure celles qu'exigent les art. 2229, 2232 et 2233 du Code Napoléon [96], et en joignant aux règles exprimées par ces articles ce principe qu'un acte réprouvé par la loi ne saurait baser au profit de son auteur aucune conséquence juridique, nous arrivons à reconnaître que la possession, pour donner le droit d'agir au possessoire, doit réunir, outre l'annalité, dix conditions différentes : 1° elle doit être continue ; 2° non interrompue ; 3° paisible ; 4° publique ; 5° non équivoque ; 6° à titre de propriétaire; 7° elle ne doit pas être fondée sur des actes de faculté; 8° ni sur des actes de tolérance ; 9° ni sur des actes de violence ; 10° ni sur des délits.

106. La possession doit être *continue.*

La possession est discontinue lorsque les actes qui la constituent sont isolés, séparés les uns des autres par des intervalles plus longs que ne le comporte l'ordre régulier des choses, lorsqu'elle ne s'est pas manifestée de manière à frapper l'opinion publique aussi souvent que

---

(1) Conf., M. Chauveau, sur Carré, Lois de la proc., t. 1, n° 167.

l'occasion s'en est présentée. Une pareille possession manque, en effet, du caractère de constance nécessaire pour faire croire à l'existence d'un droit sérieux, pour établir une présomption de propriété.

Mais, dira-t-on, la possession une fois acquise se conserve *solo animo* [18]. Par cela seul que j'ai commencé à posséder par des actes publics, ma possession se continuera sans que j'aie besoin de la manifester de nouveau par des signes extérieurs. Dès lors, à quoi bon exiger que les actes de possession soient rapprochés ? Nous croyons qu'il faut répondre à cette objection par une distinction. Sans doute, quand la possession légale sera véritablement acquise, elle se conservera par la seule intention, pourvu toutefois que les actes de possession ne deviennent pas tellement rares que le juge puisse en conclure à un abandon de la possession. Mais tant qu'une année ne s'est pas écoulée depuis le premier acte de possession, la possession légale n'est pas acquise, et alors s'applique dans toute sa force cette règle, que les actes doivent être assez fréquents pour faire impression sur le public, pour donner à penser que le possesseur ne fuit pas les occasions d'agir en maître. La condition de continuité sera donc exigée avec sévérité dans les commencements de la possession ; mais on aura plus d'indulgence pour le possesseur annal. C'est là une question de fait laissée à la prudence des juges (1).

La continuité de la possession doit aussi être entendue différemment suivant la nature de la chose. Ainsi, la possession d'un jardin, qui exige des soins journaliers, comporte des actes beaucoup plus fréquents que celle d'un pré, qui n'exige l'intervention du propriétaire qu'à certaines époques de l'année. Toute la question est de savoir si l'auteur des actes de possession a voulu éviter d'éveiller, par leur répétition fréquente, l'attention des intéressés qui, peu soucieux de leurs droits, ont peut-être gardé le silence à la vue d'actes isolés. Il suffit, du reste, pour que la possession soit continue, que les actes soient aussi rapprochés qu'ils doivent l'être suivant le cours ordinaire des choses. Ainsi, une servitude discontinue, comme un droit de passage, de puisage, nous paraît très susceptible d'une possession continue. Si

---

(1) Conf., M. Troplong, Prescr., n° 337.

la possession, pour être continue, avait besoin de se manifester à chaque instant du jour et de la nuit, un champ, un pré, un bois, ne seraient plus susceptibles de possession juridique [133].

107. La possession doit ne pas être *interrompue*.

Nous venons de voir que la discontinuité de la possession consiste dans les intermittences provenant du fait du possesseur lui-même. Quand l'intermittence vient du fait d'un tiers, on dit que la possession est interrompue. Il y a deux sortes d'interruptions de la possession : l'interruption naturelle et l'interruption civile.

1° L'interruption naturelle a lieu quand, de fait, le possesseur se trouve dépossédé de la chose. Ainsi, je me trouve en possession d'un fonds depuis quelques mois ; un tiers, propriétaire ou non, survient, s'en empare, et y fait des actes de maître ; ma possession est interrompue naturellement ; en vain, j'aurai possédé onze mois entiers avant l'interruption ; en vain je rentrerai ensuite en possession en expulsant l'usurpateur : ces onze mois de possession ne me compteront en rien pour arriver à la possession annale. Mais si une fois j'ai obtenu le bénéfice de cette possession annale, il ne suffira plus d'une dépossession de quelques instants pour me l'enlever ; dès lors, l'action possessoire m'est acquise, en supposant du moins que j'aie réuni les autres conditions nécessaires ; j'agirai en réintégrande contre quiconque s'emparerait de mon bien, et je ne perdrais le bénéfice de la saisine possessoire que si je laissais acquérir à un autre une possession annale plus récente, ou si je laissais expirer le délai de l'action. C'est ce que nous montre l'art. 2243 du Code Napoléon. Ainsi, la possession qui n'est pas annale est interrompue par une dépossession quelconque ; la possession annale n'est interrompue que par une dépossession de plus d'un an (1).

2° Quant à l'interruption civile, elle résulte, d'après les art. 2244 à 2248, d'une citation en justice, d'un commandement ou d'une saisie, signifiés au possesseur, ou d'une citation en conciliation, suivie dans les délais de droit d'une assignation, ou enfin de la reconnaissance que le possesseur ferait du droit de son adversaire.

---

(1) D'Argentré, sur l'art. 266 de la cout. de Bretagne, v° Interruption ; Dunod, Prescription, p. 52.

108. La possession doit être *paisible*.

La possession paisible, dans le sens le plus large, est celle qui ne s'appuie pas sur la violence. La possession serait au contraire entachée du vice de violence si le possesseur avait occupé le fonds de vive force, ou s'il ne s'y maintenait qu'au moyen de luttes continuelles, qui font planer un doute perpétuel sur la légitimité de ses actes. Ainsi l'on peut dire que la violence, en matière de possession, a un double sens, actif et passif. L'un résulte de l'art. 2233 du Code Napoléon, portant « que « les actes de violence ne peuvent fonder une possession capable d'o- « pérer la prescription. » En effet, rien de légitime ne peut ni ne doit résulter de la violence. Ce premier sens est celui que le préteur romain avait en vue quand il insérait dans ses formules qu'il fallait posséder *nec vi, nec clam, nec precario*. Le second sens reproduit l'idée de l'art. 113 de la coutume de Paris, exigeant qu'on eût possédé *franche-ment et sans inquiestation*. Le droit romain n'admettait pas cette vio-lence passive : « *qui per vim possessionem suam retinuerit Labeo ait* « *non vi possidere* (1). » Encore aujourd'hui plusieurs auteurs n'ad-mettent d'autre violence que la violence active, ou plutôt la violence originaire; si la possession est troublée, disent-ils, la faute n'en est pas au possesseur. Mais si le mot *paisible* de l'art. 2229 ne concernait que la violence active, cet article ferait double emploi avec l'art. 2233; d'ailleurs, contrairement au droit romain, la possession fait, en droit français, présumer la propriété, et quelle présomption tirer d'une pos-session sans cesse contestée? Il est probable que l'art. 2229 a voulu reproduire le sens de l'art. 113 de la coutume de Paris; ainsi nous reviendrons sur la violence d'origine, quand nous aurons terminé l'é-numération des conditions contenues dans l'art. 2229 [117].

109. La possession doit être *publique*.

La possession publique est celle qui se produit au grand jour, de manière à donner aux parties intéressées la faculté de la contredire; c'est celle, disait l'art. 170 de la coutume d'Orléans, qui est « au vu « et su de tous ceux qui l'ont voulu voir et savoir. » On conçoit fa-cilement que, si ces parties intéressées n'ont pas été instruites, aucune présomption n'est à tirer de leur silence.

---

(1) Ulpien, l. 1, § 28, *de vi.*

Le vice de clandestinité cesse quand la publicité commence. Le Code nous dit formellement qu'une possession utile commence quand la violence a cessé; il y a ici identité de motifs, et nous argumentons *a pari* de l'art. 2233 [117]. Ce n'est pas toujours ainsi que la clandestinité a été entendue : Pothier, raisonnant d'après le droit romain, ne considérait, pour établir la clandestinité, que l'origine de la possession (1); aujourd'hui l'art. 2233 nous autorise à suivre une règle plus rationnelle. Réciproquement nous dirons qu'une possession publique dans l'origine peut après coup devenir clandestine, si le possesseur, peu certain de son droit, commence à la cacher aux intéressés qui peut-être, malgré la publicité, n'avaient pas été instruits, ou qui n'avaient pas eu le temps de prendre l'alarme. En vain opposerait-on l'analogie de l'art. 2269, qui, pour prescrire par dix ou vingt ans, n'exige la bonne foi qu'au commencement de la possession. La bonne foi importe fort peu au tiers intéressé pour l'aider à se tenir sur ses gardes; au contraire la publicité est pour lui du plus haut intérêt.

Du reste toutes ces discussions sont peu pratiques, et la possession clandestine des immeubles est assez difficile à concevoir. Pothier (2) et après lui d'autres auteurs citent, comme exemple d'une possession clandestine, celle d'un souterrain que j'aurais creusé sous le bâtiment de mon voisin. Ma possession est en effet clandestine si aucun indice, aucun larmier ne révèle l'existence des fouilles; elle serait encore clandestine si les larmiers existaient, mais du côté de mon héritage seulement, ou du côté de l'héritage d'un tiers; car alors la partie intéressée n'étant pas admise à cette publicité imparfaite, c'est comme s'il n'existait aucune publicité; mais ma possession serait véritablement publique, et me donnerait la saisine possessoire, si les larmiers existaient sur l'héritage de mon voisin, quand même aucune autre personne ne serait dans le cas d'en soupçonner l'existence; la publicité est en effet suffisante quand la partie intéressée se trouve à même de contredire [119].

110. La possession ne doit pas être *équivoque.*

La possession est équivoque quand on peut se méprendre sur la nature des actes qui la constituent, quand on ne sait quelle espèce de

---

(1) Possession, n°° 27 à 29. — (2) Prescription, n° 37.

prétention l'auteur de ces actes élève sur la chose., quand on ne sait pas même s'il élève une prétention.

Votre possession est équivoque, par exemple, si vos actes peuvent passer aussi bien pour des actes de tolérance que pour des actes de maître, comme si vous déposez passagèrement des bois ou des récoltes sur le terrain d'autrui (1).

La possession est aussi équivoque quand le public ne sait pas si le détenteur a joui pour lui-même ou pour autrui (2). Telle est la possession d'un communiste ou d'un cohéritier, qui cultive seul un fonds de la communauté ou de la succession; il peut sans doute agir en maître; mais on supposera tout aussi bien qu'il agit comme gérant d'affaires, et tant pour ses copropriétaires que pour lui. Il en est de même du détenteur précaire qui se comporte en maître; tant qu'il n'aura pas interverti son titre, tous les actes auxquels il pourra se livrer, hors des limites de sa position précaire, resteront équivoques [113].

111. La possession doit être *à titre de propriétaire*, ou *non précaire*.

Les Romains appelaient possession précaire celle qui résultait du contrat de *precarium* [46]. Aujourd'hui le *precarium* n'est plus usité, et la précarité n'a plus cette signification restreinte; on entend par possession précaire celle qui n'est pas exercée à titre de propriétaire, celle qui n'est pas *animo domini*; et l'art. 2236 du Code Napoléon développe cette idée en nous désignant comme incapables de prescrire, et par conséquent, ajouterons-nous, d'exercer l'action possessoire, « le « fermier, le dépositaire, l'usufruitier et tous autres qui détiennent « précairement la chose du propriétaire. » Ils sont détenteurs précaires parce que, loin de posséder pour eux-mêmes, ils sont, au contraire, les instruments du propriétaire, qui possède par eux. Nous en dirons autant des commodataires, des tuteurs, des mandataires, etc. Mais on aurait beau être obligé à livrer une chose, on ne serait pas pour cela détenteur précaire, du moment qu'on possède pour soi et qu'on n'a pas commencé à posséder la chose à un titre qui implique la

---

(1) MM. Troplong, Prescription, t. i, n° 359; Belime, n° 56. — (2) D'Argentré, sur l'art. 265 de la cout. de Bretagne, *de ambiguis et ancipitibus possessionibus;* Dunod, Prescription, p. 21.

reconnaissance d'un autre maître. Ainsi le vendeur qui, après la vente, prend fantaisie de rester en possession, n'est pas un détenteur précaire. Il en est de même de celui qui a été condamné par jugement à se désister de la possession de la chose [76].

112. La liberté se présume toujours ; si donc il y a contestation sur l'*animus domini*, ce ne sera pas au détenteur à prouver qu'il possède à titre de propriétaire ; ce sera à son adversaire à prouver qu'il possédait précairement. « Dans le doute, » dit Dunod (1), « on est censé « posséder pour soi-même plutôt que pour autrui, quand cette pré-« somption n'est pas combattue par de plus pressantes. » L'art. 2230 du Code Napoléon dit de même : « On est toujours présumé posséder « pour soi et à titre de propriétaire, s'il n'est prouvé qu'on a com-« mencé a posséder pour un autre. »

Au contraire, si une fois l'adversaire prouve que vous avez commencé à posséder à titre précaire, c'est à vous à prouver que votre possession a changé de nature ; car ici la présomption est tout autre ; il est vraisemblable que, possédant précairement dans l'origine, vous avez continué a posséder au même titre, et c'est à celui qui allègue un fait contraire à l'état régulier des choses à en faire la preuve. « *Suc-« cedit contrarius casus,* » dit d'Argentré (2), *quum scilicet dubium et « incertum est quo quis nomine possederit, in quo sic traditur sibi « potius quam alteri rem et negotium gerere præsumi...* » Mais cette présomption s'évanouit quand l'origine de la possession s'élève contre elle... « *quum scilicet constat alterius nomine ingressum possessionem; « nam continua erit præsumptio semper et ex eadem causa in posses-« sione eum esse.* » L'art. 2231 résume ces principes en disant : « Quand on a commencé à posséder pour autrui, on est toujours pré-« sumé posséder au même titre, s'il n'y a preuve du contraire. » Tel est le sens de ce brocard : *Melius est non habere titulum quam habere vitiosum.* Des principes analogues existaient en droit romain [19].

La précarité, une fois existante, ne cessera plus, et le possesseur précaire la transmettra à ses héritiers avec la possession, sans qu'ils puissent prescrire ni agir au possessoire. « Par exemple, » dit Po-

---

(1) Prescription, p. 22. — (2) Sur l'art. 265 de la cout. de Bretagne, c. 5, n** 46 et 17.

thier (1), « s'il paraît qu'une chose que je possède m'ait été donnée
« à titre d'engagement, ayant commencé à la posséder à ce titre,
« quelque déclaration que je fasse, quelque temps qui s'écoule, tant
« qu'il ne paraîtra pas d'autre titre survenu depuis, moi, mes
« héritiers, et les héritiers de mes héritiers *in infinitum*, conti-
« nuerons toujours de la posséder à ce titre d'engagement, lequel
« résistera toujours à la prescription que nous pourrions prétendre
« de cette chose. » On ne peut donc prescrire contre son titre. Ce
titre, suivant Bourjon (2), « vaut continuelle interruption contre la
« prescription. »

113. Comment donc le possesseur précaire parviendra-t-il à changer la nature de sa possession? Ce ne sera pas en se mettant à faire
sur le fonds des actes de maître, à démolir, à construire, à changer la
face des lieux ; car, suivant l'art. 2240, « on ne peut pas se changer à
« soi-même la cause et le principe de sa possession. » C'est la reproduction du principe romain : « *Illud a veteribus præceptum nemi-*
« *nem sibi ipsum causam possessionis mutare posse* (3). » La possession des personnes qui détiennent précairement ne deviendra utile, dit
l'art. 2238, que « si le titre de leur possession se trouve interverti, soit
« par une cause venant d'un tiers, soit par la contradiction qu'elles ont
« opposée aux droits du propriétaire. » « *Quod scriptum est apud veteres*
« *neminem sibi causam possessionis mutare posse credibile est de eo cogi-*
« *tatum qui et corpore et animo possessioni incumbens, hoc solum statuit,*
« *ut alia ex causa id possideret; non si quis, dimissa possessione prima,*
« *ejusdem rei denuo ex alia causa possessionem nancisci velit* (4). »
La loi reconnaît donc deux manières d'intervertir la possession :

1° Par une cause venue d'un tiers, par exemple si la chose est ven-
due ou donnée au locataire par une personne qu'il avait de justes
raisons de considérer comme propriétaire. Mais un acte de vente ou
de donation passé avec le premier complaisant venu ne suffirait pas
pour intervertir le titre ; on ne peut se jouer ainsi de la loi. Remarquons que, si l'intervention d'un juste titre suffit pour faire disparaître le vice de précarité, les successeurs particuliers des détenteurs

____

(1) Possession, n°° 31 et suiv.— (2) Droit commun, t. 1, p. 1085.— (3) Paul, l. 3, § 19,
de poss. — (4) Marc, l. 17, § 1, *de poss.*

précaires peuvent prescrire et agir au possessoire; en effet, l'acte qui leur a transmis la chose a interverti le titre de la possession ; d'ailleurs ils ne sont pas tenus des obligations de leurs auteurs [103]. L'article 2239 est formel à cet égard. Mais il ne suffirait pas de la cessation de la qualité produisant la précarité, par exemple de la cessation du bail ; la possession resterait équivoque [110].

2° Par la contradiction que le possesseur oppose au droit du propriétaire, par exemple si le locataire ou fermier, actionné en paiement des loyers ou fermages, répond en justice qu'il ne les doit pas, ou s'il fait notifier au bailleur qu'il n'a ni loyers ni fermages à lui payer.

114. L'art. 2236 classe l'usufruitier parmi les personnes qui détiennent précairement ; mais ici une distinction est nécessaire : l'usufruitier possède précairement le fonds lui-même, car c'est au nom du nu-propriétaire et pour le nu-propriétaire qu'il possède; mais il n'en est pas de même de son droit d'usufruit; c'est là une chose incorporelle qu'il ne possède pas pour autrui, mais bien pour lui-même et *animo domini*. Ainsi, suivant la remarquable expression de Proudhon, « la « possession de l'usufruitier sert en même temps à deux personnes ; « elle lui sert à lui-même, quant à l'usufruit ; elle profite au nu-pro-« priétaire, quant à la nue propriété (1) [127]. »

Quant au fermier ou locataire, nous croyons, avec la généralité des auteurs, qu'il n'a pas un droit réel dans la chose ; il ne possède donc pas pour lui ; il possède uniquement pour le propriétaire, et en vertu du contrat par lequel il a reconnu le droit de ce dernier. Il est donc un détenteur précaire dans toute la force du terme, comme le commodataire, comme le dépositaire. L'art. 2236 le classe, du reste, au nombre des détenteurs précaires, et, comme tel, il est exclu de l'action possessoire par l'art. 23 du Code de procédure [128].

115. La possession doit ne pas être fondée sur des actes de *pure faculté*.

Il faut bien distinguer les facultés des droits proprement dits. Les facultés sont les plus sacrés des droits. « C'est plus qu'un droit, c'est « une faculté, » a dit un membre illustre de nos assemblées législa-

---

(1) Usufruit, t. III, n°* 1260 à 1266.

tives (1). Nos anciens jurisconsultes ont beaucoup discuté sur la définition des facultés, au point que, pour terminer le débat, d'Argentré ne
voyait plus qu'un moyen : « *Hic aspergenda aqua pugnantibus, æter-
« num alioqui certaturis* (2). » Mais lui-même fit de vains efforts pour
arriver à une définition satisfaisante. Tous les auteurs sont seulement
d'accord sur un point, c'est que les facultés sont imprescriptibles, tandis que les autres droits se perdent par le non-usage (3). Si la propriété ne se perd pas par le non-usage, c'est que l'exercice du droit
de propriété est une faculté. Suivant M. Troplong (4), les facultés sont
« le droit en disponibilité; » ce sont « les branches et le tronc d'un
« arbre dont les droits sont les fruits; » on peut cueillir les fruits,
mais l'arbre demeure inébranlable. Ainsi, à défaut de définition
catégorique, les images ne manquent pas pour représenter les facultés.

D'après ce qui précède, les actes de pure faculté sont ceux que je
puis à volonté faire ou ne pas faire, sans que les tiers puissent tirer
aucun avantage juridique de mon action ou de mon inaction. Ces actes
sont justement appelés *de pure faculté*, en ce sens que c'est une pure
faculté pour moi de les exercer, c'est-à-dire que leur exercice n'est pas
nécessaire à la conservation de mon droit. Ainsi je puis à volonté me
marier ou ne pas me marier, tester ou ne pas tester, bâtir ou ne pas
bâtir. J'aurai beau rester trente ans sans bâtir sur mon terrain, je
n'aurai pas perdu par le non-usage le droit de construire à l'avenir ;
bâtir est une pure faculté, dont je puis à volonté user ou ne pas user,
sans que mes voisins puissent baser sur mon abstention aucune possession à mon préjudice.

En général, ce qui nous semble le mieux différencier les pures facultés
de ce qu'on appelle spécialement des droits, c'est que les actes de pure
faculté sont ceux qu'on exerce d'après la règle commune, d'après l'ordre naturel des choses, tandis que les droits impliquent une certaine
dérogation à cet ordre naturel, un certain empiétement sur le voisin.
On conçoit, en effet, que l'ordre naturel des choses soit toujours pré-

(1) Royer-Collard, cité par M. Troplong, Prescription, t. 1, n° 112. — (2) D'Argentré, sur
l'art. 266 de la cout. de Bretagne, chap. 8, n° 5. — (3) D'Argentré, *loco cit.*; Dunod,
Prescription, p. 86 et suiv.; Pothier, Vente, n° 392 ; Merlin, Répertoire, v° Droits facultatifs.
(4) Prescription, t. 1, n° 112.

sumé subsister, tandis que l'abstention de celui qui exerce un droit exceptionnel peut faire présumer qu'il a renoncé à ce droit. Ainsi j'ai un fonds enclavé; je reste plus de trente ans sans l'exploiter, parce que je néglige de réclamer de mes voisins, selon l'art. 706 du Code Napoléon, le passage nécessaire à l'exploitation; je n'aurai pas pour cela perdu mon droit de passage, parce que le passage en cas d'enclave est de droit commun, que le réclamer est pour moi une pure faculté, et que mon silence ne peut fonder au profit de mes voisins aucune possession contraire. Si, au contraire, n'étant pas enclavé, je reste plus de trente ans sans user de la servitude de passage que j'avais acquise sur le fonds de mon voisin, cette dérogation au droit de propriété se trouve éteinte par mon silence.

116. La possession doit ne pas être fondée sur des actes *de tolérance*.

Les actes de tolérance sont ceux que j'exerce grâce au bon vouloir d'une autre personne, qui pourrait me les défendre, mais qui me laisse faire, par bienveillance, ou à raison du peu de préjudice que ces actes lui causent. Si tout acte de tolérance de votre part, comme celui de laisser votre voisin passer sur votre héritage prendre de l'eau à votre puits, profiter de menus produits de votre jardin, devait fonder une possession juridique, un droit au profit de ce voisin et à votre préjudice, le voisinage deviendrait un état de guerre continuelle, et tous bons rapports, toute familiarité entre voisins seraient détruits. C'est par ce motif que l'art. 2232 déclare les actes de tolérance incapables de fonder possession ni prescription. C'est aussi la même considération qui a fait déclarer la prescription inapplicable aux servitudes discontinues [133].

117. La possession doit ne pas être fondée sur des actes *de violence*.

Nous avons déjà étudié une sorte de violence [108]. Il nous reste à parler de la violence la plus grave, de celle dont parle l'art. 2233, de celle sur laquelle repose l'origine même de la possession. Les actes par lesquels on peut s'emparer violemment de la possession d'un bien sont fort divers. Les jurisconsultes romains nous détaillent longuement tous les cas où il y a, ou non, violence (1). La gravité des actes constitutifs de la violence est une question de fait, laissée à l'appréciation

---

(1) Dig., *de vi et de vi armata*.

du juge de paix. Nous ne voyons pas de raisons pour lui de distinguer entre la violence physique, qui résulte des voies de fait, et la violence morale, qui résulte, par exemple, de menaces. Il importe peu aussi que les violences aient été dirigées contre le possesseur lui-même, ou contre ses représentants, comme son fermier ou ses ouvriers, par l'auteur même de la violence, ou par son ordre.

Remarquons que la possession ne demeure pas perpétuellement vicieuse, par cela seul que, dans son principe, elle a reposé sur une violence; c'est ce qui résulte de l'art. 2233 *in fine* : « La possession utile ne commence que lorsque la violence a cessé. Si donc le possesseur que vous avez dépouillé se trouve à l'abri de toute violence, s'il a recouvré le pouvoir d'agir et de vous poursuivre, son silence engendre pour vous une possession utile. Nous avons dû appliquer *a fortiori* cette même règle à la clandestinité, qui est un vice moins grave que la violence [109]. Il en était autrement en droit romain; la possession violente ou clandestine *ab initio* était à jamais violente ou clandestine [37].

118. La possession doit ne pas être fondée sur *des délits*.

La loi qui juge un fait répréhensible, et qui le frappe d'une peine, ne peut pas le sanctionner en lui faisant produire des avantages juridiques au profit de son auteur; il ne saurait, par conséquent, résulter d'un pareil fait aucune possession légale. « De chose qui touche délit, « dit Loysel, ne se peut dire aucun ensaisiné et ne fait à ouïr en com- « plainte ne par usage, ne par coutume (1). » Ainsi, d'après l'art. 79 du Code forestier, l'usager qui prend du bois sans que la délivrance lui en ait été faite par les agents forestiers est passible d'une amende. Aussi la cour de cassation a plus d'une fois jugé qu'un pareil fait de jouissance ne pouvait constituer pour lui aucune possession susceptible d'opérer la prescription. Une telle possession ne peut, par conséquent, procurer l'action possessoire.

119. Des diverses conditions de la possession que nous venons d'examiner, les unes sont absolues et doivent exister vis-à-vis de tous; les autres sont purement relatives et n'ont besoin d'exister que vis-à-vis de l'adversaire. En droit romain, il suffisait de posséder *nec vi*,

____

(1) Inst. cout., livre 5, chap. 4, n° 21.

nec clam, nec precario ab adversario. Les vices de violence, de clandestinité et de précarité étaient donc purement relatifs. Nous déciderons de même aujourd'hui pour la violence originaire [117] et pour la clandestinité [109]. Peu importe en effet à mon adversaire que ma possession résulte d'une violence exercée contre un tiers qu'il ne connaît pas; il ne pourra m'opposer le vice de violence que si c'est contre lui que la violence a été exercée. Peu importe aussi que la possession ait été clandestine vis-à-vis des tiers, si les intéressés ont été à même de la connaître. Pothier nous apprend (1) que d'après l'ancienne coutume d'Orléans, on acquérait la possession en jouissant par an et jour *nec vi, nec clam, nec precario ab adversario,* et que, lors de la réformation de cette coutume, ces mots furent retranchés comme superflus et exprimant une idée de droit commun.

Mais ce qui est vrai pour la clandestinité et la violence originaire ou active ne l'est plus pour la précarité ni pour la violence passive [108], pour celle qui a été simplement employée à la conservation de la possession. Le doute sur la légitimité de la possession existe, de quelque part que viennent les attaques; la possession devra donc demeurer paisible vis-à-vis de tous. Quant au précaire, nous n'attachons plus à ce mot le sens que lui donnaient les Romains. Les fermiers, les dépositaires, les mandataires, que nous considérons aujourd'hui comme détenteurs précaires, étaient considérés à Rome comme ne possédant pas; ils étaient jugés incapables, d'une manière absolue, d'arriver à la possession juridique. Il en doit être de même chez nous, qui avons transporté au manque absolu de possession la qualification que les Romains donnaient à un vice tout spécial [46]; les dénominations seules ont changé. Nous refuserons donc l'action possessoire au fermier ou locataire, non-seulement contre son bailleur, mais contre un étranger quelconque.

Quant aux autres conditions de la possession en général, il nous semble qu'elles doivent être exigées d'une manière absolue. Le Code ne fait pas de distinction; et même, pour ce qui concerne l'interruption, l'art. 2243 assimile formellement celle qui vient d'un tiers à celle qui vient de l'ancien propriétaire. Nous avons montré aussi que l'annalité ne devait pas être considérée comme une condition relative [104].

---

(1) Pothier, sur la cout. d'Orléans, art. 369, note 3.

CHAPITRE III.

Des objets de l'action possessoire.

120. Nos lois ne déterminent pas quelles choses peuvent devenir
l'objet de l'action possessoire. On s'accorde généralement à penser
qu'elle s'applique seulement aux immeubles et droits réels immobiliers; mais cette règle, qui souffre de nombreuses exceptions, demande
quelques développements. Nous nous arrêterons d'abord sur la division
fondamentale des biens dans notre droit français, sur la distinction
des meubles et des immeubles. Quand nous aurons établi que l'action
possessoire ne s'applique jamais aux meubles, il nous restera à examiner les immeubles eux-mêmes, et à faire voir que, dans certains cas,
soit à raison de leur nature particulière, soit à raison de la destination
publique qui leur est donnée, ils ne peuvent pas plus que les meubles
devenir l'objet d'une action possessoire.

§ 1er. — Des meubles.

121. Le droit romain protégeait la propriété et la possession des
choses mobilières, la propriété par une action en revendication qui
permettait au propriétaire de suivre entre les mains des tiers le meuble
dont il avait été privé, la possession par des interdits [23]. C'est la
féodalité qui, rapportant tout à la terre, introduisit chez nous la maxime
vilis mobilium possessio, maxime qui se traduisit par le refus de la
complainte pour les objets mobiliers, formulé dans toutes nos coutumes.
Nous avons vu cependant que Beaumanoir appliquait l'action possessoire aux meubles [66]; mais ce droit ne tarda point à disparaître.
« On ne fait point, dit Ferrière, deux instances séparées pour les choses
« mobilières, l'une pour la possession, l'autre pour la propriété... l'in-
« terdit *utrubi* est abrogé en France... la raison en est que nous es-
« timons peu la possession des choses mobilières (1). » Loysel avait

---

(1) Ferrière, sur l'art. 97 de la cout. de Paris.

déjà dit : « Pour simples meubles on ne peut intenter complainte, mais « en iceux échet *adveu* et *contre-adveu* (1). »

Cet *adveu* n'était autre qu'une action en revendication des choses mobilières. Il n'avait de commun avec les actions possessoires que la procédure d'applégement. Au temps de Charondas, il était complétement tombé en désuétude au Châtelet de Paris; mais il se maintenait dans certaines coutumes de l'ouest (2). Du reste, malgré la disparition de la procédure de l'adveu, on n'en continua pas moins à accorder au propriétaire d'un meuble l'action en revendication contre les tiers détenteurs (3). Assez tard seulement quelques auteurs commencèrent à enseigner que cette revendication n'aurait plus lieu, d'après une règle que l'on s'était mis à pratiquer au Châtelet, et qui avait été importée en France des usages commerciaux de certaines villes du nord de l'Europe (4). C'est cette règle qu'a définitivement consacrée l'art. 2279 du Code Napoléon : « *En fait de meubles, possession vaut titre.* » D'après cet article, la revendication en matière mobilière n'est plus reçue qu'exceptionnellement, pour les choses perdues ou volées.

122. Nous avons, dans notre droit actuel, plus de raisons que jamais de ne pas appliquer l'action possessoire aux meubles. Nos anciens jurisconsultes pensaient que les meubles ne valaient pas la peine qu'on organisât pour eux deux degrés de juridiction. Quant à la difficulté de faire preuve de la possession annale d'un meuble, de le suivre en mains tierces, ce n'est pas cette raison qui les avait déterminés, puisqu'ils admettaient les revendications mobilières. Mais aujourd'hui que le propriétaire lui-même ne peut poursuivre sa chose entre les mains d'un tiers, à bien plus forte raison cette faculté doit-elle être refusée au simple possesseur. La rédaction du Code de procédure prouve surabondamment que telle est l'intention du législateur. En effet, l'art. 3-2° de ce Code attribue la connaissance des actions possessoires au juge de la situation de l'objet litigieux, ce qui fait voir assez clairement qu'il ne s'agit que d'immeubles; car l'art. 2, qui précède, donne les actions

---

(1) Inst. cout., livre 4, chap. 5, n° 15. — (2) Charondas, Notes sur le grand coutumier, livre 2, chap. 18; cout. d'Anjou, art. 420; du Maine, art. 435; de Touraine, art. 470. — (3) Brodeau, sur la cout. de Paris, art. 118, n° 2. — (4) Bourjon, Droit commun, t. 1, p. 1094; Cours d'histoire du droit de la Faculté de Paris.

mobilières au juge du domicile du défendeur. Au cas même de perte ou de vol, cas auquel, d'après l'art. 2279, la revendication est possible pendant trois ans, le meuble perdu ou volé ne pourra devenir l'objet de l'action possessoire : d'abord il subsiste le motif de l'inutilité d'une double action pour une valeur souvent minime; et puis concevrait-on que le possesseur eût besoin de faire preuve d'annalité et des autres conditions requises par l'art. 23 du Code de procédure, uniquement pour se faire maintenir dans la possession d'un meuble, sous une législation qui se contente de la possession instantanée pour faire acquérir la propriété des objets mobiliers? Il est du reste universellement reconnu que l'action possessoire ne s'applique pas aux meubles individuels, et ce point a été clairement établi par M. Bigot Préameneu, dans l'exposé des motifs du titre de la prescription : « Le « droit romain accordait, sous le nom d'*interdictum utrubi*, une ac- « tion possessoire à celui qui était troublé dans la possession d'une « chose mobilière; mais en droit français on n'a point admis, à l'é- « gard des meubles, une action distincte de celle sur la propriété; on « y a même regardé le seul fait de la possession comme un titre; on « n'en a pas ordinairement d'autre pour les choses mobilières. Il est « d'ailleurs le plus souvent impossible d'en constater l'identité et de « les suivre dans leur circulation de main en main. Il faut éviter des « procédures qui seraient sans nombre, et qui, le plus souvent, excé- « deraient la valeur des objets de la contestation. Ces motifs ont dû « faire maintenir la règle générale, suivant laquelle, en fait de « meubles, possession vaut titre (1). »

123. Il est donc établi qu'en règle générale les meubles ne peuvent être l'objet de l'action possessoire; mais des difficultés se sont élevées sur l'application de cette règle à certains meubles, notamment à ceux qui deviennent immeubles par destination ou par la fiction de la loi, et aussi aux universalités de meubles.

Quant aux immeubles par destination, il semble au premier abord qu'aucune question ne peut s'élever à leur égard. N'ont-ils pas cessé d'être des meubles? ne sont-ils pas des immeubles véritables?

Sans doute, si un propriétaire est troublé dans la possession de son

______

(1) Fenet, t. xv, p. 600.

immeuble, d'une usine par exemple, et s'il forme une plainte en trouble, le juge de paix ordonnera son maintien, non-seulement dans la possession de l'usine, mais dans celle des objets mobiliers, machines et autres, qui servent à son roulement. De même si le juge me maintient en possession de ma garenne ou de mon colombier, il est clair que je serai maintenu du même coup en possession des lapins et des pigeons qui les peuplent. C'est en ce sens qu'Ulpien disait de l'interdit *unde vi*, applicable aux seuls immeubles : « *Consequenter dicimus* « *ad res mobiles hoc interdictum non pertinere, nisi si rei soli acce-* « *dunt res mobiles* (1). »

Mais il en est autrement des immeubles par destination considérés isolément. Si, par exemple, un tiers s'empare des bestiaux attachés par un propriétaire à la culture de son domaine, comment veut-on que ce soit là le cas d'agir au possessoire? Conçoit-on un demandeur dans le cas de faire preuve de la possession annale d'un bœuf ou d'un mouton que lui ont enlevé ses voisins? Toutes les raisons qui rendent l'action possessoire innapplicable aux meubles se présentent ici.

Il faut cependant faire une distinction. Parmi les objets que le Code appelle immeubles par destination, il en est qui sont véritablement des immeubles par nature ; c'est ce qui arrive quand ils sont, aux termes de l'art. 525, « scellés en plâtre, ou à chaux, ou à ciment, ou « lorsqu'ils ne peuvent être détachés sans être fracturés ou détériorés, « ou sans briser ou détériorer la partie du fonds à laquelle ils sont « attachés. » Tels sont les glaces ou tableaux incorporés dans la boiserie, les poêles qui entrent dans la muraille ; ces objets appartiennent nécessairement au propriétaire du fonds, sans qu'il soit besoin d'une convention ou destination spéciale, qui peut très bien être inconnue des tiers. La possession annale peut en être constatée de la même manière que celle du fonds lui-même. Si donc ils sont enlevés, il y a trouble à la possession du fonds lui-même, et nous ne voyons pas d'obstacle à ce qu'ils soient réclamés par la voie de la complainte.

En résumé, les immeubles par destination peuvent devenir l'objet de l'action possessoire dans deux cas : 1° quand l'immeuble lui-même

---

(1) L. 3, § 13, *de vi.*

donno lieu à un procès possessoire; ils sont alors englobés dans la même action; 2° quand ils sont adhérents au fonds et qu'il a fallu détériorer le fonds pour les enlever. Mais, en règle générale, les immeubles par simple destination ne sent pour le juge de paix que des meubles, à raison desquels il ne peut accueillir aucune action possessoire.

124. Les immeubles par la fiction de la loi sont les actions de la Banque de France et celles des canaux d'Orléans et du Loing, quand, aux termes de deux décrets des 16 janvier 1808 et 3 mars 1810, elles ont été immobilisées, au moyen d'une déclaration faite dans la forme des transferts, pour entrer dans la dotation d'un majorat. Mais suivant ces deux décrets, l'immobilisation n'a d'autre effet que de rendre applicables à ces actions les règles sur l'aliénation des immeubles et sur les priviléges et hypothèques. Quant à la nature même des choses, elle n'est pas changée. Les actions de la Banque et des canaux ne peuvent donc devenir l'objet des actions possessoires.

On ne pourra non plus agir, comme autrefois, au possessoire, à raison des rentes foncières, droits de champart, droits de péage, banalités, offices, bénéfices, dîmes et autres biens considérés comme immobiliers par nos anciens auteurs. Ceux de ces divers objets qui subsistent encore aujourd'hui ne sont plus que des choses mobilières ou des choses hors du commerce.

Si la fiction de la loi, qui immobilise un meuble, ne peut le rendre susceptible de l'action possessoire, à l'inverse une clause d'ameublissement ne peut faire que l'action possessoire cesse de s'appliquer à des immeubles par nature; car cette clause n'a d'autre effet que de faire tomber les immeubles ameublis dans la communauté.

125. Une question très controversée est celle de savoir si l'action possessoire, inapplicable aux meubles pris individuellement, ne s'applique pas aux universalités de meubles. Cette question pouvait avoir autrefois plus d'intérêt qu'aujourd'hui. Alors, en effet, il arrivait fréquemment que les meubles d'une succession se trouvaient dévolus à une certaine classe d'héritiers, et les immeubles à une autre. Aujourd'hui il faudrait supposer un legs à titre universel de meubles, ou une succession purement mobilière; encore est-il bien clair que la complainte ne pourra servir au légataire des meubles à poursuivre en

mains tierces les meubles individuels qui auraient été détournés ; il ne s'agirait plus alors de l'universalité. Il faut supposer un trouble non pas de fait, mais de droit, par exemple si un tiers, se prétendant aussi légataire de l'universalité mobilière dont je suis possesseur annal à ce titre, se met à poursuivre les débiteurs de la succession. Puis-je, dans ce cas, intenter contre lui la complainte? Telle est la question qu'il nous faut vider.

Cette question n'en était pas une dans notre ancien droit. La plupart des coutumes admettaient la complainte pour universalité de meubles; la coutume de Paris l'admettait formellement dans son art. 97, et cette disposition a été reproduite par l'art. 1er du titre XVIII de l'ordonnance de 1667. Il s'agit de savoir si cette ancienne règle subsiste encore dans notre droit actuel.

On a dit, pour l'affirmative, que l'art. 2279 ne s'applique qu'aux meubles individuels, qu'on peut revendiquer une universalité mobilière, qu'elle n'a pas comme les meubles individuels une existence fugitive, que rien n'empêche de lui appliquer l'action possessoire. Mais, répondrons-nous, si du moment qu'on peut revendiquer un meuble l'action possessoire lui est applicable, il faudra l'appliquer à tous les meubles perdus ou volés que l'art. 2279 déclare susceptibles de revendication. D'ailleurs, nous avons vu que, si l'on ne peut intenter la complainte à propos de meubles, il ne faut pas voir là une conséquence de l'impossibilité de revendiquer, puisque nos anciennes coutumes, qui repoussaient universellement la complainte en matière de meubles individuels, en admettaient pour la plupart la revendication.

Dira-t-on que nos lois actuelles, le décret de 1790 sur les justices de paix, le Code de procédure, la loi de 1838, se taisant sur la complainte en matière mobilière, ont entendu conserver ce qui existait auparavant? Mais si l'on admet la complainte dans tous les cas où elle était admise autrefois, il ne faut pas s'arrêter aux universalités de meubles; il faut appliquer, comme autrefois, l'action possessoire aux bénéfices, aux places et bancs dans les églises, aux reliques (1). Nous

---

(1) Bourjon, Droit commun, t. II, p. 511 ; arrêt du parlement de Paris du 17 mars 1708, cité par Bellime, n° 277 (affaire du nombril de J.-C.).

ne pensons pas que nos adversaires veuillent pousser jusque-là l'imitation du passé. D'ailleurs, l'art. 1041 du Code de procédure a abrogé toutes les lois et usages anciens relatifs à la procédure civile. Le même Code, en déclarant compétent, en matière possessoire, le tribunal de la situation, indique assez qu'il ne s'agit que d'immeubles. Dans cet article 3, où il parle de la compétence, il n'énumère que des cas de troubles immobiliers, sans paraître se douter qu'il puisse en exister d'une autre nature. Il en est de même de la loi de 1838. L'intention du législateur est donc manifeste.

La complainte appliquée aux universalités de meubles ne se justifie pas plus au point de l'utilité qu'au point de vue du droit. Nos anciens auteurs la motivaient sur cette fameuse raison qu'une universalité mobilière *sapit quid immobile* (1). Cette raison, plus que vague, ne convainquit pas Bourjon. « C'est vain examen, » disait-il, « vaine curio- « sité, plus que réalité, que cette décision (2). » Et puis, voyons un peu l'effet des deux degrés de juridiction en matière mobilière. Plusieurs personnes prétendent à une succession mobilière; chacune se dit en possession; voilà le juge de paix qui attribue la possession à l'un des plaideurs; qui empêchera ce vainqueur au possessoire de détériorer, d'anéantir par l'usage les meubles dont la possession lui est échue? Et que restera-t-il à son adversaire, vainqueur à son tour au pétitoire? Ne voit-on pas que la complainte est applicable aux seuls immeubles? D'ailleurs, n'existe-t-il pas d'autres moyens de protéger la possession d'une succession mobilière? Ne trouve-t-on pas au Code pénal des peines contre le vol, de même qu'à Rome il fallait recourir, pour les spoliations mobilières, à l'*actio furti*, à l'*actio vi bonorum raptorum*, parce que l'interdit *unde vi* faisait défaut [23]? Et quel est donc l'esprit de notre législation actuelle en matière possessoire? N'est-ce pas d'instituer une procédure prompte et facile? Eh bien! nous allons voir quel dédale d'embarras engendre la complainte appliquée aux universalités de meubles.

D'abord, quel sera le juge compétent? Sera-ce le juge de paix? Cela peut faire question, parce que le juge de paix est un juge exceptionnel, qu'aucune loi ne lui attribue cette espèce de pétition d'hérédité posses-

---

(1) Duplessis, Actions, livre 1er. — (2) Bourjon, Droit commun, t. ii, p. 512.

soire, et qu'il ne peut connaître que des affaires qui lui sont attribuées expressément. Mais admettons la compétence des juges de paix en général. Quel sera en particulier le juge de paix compétent? Sans doute, d'après l'art. 3-2° du Code de procédure, le juge de la situation. Mais une universalité de meubles peut être dispersée dans les ressorts d'une foule de juges de paix différents. Le siége de l'universalité, répondra-t-on, est le domicile du défunt; le juge de paix de ce domicile sera compétent. Admettons donc, ce qui n'est pas probable, que le législateur, en établissant la compétence du juge de paix de la situation des biens, ait eu en vue le juge de paix du domicile du défunt. Il sera assez difficile à ce juge d'apprécier des troubles résultant de faits commis sur des meubles situés peut-être à cent lieues de lui, et à supposer qu'il reconnaisse qu'une des parties a été troublée dans sa possession annale, nous ne serons guère plus avancés, car il restera à juger la question de savoir si tel objet particulier fait ou ne fait pas partie de l'universalité.

Sont-ce bien des résultats pareils qu'a pu vouloir un législateur préoccupé surtout d'établir une juridiction proche, simple et paternelle? Est-ce bien la peine, pour en arriver là, de ressusciter une action surannée que nos anciens auteurs déjà regardaient comme une superfétation? La question a si peu d'intérêt qu'elle ne s'est même pas présentée devant les tribunaux. Malgré d'imposantes autorités dans la doctrine, nous croyons devoir nous prononcer contre le maintien de l'ancienne règle (1).

§ 2. — Des choses incorporelles.

126. Nous venons de voir que les actions possessoires s'appliquent aux immeubles et non pas aux meubles; mais nous n'avons considéré encore la possession que dans son acception la plus parfaite, c'est-à-dire en tant qu'elle est l'application et l'image du droit le plus étendu qu'on puisse avoir sur l'immeuble, du droit de propriété. Occupons-

---

(1) Conf., Belline, n°° 278 et suiv.; M. Garnier, p. 234 et suiv. Contr., Merlin, Répertoire, v° Complainte, § 3; Henrion de Pansey, Comp. des juges de paix, chap. 45; Boitard, t. II, n° 113; M. Troplong, Prescription, t. I, n° 281.

nous maintenant de la possession ou quasi-possession des servitudes personnelles et réelles et des autres démembrements de la propriété.

La définition de la possession donnée par le Code nous montre qu'on peut posséder des droits aussi bien que des choses corporelles. On possède un droit d'usufruit, une servitude prédiale, par la jouissance, comme on possède un animal, un fonds de terre, par la détention. En droit romain, au contraire, les choses incorporelles n'étaient pas susceptibles de possession ; seulement, par utilité, on considérait l'exercice du droit comme une *quasi-possession* à laquelle on avait fini par étendre, à peu près, les mêmes avantages qu'à la possession elle-même [24]. Pothier disait encore : « Posséder une chose étant *rei in-* « *sistere, incubare*, cela ne peut convenir qu'aux choses corpo- « relles (1). » Notre Code assimile les deux situations, et il donne les mêmes actions, qu'il s'agisse d'objets corporels ou incorporels. La distinction romaine, du reste, n'était pas fondée logiquement. La propriété elle-même n'est qu'un droit, le plus étendu de tous ; les servitudes réelles ou personnelles sont des droits de même nature, moins étendus. Pourquoi l'exercice de la servitude ne constituerait-il pas la possession de cette servitude, comme l'exercice du droit de propriété constitue la possession de la chose elle-même ? Le propriétaire n'est pas plus maître de son droit de propriété que l'usufruitier ne l'est de son usufruit, le voisin de son droit de passage. L'erreur vient de ce qu'on a confondu le droit de propriété avec la chose elle-même ; on ne concevait la possession que comme une chose de fait, une série d'actes dont l'objet ne pouvait être que matériel ; or, ce caractère matériel, refusé aux autres droits, était reconnu à la propriété. Nos lois actuelles ont coupé court à ces distinctions.

Les choses incorporelles sont donc susceptibles de possession. Voyons jusqu'à quel point cette possession peut être protégée par les actions possessoires. Nous examinerons d'abord les droits qui sont créés directement pour l'utilité des personnes, c'est-à-dire les diverses modifications de l'usufruit. Nous passerons ensuite aux droits qui sont établis pour l'utilité des fonds, c'est-à-dire aux servitudes prédiales.

127. L'usufruitier peut intenter l'action possessoire, lorsqu'il est

---

(1) Possession, n° 37.

troublé dans l'exercice de son droit d'usufruit ; car ce droit d'usufruit, il le possède très légitimement, *proprio nomine*. Mais il ne pourra pas agir au possessoire à raison du fonds lui-même, parce qu'en ce qui concerne le fonds, il est un détenteur précaire, et c'est en cela que les prohibitions des art. 2236 du Code Napoléon et 23 du Code de procédure lui sont applicables. L'usufruit est un droit réel immobilier trop important pour que les actes qui en constituent l'exercice puissent passer pour des actes de tolérance ou de familiarité. Déjà, en droit romain, l'usufruit était protégé par des interdits [48]. De même, dans notre ancienne jurisprudence, l'usufruit pouvait être l'objet de la complainte (1). Il en est encore ainsi aujourd'hui [114].

Quand une usurpation est commise sur un bien soumis à un droit d'usufruit, l'action possessoire appartient à la fois au nu-propriétaire et à l'usufruitier, troublés chacun dans son droit. Ce qu'ils ont de mieux à faire, en pareil cas, c'est d'unir leurs efforts et d'agir ensemble contre l'auteur du trouble ou de la spoliation ; alors la même chose sera jugée pour ou contre tous deux.

De même que le nu-propriétaire et l'usufruitier peuvent intenter l'action possessoire, chacun de son côté, pour un trouble intéressant la chose entière, ils l'intenteront également, quand ils seront troublés, l'un seulement dans son droit d'usufruit, l'autre seulement dans son droit de nue propriété. Ils pourront même très bien intenter la complainte l'un contre l'autre. C'est ce que fera l'usufruitier, si le nu-propriétaire attente à son droit d'usufruit, s'il enlève les récoltes, s'il prétend agir en maître exclusif. C'est ce que fera, de son côté, le nu-propriétaire, si l'usufruitier conteste son droit de propriété. Mais il faut que le demandeur ait la possession annale.

Les mêmes principes sont applicables à l'usage et au droit d'habitation, tels que le Code Napoléon les a consacrés. Ce sont, en effet, des droits de même nature que l'usufruit, seulement moins étendus. L'usager, l'habitant, agiront en complainte contre *quemcumque turbantem vel impedientem*, et contre le propriétaire lui-même.

128. Nous avons refusé l'action possessoire au locataire et au fermier [114] ; ils sont détenteurs précaires et n'ont pas de droits réels.

---

(1) Bourjon, Droit commun, t. II, p. 511 ; Pothier, Possession, n° 100.

Si le fermier ou locataire est troublé ou déjeté, le possesseur véritable, c'est-à-dire le locateur, pourra seul sauvegarder son droit à l'aide de la complainte ou de la réintégrande, même si le bail est à vie, ce qui n'en change pas la nature.

Mais le fermier ou locataire restera-t-il pour cela sans ressources ? Évidemment non ! Il a deux actions à son service : d'abord, comme le locateur est obligé à le faire jouir de la chose, il peut réclamer de lui une indemnité ou l'appeler en garantie ; et puis, en vertu du principe de l'art. 1382 du Code Napoléon, que « tout fait quelconque de « l'homme qui cause à autrui un dommage oblige celui par la faute de « qui il est arrivé à le réparer, » il pourra agir directement contre l'auteur du trouble ou de la spoliation, et obtenir la réparation du dommage avec toutes indemnités de droit. Mais ce n'est plus là une action possessoire ; elle n'est plus nécessairement de la compétence du juge de paix, et, au lieu d'être ouverte seulement dans l'année du trouble ou de la spoliation, elle dure trente ans, comme la généralité des actions personnelles.

Dans le système qui fait de la réintégrande une action toute spéciale, distincte des actions possessoires, on accorde la réintégrande au fermier. Nous avons cru devoir repousser cette opinion [82 et suiv.].

120. Le séquestre et l'antichrésiste ne sont pas plus possesseurs que le fermier. Le gagiste a bien un droit réel, le droit de rétention ; mais c'est un droit mobilier. Toutefois le droit de rétention peut avoir pour objet des immeubles. Ainsi le cohéritier qui doit faire le rapport d'un immeuble en nature peut, d'après l'art. 867 du Code Napoléon, en retenir la possession jusqu'au remboursement effectif des sommes qui lui sont dues pour impenses ou améliorations. De même l'art. 1673 donne à l'acheteur à réméré le droit de garder la possession de l'immeuble, jusqu'à ce que le vendeur, qui use du pacte de rachat, lui ait remboursé le prix de la vente, les frais, loyaux coûts, réparations nécessaires, etc. Dans ces deux cas, le cohéritier donataire, l'acheteur à réméré, troublés dans la possession de l'immeuble qu'ils ne font plus que retenir comme un gage, pourront-ils agir au possessoire ?

Remarquons d'abord que si le rétentionnaire n'avait pas l'action possessoire, il n'aurait aucun moyen de faire respecter son droit de rétention ; car la loi, qui ne prononce même pas le nom de ce droit, n'en spécifie pas les effets, et n'indique aucune action particulière pour le garantir. Sans l'action possessoire, le rétentionnaire serait désarmé vis-à-vis des tiers qui s'empareraient de la chose. Et puis ce droit de rétention n'est-il pas un droit réel? n'est-il par une sorte de continuation de la propriété que le cohéritier donataire, l'acheteur à réméré, ont eue sur l'immeuble? Le rétentionnaire n'est-il pas dans la même position que l'héritier, qui continue, jusqu'à la délivrance, de posséder les fonds légués à des étrangers, et qui exercera les actions relatives à ces fonds jusqu'à ce qu'on sache si les legs seront ou non réclamés? Il en est de même ici tant que le rétentionnaire n'a pas reçu son remboursement (1). C'est ainsi que le droit romain donnait les interdits au créancier gagiste [16].

130. On appelait contrat d'*emphytéose* celui par lequel le propriétaire d'un héritage en cédait à quelqu'un la jouissance pour un long temps, souvent pour quatre-vingt-dix-neuf ans, quelquefois à perpétuité, à charge de l'améliorer, de le cultiver, de le planter, ou même d'y bâtir, et en outre sous la réserve de redevances ou prestations annuelles. On disait, dans l'ancienne jurisprudence, que l'emphytéote avait le domaine utile de l'immeuble, par opposition au domaine direct, qui restait au propriétaire, et on accordait à l'emphytéote les mêmes actions qu'au propriétaire lui-même, notamment les actions possessoires. L'emphytéose, droit réel de même nature que l'usufruit, seulement plus étendu, devait comme lui, et à plus forte raison, engendrer la complainte. « *Usum et usumfructum plenissimum, et quasi dominium alteri concedit* (2). » La cour de cassation a reconnu l'existence actuelle de l'emphytéose et le droit pour l'emphytéote d'agir au possessoire contre le propriétaire même de l'héritage (3).

Mais il faut remarquer que l'emphytéose n'est mentionnée nulle part dans nos Codes, qu'il entrait dans l'esprit de leurs rédacteurs de ne pas ressusciter les droits qui rappelaient la féodalité, que l'art. 6 de la loi du 11 brumaire an VII classait l'emphytéose parmi les biens susceptibles d'hypothèque, et que l'art. 2118 du Code Napoléon, qui

---

(1) MM. Garnier, p. 425; Bellime, n° 513. — (2) Cujas, *paratit. ad tit. Cod. de jure emphyt.* — (3) Arrêt du 26 juin 1822; dans le même sens, M. Troplong, Prescription, t. 1, n° 331.

reproduit cet article 6, a retranché l'emphytéose. Nous sommes donc porté à croire, malgré la jurisprudence, que les baux à long terme que l'on pourra décorer du nom d'emphytéose ne produisent plus de droits réels, mais de simples droits personnels qui ne peuvent donner lieu aux actions possessoires.

Quant au droit *de superficie*, c'est un véritable droit de propriété sur les plantations ou constructions qui couvrent la surface du sol. A Rome, la possession de ce droit était protégée par un interdit [54]. Le droit français n'a pas changé la nature de la superficie. Ainsi M. Proudhon a pensé que celui qui fait des plantations ou constructions sur un terrain qui ne lui appartient pas, et qui les possède pendant un an, doit avoir l'action possessoire contre les tiers, et contre le propriétaire lui-même, qui le troubleraient dans sa possession (1).

131. Nous passons aux démembrements de la propriété qui existent non plus au profit des personnes, mais au profit des fonds. On sait que le Code Napoléon partage les servitudes prédiales en trois classes : 1° celles qui dérivent de la situation des lieux ; 2° celles qui sont établies par la loi ; 3° celles qui résultent du fait de l'homme. Sans nous arrêter à l'examen de cette classification, disons d'abord que les droits réels compris dans les deux premières classes nous paraissent toujours susceptibles de devenir l'objet de l'action possessoire. Ainsi, possesseur annal d'un fonds traversé par un cours d'eau, je pourrai poursuivre au possessoire le propriétaire du fonds supérieur, s'il ne rend pas à son cours naturel cette eau qui ne fait que traverser sa propriété. Possesseur annal d'un terrain enclavé, je pourrai poursuivre au possessoire le voisin qui me refuse le passage sur son terrain (2). En effet, mon droit au cours d'eau, mon droit au passage, ne sont alors que la continuation naturelle de ma propriété. Si j'étais privé de ces droits, ma propriété ne serait plus complète. La voie facile et économique de la complainte me sera ouverte en cas de trouble apporté à l'exercice de ces droits, comme elle m'est ouverte en cas de trouble apporté à la possession de mon fonds lui-même. De même que j'acquerrais par prescription le droit au cours d'eau, le droit

---

(1) Usufruit, t. vi, n°ˢ 374 et 375 ; Conf., M. Garnier, p. 359. — (2) Code Nap., art. 644, 682.

au passage, en prescrivant le fonds; de même aussi j'agirai au possessoire pour ces deux droits comme pour le fonds.

132. Si maintenant nous arrivons aux servitudes établies par le fait de l'homme, nous distinguerons, toujours avec le Code, les servitudes apparentes et continues de celles qui manquent de l'un de ces deux caractères. Les premières, comme les servitudes de vue, d'aqueduc, sont déclarées par l'art. 690 susceptibles de s'acquérir par prescription; elles pourront donc aussi devenir l'objet de la complainte. Ce point a toujours été constant; mais le même accord n'existe pas au sujet des servitudes discontinues ou non apparentes. La possession pour agir au possessoire étant la même que la possession pour prescrire, tous les biens qui, par leur nature, ne sont pas susceptibles de prescription, ne seront pas non plus susceptibles d'une possession pouvant donner lieu à l'action possessoire. Réciproquement on pourra agir au possessoire à raison des biens prescriptibles. Or les servitudes discontinues ou non apparentes sont déclarées formellement par l'article 691 de nature à ne pouvoir s'établir par prescription; la conséquence naturelle est qu'on doit refuser absolument de leur appliquer l'action possessoire. Cependant la doctrine et la jurisprudence ont admis des exceptions à cette règle. Voyons si ces exceptions sont fondées.

133. En règle générale, l'action possessoire ne s'applique pas aux servitudes discontinues. Mais si elles ne sont pas prescriptibles, ce n'est pas faute d'une possession continue; ce n'est pas à cause des intervalles plus ou moins longs qui séparent les actes de possession. La propriété d'un fonds s'acquiert certainement par prescription, et cependant les actes du maître qui peuvent constituer la possession du fonds, tels que l'acte de semer, l'acte de récolter, sont souvent moins fréquents que les actes constituant la possession d'une servitude, comme l'acte de passer journellement sur un fonds, de puiser journellement à une fontaine. Si le défaut de continuité empêchait la prescription des servitudes discontinues, il rendrait également impossible la prescription de la propriété elle-même. Le vrai motif de la disposition de l'art. 691 est dans l'art. 2232, déclarant que les actes de tolérance ne peuvent fonder possession ni prescription. De cette considération fort juste il ne faut pas toutefois tirer des conséquences exagérées. Si la présomption de

familiarité est la cause qui empêche la prescription de s'appliquer aux servitudes discontinues, il n'en faut pas conclure à la possibilité de la prescription et de l'action possessoire dans tous les cas où la tolérance du propriétaire du fonds servant ne sera pas présumable. Cependant, de très graves auteurs admettent la complainte en matière de servitudes discontinues au cas où l'exercice de la servitude a été accompagné d'une contradiction formelle de la part du propriétaire du fonds dominant. Dans ce cas, dit-on, le motif qui a dicté l'art. 691 n'existe plus ; il n'est plus possible de présumer la tolérance de celui qui souffre la servitude. On part de là pour établir que la servitude discontinue peut alors devenir l'objet de la prescription et de l'action possessoire. On argumente par analogie de l'art. 2238, d'après lequel le détenteur précaire peut prescrire à partir du jour où il a fait opposition aux droits du propriétaire. Toutefois, ce système nous paraît contrarier ouvertement le texte formel de l'art. 691, portant que les servitudes discontinues *ne peuvent s'établir que par titres*. La contradiction n'est certainement pas un titre, autrement il serait trop facile de s'en créer un à soi-même, en envoyant un huissier faire une sommation à son voisin. Ainsi, j'aurai beau vous faire sommation de me livrer passage sur votre fonds, j'aurai beau me mettre ensuite à y passer pendant plus d'une année, je n'arriverai jamais à une possession suffisante pour fonder la complainte. D'ailleurs, même au cas de contradiction, il n'est pas encore impossible de supposer la tolérance ou au moins la faiblesse du voisin. Nous n'admettrons donc pas cette première exception à l'inadmissibilité de la complainte en matière de servitudes discontinues (1).

134. Il y a une autre exception qui est généralement admise. Il s'agit du cas où l'exercice de la servitude discontinue se base sur un titre. L'art. 691 du Code Napoléon a été copié sur l'art. 186 de la coutume de Paris. « Droit de servitude, » disait la coutume, « ne « s'acquiert par longue jouissance, quelle qu'elle soit, *sans titre*. » La coutume d'Orléans renfermait une disposition analogue, ce qui n'empêchait pas Pothier de professer, dans son commentaire sur cette

---

(1) Conf., Delime, n° 257 ; M. Garnier, p. 380. Contr., Proudhon, Usufruit, t. vi, n° 204 ; M. Troplong, Prescription, t. i, n° 303.

coutume, que les servitudes discontinues étaient prescriptibles, pourvu qu'elles fussent fondées sur des titres émanant même *a non domino.* « Ma possession, » dit-il, « n'est pas en ce cas destituée de titre, « puisque je possède en vertu d'un titre d'acquisition, *ab eo quem* « *bona fide credebam dominum esse;* et ma possession ne peut passer « pour une tolérance, puisque j'use du droit de servitude *tanquam* « *existimans me jus servitutis habere* (1). » Dans son traité de la possession, Pothier est encore plus formel : « Lorsque celui qui a « joui, » dit-il, « rapporte un titre en vertu duquel il a joui du « passage ou de quelque autre espèce de servitude sur un héritage, « quoique le propriétaire qui l'a troublé dans sa jouissance conteste sa « validité, la jouissance qu'il a eue en vertu de ce titre ne passe plus « pour une simple tolérance, et suffit pour qu'il puisse former la com- « plainte et demander à être maintenu par provision dans la jouissance « jusqu'à ce qu'il ait été statué définitivement au pétitoire (2). » Dunod, qui ne se prononce pas en faveur de notre opinion, est forcé d'avouer que *presque tous les docteurs* reconnaissaient cette manière d'acquérir les servitudes (3); il cite notamment d'Argentré, qui sans doute ne vivait pas sous l'empire de la coutume de Paris, mais qui n'en connaissait pas moins la maxime *nulle servitude sans titre,* admise dans toutes les coutumes; or, voici ce que dit d'Argentré : « *Sed et* « *discontinuas quoque vis tituli præscriptibiles reddit, quum evenit* « *titulum a non domino habere, quod vulgo docent, servitutes* (4). » L'existence d'un titre, même émanant *a non domino,* suffisait donc pour rendre prescriptibles les servitudes discontinues, par conséquent pour les rendre susceptibles de devenir l'objet de la complainte, et cela sous une législation qui défendait d'acquérir les servitudes sans titre. Eh bien ! que dit de plus notre législation actuelle ? « Les servitudes dis- « continues, » dit l'art. 691, « ne peuvent s'établir que par titres. » Il n'y a, entre la rédaction de cet article et celle de l'art. 186 de la coutume de Paris, aucune différence appréciable, aucune nuance qui puisse faire supposer que les rédacteurs du Code aient voulu changer ce qui existait. Et quand on admettrait que les termes de l'art. 691 sont

---

(1) Cout. d'Orléans, introd. au titre des servitudes, n° 8. — (2) Possession, n° 90. — (3) Prescription, p. 202. — (4) Sur l'art. 271 de la cout. de Bretagne, v° Sans titre.

assez formels pour exclure dans tous les cas la prescription , même quand la possession est fondée sur un titre, ce ne serait pas encore là une raison suffisante pour conclure à l'inadmissibilité de la complainte. Si la possession pour agir au possessoire est la même que la possession pour prescrire , cela ne veut pas dire que toutes les règles de la prescription soient applicables à l'action possessoire. Or, à supposer que la loi ait défendu la prescription au cas qui nous occupe, elle se tait bien certainement en ce qui concerne les actions possessoires. Dans ce silence de la loi, nous ne voyons aucun obstacle à ce que la complainte puisse s'exercer, pourvu que la possession soit annale et qu'elle réunisse les diverses conditions exigées par le législateur, pourvu surtout qu'elle soit publique, non équivoque et non suspecte de tolérance ou de familiarité (1).

Si le possesseur d'une servitude discontinue peut agir au possessoire quand sa possession s'appuie sur un titre émanant *a non domino*, à plus forte raison le pourra-t-il quand son titre émane du propriétaire du fonds servant, ou de ses auteurs.

135. Nous venons de nous occuper des servitudes discontinues , apparentes ou non apparentes. Quant aux servitudes continues qui ne sont pas apparentes, comme celles de ne pas planter, de ne pas construire, l'art. 691 déclare aussi qu'elles ne peuvent s'acquérir que par titres ; et ici l'action possessoire ne pourrait s'intenter, à notre avis, même au cas où le propriétaire du fonds dominant produirait un titre à l'appui de sa possession ; car ces sortes de servitudes ne sont pas susceptibles d'aucune possession. Or, pour décider une question possessoire, il faut au juge de paix des faits de possession à apprécier ; au cas qui nous occupe, il n'en trouverait pas ; l'exercice de l'action possessoire est donc impossible.

136. Pour résumer ce qui concerne les servitudes prédiales :

L'action possessoire ne peut jamais s'exercer à raison d'une servitude non apparente, qu'elle soit continue ou discontinue.

Pour qu'elle puisse s'intenter à raison d'une servitude apparente, mais discontinue, il faut que l'exercice de cette servitude se base sur

<hr>

(1) Conf. Belime, n°⁰ 258 et 259 ; Toullier, t. III, p. 620 ; divers arrêts de cassation, entre autres celui du 17 mai 1820. Contr., M. Troplong, Prescription, t. II, n° 857.

un titre valable. Nous verrons plus bas qu'il est permis au juge de paix de consulter les titres et d'apprécier leur validité, pourvu qu'il ne s'en serve que pour s'éclairer sur la possession et que sa décision ne préjuge en rien le pétitoire [164].

L'action possessoire peut toujours s'intenter à raison des servitudes apparentes et continues.

137. Les droits de *chasse* et de *pêche* ne sont pas des servitudes prédiales, car ils ne sont pas établis pour l'utilité des fonds, mais simplement pour l'utilité ou l'agrément des personnes. Ce ne sont même pas des droits réels, des démembrements de l'usufruit ; ce sont des droits de même nature que celui qui résulte du louage. L'action possessoire leur est donc inapplicable.

Cependant, en ce qui concerne la pêche, l'art. 2 de la loi du 15 avril 1829, sur la pêche fluviale, a inspiré une opinion contraire à quelques auteurs. Suivant cet article, chaque riverain a le droit de pêche jusqu'au milieu du cours d'eau, « sauf les droits contraires établis par « possession ou par titre. » M. Proudhon (1) a tiré de ces mots la conséquence que le riverain opposé pouvait prescrire le droit de pêche dans toute la largeur de la rivière. Cette explication de l'art. 2 de la loi de 1829 viole le principe que les servitudes discontinues ou non apparentes ne peuvent s'établir par prescription, à supposer du moins que le droit de pêche soit une servitude. S'il n'est pas une servitude, dans tous les cas, la pêche sur un lieu où le droit de pêcher appartient à autrui est un délit (2), et un délit ne peut fonder une possession utile [118]. Il est beaucoup plus naturel et beaucoup plus conforme aux principes de donner un autre sens à l'art. 2 de la loi de 1829. Cet article parle, non pas de la possession du droit de pêche, mais de la possession du cours d'eau lui-même, possession qui peut conduire à la propriété du cours d'eau, dans toute sa largeur, et par suite à l'acquisition du droit de pêche, qui en est la conséquence (3).

138. Le droit de *pâture* est une véritable servitude ; car il est établi sur un fonds et au profit d'un fonds, ou, ce qui revient au même, au profit des bestiaux qui vivent sur ce fonds. Suivant M. Henrion de Pansey (4), la complainte est bien recevable pour la vive ou *grasse pâ-*

---

(1) Domaine public, t. iii, n° 998. — (2) Loi du 15 avril 1829, art. 5. — (3) Conf. MM. Troplong, Prescription, t. i, n° 203 ; Garnier, p. 414 ; Délime, n° 208. — (4) Compétence des juges de paix, chap. 43, § 5.

ture, qui consiste à faire consommer par les bestiaux des fruits susceptibles d'être récoltés, conservés et vendus ; mais il la refuse pour la *vaine pâture*, c'est-à-dire pour celle qui s'exerce sur les terres *hermes* ou *en pleins charmes*, en d'autres termes, sur les terres délaissées sans labour ou en friche. C'est de ce droit de vaine pâture que profitent les troupeaux des communes, et dont l'art. 648 du Code Napoléon permet aux propriétaires de se débarrasser en faisant clore leurs héritages. C'est précisément cette possibilité pour les propriétaires de soustraire par la clôture leurs fonds à la vaine pâture, que l'on met en avant pour soutenir que le droit de vaine pâture ne peut engendrer la complainte. Un droit qu'on peut à volonté se dispenser de souffrir n'est, dit-on, qu'une simple tolérance ; dès lors il ne peut fonder une possession utile ; dès lors la commune ne pourra pas intenter la complainte contre le propriétaire, qui, par exemple, repousserait son troupeau. Ce raisonnement ne nous paraît pas juste. De ce qu'un propriétaire peut, en se clôturant, se soustraire à la vaine pâture, il ne faut pas conclure à une simple tolérance de sa part. Encore lui faut-il se clore, condition devant laquelle il reculera souvent. On insiste, et l'on dit que la vaine pâture n'est pas une servitude, que c'est le résultat d'une convention originaire entre les premiers habitants de la commune, d'une espèce de société entre eux. La supposition d'une société pour la vaine pâture entre nos ancêtres est au moins fort invraisemblable, et nous ne nous compromettons pas beaucoup en donnant gain de cause à nos adversaires, s'ils peuvent produire un seul titre constatant une convention de ce genre. La preuve que le droit de vaine pâture est bien une servitude prédiale, c'est qu'il est attaché au fonds et non à la personne ; c'est que l'habitant de la commune, sa propriété remontât-elle à la dixième génération, perd son droit à la vaine pâture en vendant son héritage. La vaine pâture est donc une servitude, et de plus une servitude légale. C'est même sous la rubrique de ces sortes de servitudes que le Code en fait mention. Or nous avons vu que les servitudes légales, même discontinues, étaient susceptibles de devenir l'objet de l'action possessoire [131] (1).

---

(1) Conf. Belime, n°ˢ 269 et 270; MM. Troplong, Prescription, t. 1, n° 385; Gatbier, p. 307.

139. Nous nous sommes occupé de l'usage, tel qu'il est exposé dans les art. 625 et suivants du Code Napoléon [127]. Il nous reste à parler de droits d'usage d'une autre nature, des *droits d'usage dans les forêts*. Ce sont des servitudes constituées au profit soit des particuliers, soit des communes, et qui leur donnent le droit, soit de se faire délivrer annuellement une certaine quantité de bois de chauffage ou de construction, soit de faire paître des bestiaux dans la forêt, soit simplement de réclamer certains menus produits, comme le bois mort et le *mortbois*.

La question de savoir si l'action possessoire peut s'intenter à raison des droits d'usage dans les forêts, se rattache à celle de savoir si ces droits d'usage peuvent s'acquérir par prescription. Pour les bois de l'État, cette dernière question n'est pas douteuse; car d'après l'art. 61 du Code forestier, ceux-là seuls sont admis à exercer un droit d'usage quelconque dans les bois de l'État, qui ont fait reconnaître leurs droits, par décisions administratives ou judiciaires, avant la promulgation de ce Code, ou au plus tard, par suite d'instances engagées, dans les deux ans qui ont suivi cette promulgation. Mais aucune disposition semblable n'est intervenue pour les droits d'usage dans les bois des communes et des particuliers. Quelle est donc la nature de ces droits d'usage? Sont-ils des servitudes personnelles, des dérivations de l'usufruit, susceptibles, comme l'usage du Code, de devenir l'objet de l'action possessoire? Sont-ils au contraire de simples servitudes discontinues à raison desquelles la complainte ne pourra être intentée que lorsque la possession en sera colorée par un titre valable? Cette dernière opinion nous paraît la véritable. En effet, c'est presque toujours au profit d'une commune ou de ses habitants, c'est-à-dire d'un territoire, que les droits d'usage sont établis. Ce n'est pas pour l'utilité directe de la personne, car les usagers, en quittant la commune, perdent leurs droits d'usage. De plus l'usufruit et les droits qui en dérivent sont des droits viagers; les droits d'usage dans les forêts sont perpétuels. Nous considérerons donc les droits d'usage dans les forêts comme de simples servitudes discontinues, susceptibles de la prescription et de l'action possessoire, seulement quand la possession en sera corroborée par un titre [134]. Quant aux droits d'usage dans les bois de l'État, sans doute ils ne peuvent s'acquérir par prescription; mais la nature de la possession n'est pas la cause de cette imprescriptibilité. Comme au contraire la possession de ces droits d'usage est toujours accompagnée d'un titre, elle pourra toujours être protégée par la complainte. Pour les droits d'usage en général, les procès-verbaux des délivrances faites aux usagers serviront de titres pour constater la possession. Après une année de possession régulière, les usagers auront la complainte, et réciproquement, après une année de non-exercice de l'usage, elle appartiendra au propriétaire de la forêt pour se faire maintenir dans la possession libre et franche de son fonds (1).

§ 3. — Des choses hors du commerce.

140. S'il est des biens dont les particuliers ne peuvent pas acquérir la propriété, il est clair qu'ils ne peuvent non plus en acquérir la possession juridique, la possession nécessaire pour prescrire et pour agir au possessoire. Telles sont les choses du domaine public, les routes, les rues, les places publiques, les ports, les fortifications, les rivières navigables ou flottables, les canaux, les édifices consacrés au culte (2). Ces biens ne sont pas susceptibles de propriété privée ; leur destination est exclusivement publique ; les faits de possession dont ils seraient l'objet ne sauraient faire naître une présomption contraire à cette destination. Ils ne sont donc susceptibles, en règle générale, ni de la prescription, ni de l'action possessoire. Occupons-nous en particulier de quelques-uns d'entre eux.

141. Les voies de communication sont de différentes sortes. Au premier rang il faut placer les routes impériales, les routes départementales, et les chemins de fer, qui leur sont assimilés. Leur destination publique exclut la prescription et l'action possessoire. Ainsi, quand même un particulier aurait usurpé une portion de route depuis plus d'une année, il ne pourrait en résulter pour lui aucune possession utile. Il en serait autrement, bien entendu, si une fois la route se trouvait déclassée ; car alors elle serait rentrée dans le commerce.

---

(1) Conf., Merlin, Quest. de droit, v° Pâture ; Henrion de Pansey, chap. 43, § 8 ; M. Garnier, p. 398 à 401 ; Troplong, Prescription, t. I, p. 400 à 407. Contr., Delime, n° 306. — (2) Code Nap., art. 539 et suiv.

Après ces grandes artères de la circulation publique, viennent les chemins communaux, propriété des communes. Ici une distinction est nécessaire. Une partie de ces chemins communaux, les plus importants d'habitude, peuvent être déclarés chemins vicinaux, et deviennent alors imprescriptibles (1). C'est aux préfets qu'il appartient de déclarer, par leurs arrêtés, la vicinalité des chemins, et d'en fixer définitivement les limites. La portion comprise entre les limites fixées par les arrêtés du préfet se trouve acquise au domaine public. Il devient dès lors impossible de posséder utilement aucune parcelle de ces chemins. Toutefois la possession antérieure que pouvaient avoir les riverains de portions de terrain occupées par le chemin déclaré depuis vicinal peut encore leur être utile. Elle leur servira pour la poursuite de l'indemnité qui leur est due à raison de leur expropriation. Dans ce but, ils pourront intenter l'action possessoire, et le jugement qui constatera leur possession servira de base à leur demande en indemnité. Il s'agit en effet de la possession d'une chose qui était encore dans le commerce (2).

Quant aux voies de communication d'un ordre inférieur qui n'ont pas été déclarées par le préfet chemins vicinaux, elles ne sont pas dans le domaine public; elles peuvent être l'objet de la prescription et de l'action possessoire; en effet, aucune loi ne les place hors du commerce, et la prescriptibilité est de droit commun, ainsi que la complainte. En pratique même ces chemins donnent lieu fort souvent à des contestations possessoires. La commune peut traduire devant le juge de paix les usurpateurs, et même, en cas de mauvais vouloir ou d'insouciance de l'autorité communale, tout contribuable inscrit au rôle de la commune peut obtenir du conseil de préfecture l'autorisation d'exercer l'action, de sorte que le jugement rendu soit opposable à la commune elle-même [153].

Les règles précédentes sur les routes et sur les chemins s'appliquent à leurs continuations dans l'intérieur des villes et villages, c'est-à-dire aux rues et aux places. Il faut s'en rapporter, à cet égard, au plan d'alignement dressé par l'autorité administrative.

142. Une grave difficulté se présente en cette matière. Si l'on agit

---

(1) Loi du 21 mai 1836, art. 10. — (2) Conf. Belime, nᵒ 226; M. Garnier, p. 382.

au possessoire à raison d'un immeuble qui peut-être fait partie du domaine public, que devra faire le juge de paix? Juger le possessoire? C'est peut-être appliquer l'action possessoire à des objets qui n'en sont pas susceptibles. Déclarer le caractère public de l'immeuble? C'est décider la question pétitoire, décider que l'immeuble appartient au domaine public, et non au particulier mis en cause; c'est excéder les pouvoirs d'un juge de paix. Il est donc arrivé que des juges de paix se sont déclarés incompétents. Mais ces décisions ont été cassées; la cour suprême a pensé que de deux choses l'une : ou bien, ce qui est fréquent, le caractère public de l'immeuble est évident, par exemple si le terrain dont un particulier se prétend possesseur rentre dans les limites fixées par le préfet pour un chemin vicinal; le juge de paix doit alors repousser purement et simplement l'action possessoire; ou bien le caractère public de l'immeuble est douteux; dans ce cas le juge de paix doit sans doute éviter de définir dogmatiquement ce caractère, de manière à préjuger la question de propriété; ce serait cumuler le possessoire avec le pétitoire, mais il ne doit pas pour cela se déclarer incompétent; il décidera la question de possession d'après les faits qui lui ont été soumis, sauf au juge du pétitoire à déclarer plus tard si l'objet est ou non dans le commerce, et à vider la question de propriété en conséquence. Provisoirement le possesseur annal sera maintenu [164] (1).

143. Les rivières navigables ou flottables, les canaux servant à la navigation et tous les cours d'eau, naturels ou artificiels, qui font partie du domaine public, ne sont pas plus susceptibles de possession que de propriété privée. Leur importance, au point de vue du commerce et de l'intérêt général, les a fait placer sous la surveillance spéciale du pouvoir administratif, et c'est lui, comme pour les chemins de fer et les grandes routes, qui s'est chargé de réprimer les entreprises dont ils pourraient être l'objet. Ces entreprises seront rares, du reste, par la nature même des choses; l'utilité publique compromise attirerait immédiatement sur elles l'attention de l'autorité.

Toutefois, il peut arriver, en fait, qu'une entreprise pareille, une prise d'eau par exemple, ait eu lieu. La question est de savoir si celui qui jouit ainsi d'une prise d'eau sur une rivière navigable ou flottable

---

(1) Conf. Bellime, n° 239; cass., 4 décembre 1833, 25 juillet 1837, 25 février 1840.

pout agir au possessoire contre ses voisins qui la lui disputeraient. Il n'y aurait pas de question s'il était intervenu une concession formelle de l'administration ; la chose aurait alors passé dans le domaine privé. Mais nous supposons seulement que l'administration ne réclame pas : faut-il, avec M. Bolime (1), voir dans ce silence une autorisation tacite? Cette présomption nous semble inadmissible en présence de l'art. 644 du C. Nap., qui défend formellement les prises d'eau sur les rivières dépendant du domaine public. Il nous semble qu'il y a là une possession délictueuse qui ne peut baser ni la complainte, ni aucun droit pour le délinquant [118].

144. Quant aux cours d'eau qui ne font point partie du domaine public, c'est-à-dire, quant aux rivières non navigables ni flottables et quant aux simples ruisseaux, ils peuvent fort bien, ainsi que les étangs, mares, puits et citernes, devenir l'objet de l'action possessoire. Elle leur serait applicable, quand même la loi ne l'aurait pas dit ; car nous ne devons voir là que des applications spéciales de la complainte et de la réintégrande ; mais le législateur a pris soin de s'expliquer. Le décret du 24 août 1790 attribuait spécialement aux juges de paix la connaissance des entreprises sur les cours d'eau servant « à l'arrose-« ment des prés. » La rédaction de la loi de 1790 avait le tort de pou-voir faire considérer cette attribution comme limitative ; mais la juris-prudence étendait déjà la compétence du juge de paix aux entreprises sur les autres cours d'eau, notamment à ceux qui dépendaient d'éta-blissements industriels. Dans ce dernier cas, on aurait pu croire la compétence du juge de paix exclue par celle de l'autorité administra-tive, qui seule a le droit d'autoriser la construction des usines et l'exé-cution des travaux nécessaires à leur roulement. On pouvait croire que l'administration seule devait connaître de toutes les contestations qui peuvent survenir à la suite de concessions par elle accordées. Mais l'art. 6-1° de la loi du 25 mai 1838 a généralisé la disposition de la loi de 1790, en donnant au juge de paix la connaissance « des entre-« prises commises dans l'année sur les cours d'eau servant à l'irriga-« tion des propriétés et au mouvement des usines et moulins. »

Les entreprises sur les cours d'eau peuvent être de différentes na-

____

(1) N° 243.

tures. Ainsi il y aura lieu à la complainte si celui dont un cours d'eau borde l'héritage le détourne de son cours, de manière à empêcher ses voisins d'en jouir ; si celui dont un cours d'eau traverse l'héritage ne le rend pas à sa sortie aux propriétaires inférieurs ; si les propriétaires inférieurs établissent des barrages qui font refluer les eaux sur les fonds supérieurs (1) : dans tous ces cas, le possesseur annal a le droit de se plaindre.

Non-seulement les cours d'eau qui ne sont ni navigables ni flottables ne font point partie du domaine public, mais ils ne dépendent même pas, selon nous, du domaine de l'État ; ils appartiennent aux riverains, et c'est aux riverains à intenter la complainte contre les auteurs d'entreprises sur les cours d'eau ; par exemple, contre ceux qui se mettraient sur le pied d'y venir couper des herbes ou d'en extraire du sable.

145. Les entreprises sur les cours d'eau servant au mouvement des usines et moulins peuvent se concevoir de deux manières : ou bien elles sont commises par des tiers au préjudice des propriétaires de l'usine, ou bien elles sont commises par les maîtres d'usines au préjudice des tiers.

Le propriétaire d'usine qui se plaint d'une entreprise sur le cours d'eau dont il jouit doit avoir été légalement autorisé par l'administration. Faute de cette autorisation, l'établissement même de l'usine est un délit, et la possession qui en résulte ne peut produire aucun effet juridique. Mais dans la plupart des cas l'établissement aura été autorisé ; la possession du cours d'eau existera depuis un an au moins, et il y aura lieu à une action possessoire qui sera portée devant le juge de paix.

Il peut arriver, au contraire, que les propriétaires riverains se plaignent des travaux ou innovations exécutés par le propriétaire de l'usine. Le juge de paix doit-il connaître de leurs demandes comme il connaît de celles qui peuvent être formées contre eux ? Ici la question présente plus de difficultés. Nous croyons qu'il faut faire une nouvelle distinction, suivant que l'établissement aura été ou non régulièrement autorisé.

---

(1) Code Nap., art. 640 et 644.

Si l'établissement de l'usine a eu lieu sans autorisation, le juge de paix peut, comme dans tout procès possessoire, ordonner la destruction des travaux par lesquels la propriétaire de cette usine a porté atteinte à la possession de ses voisins. M. Proudhon (1) est d'une opinion contraire ; il ne s'inquiète pas de la question de savoir si les travaux ont été autorisés ou non ; il pense que l'administration, « pouvant seule « approuver, doit seule aussi pouvoir improuver ; » il ne donne aux tribunaux ordinaires que le droit d'accorder des dommages-intérêts aux particuliers à qui les travaux ont causé du préjudice. Mais il nous semble que des travaux faits sans autorisation n'ont aucun caractère d'utilité publique, qu'ils ne sont pas sous la protection de l'administration, et que les juges de paix n'empiètent aucunement sur ses droits, en ordonnant, dans l'année, la destruction d'ouvrages qui lui sont complétement étrangers.

Quand au contraire les travaux ont été autorisés par l'administration, le tribunal ordinaire qui ordonnerait la destruction se mettrait en contradiction avec l'autorité administrative. On dit bien qu'il ne peut dépendre de l'administration de créer des servitudes entre particuliers, celle par exemple d'avoir son héritage inondé par l'eau d'une usine, que ces sortes de troubles rentrent dans le domaine privé, et doivent être réprimés par le juge de paix ; que l'administration du reste n'accorde jamais ses autorisations que « sous la réserve des droits des « tiers. » Nous croyons qu'il faut voir dans une usine un établissement d'utilité générale, dans l'autorisation de travaux qui nuisent aux tiers une sorte d'expropriation pour cause d'utilité publique. Les propriétaires lésés ont droit sans doute à une indemnité que fixeront les tribunaux civils ; ils pourront donc très bien intenter l'action possessoire, mais seulement pour faire constater leur possession annale et obtenir des dommages et intérêts. Il ne peut pas dépendre du juge de paix d'ordonner la destruction de travaux souvent considérables, que les propriétaires d'usines font exécuter à grands frais, sous la foi d'une autorisation régulière, et qui sont souvent une source de vie pour toute la contrée. Ce que l'administration entend, quand elle réserve les droits des tiers, c'est que les tiers seront indemnisés ; mais à elle seule appar-

---

(1) Domaine public, t. iv, n° 1185.

tient le droit d'autoriser ou de prohiber les travaux. C'est sans doute ce qu'a entendu aussi l'art. 6 de la loi du 25 mai 1838, établissant la compétence du juge de paix, « sans préjudice des attributions de « l'autorité administrative, dans les cas déterminés par les lois et par « les règlements (1). »

146. De nombreuses conséquences peuvent être tirées du principe que les tribunaux ordinaires ne peuvent se mettre en contradiction avec l'autorité administrative. Ainsi le propriétaire du sol sous lequel une mine a été concédée ne peut agir en complainte à raison des détériorations qu'éprouverait son fonds par le fait du concessionnaire de la mine, car l'exploitation d'une mine ne peut avoir lieu qu'en vertu d'un acte administratif. La complainte serait recevable, au contraire, si le concessionnaire faisait travailler ses ouvriers en dehors des limites tracées par l'acte de concession. Mais s'il y avait doute sur ces limites, c'est encore à l'autorité administrative qu'il faudrait recourir, car il s'agirait alors de l'interprétation de l'acte de concession. Quant au concessionnaire qui serait troublé dans la possession de sa mine, il pourra ou non agir au possessoire, suivant que la connaissance du trouble est ou non étrangère à cette interprétation (2).

147. Un bien déclaré par la loi inaliénable et imprescriptible peut cependant être l'objet de l'action possessoire. Sans doute les caractères de la possession pour agir au possessoire doivent être les mêmes que ceux de la possession pour prescrire. Mais il ne suit pas de là que la prescription et l'action possessoire soient inséparables et se conçoivent pas l'une sans l'autre. Certains biens sont, par leur nature même, incapables d'être possédés, comme les biens du domaine public, voués à un usage universel qui exclut toute possession individuelle. L'aspect même des routes, des fleuves, des ports, doit montrer aux moins clairvoyants l'impossibilité de posséder ces biens. Il en est autrement de diverses sortes de biens qui ont été déclarés imprescriptibles, et qui cependant conservent l'apparence, les caractères extérieurs des choses

---

(1) Conf. M. Garnier, p. 323; Bellme, n° 251; voir aussi un arrêté du conseil d'État du 18 juillet 1838, faisant parfaitement ressortir la distinction à établir entre la question de l'existence des travaux et la question de l'indemnité. — (2) Conf. M. Garnier, p. 355; loi du 21 avril 1810.

privées. Tels sont les biens du domaine de la couronne ou de la liste civile, déclarés inaliénables et imprescriptibles (1). Un motif de faveur a fait décréter leur inaliénabilité et leur imprescriptibilité. Il n'en est pas moins vrai qu'on peut les acheter par erreur et les posséder de bonne foi. Cette possession, sans doute, ne conduira jamais à la prescription ; mais elle n'a pas été dépouillée de ses autres effets : le possesseur de bonne foi gagnera les fruits ; le possesseur annal aura l'action possessoire pour se faire maintenir. L'action possessoire lui sera inutile, dit-on, parce qu'il succombera nécessairement au pétitoire. Mais n'aura-t-il pas toujours intérêt à intenter la complainte, sinon contre le propriétaire, du moins contre les tiers (2) ?

Les mêmes principes s'appliquent aux biens de l'Etat et des communes, qui ne font pas partie du domaine public, et qui cependant ne peuvent être aliénés qu'en vertu d'une loi. Ils s'appliquent aussi aux immeubles dotaux et aux biens des mineurs, que les art. 1561 et 2252 du Code Napoléon déclarent imprescriptibles.

CHAPITRE IV.

De la procédure des actions possessoires.

148. D'après l'art. 3-2° du Code de procédure civile, les actions possessoires doivent être portées devant le juge de paix de la situation de l'objet litigieux. La procédure des actions possessoires est la même que celle des autres actions de la compétence du juge de paix. Cependant nous devons insister sur certains points qui sont particuliers aux matières possessoires, et qui méritent spécialement d'attirer l'attention. Ce sont : 1° la capacité nécessaire pour plaider au possessoire ; 2° l'annalité de l'exercice de l'action ; 3° la prohibition de cumuler le possessoire et le pétitoire ; 4° la preuve en matière possessoire ; 5° l'effet des jugements rendus sur la possession.

____

(1) Édits de 1539 et de 1566 ; sén.-cons. du 30 janvier 1810 ; lois des 8 octobre 1814 et 2 mars 1832 ; sén.-cons. du 12 décembre 1852. — (2) Conf. Belime, n°ˢ 252 à 254. Contr., Garnier, p. 225.

149. Nous avons vu que le droit d'agir au possessoire appartient, en règle générale, à tous ceux qui sont en possession légale d'un droit réel immobilier. Mais toutes les personnes individuelles ou morales ne sont pas également capables d'exercer les droits qui leur appartiennent. Voyons quelle capacité spéciale exige l'exercice de l'action possessoire.

L'exercice de l'action possessoire est un acte d'administration. Il entre, en effet, dans la sphère des fonctions d'un bon administrateur, de protéger contre les usurpations le bien qu'il est chargé d'administrer. C'est ainsi que l'art. 1988 du Code Napoléon n'excepte du mandat général d'administrer que les actes d'aliénation, d'hypothèque, ou tout autre acte de propriété. Sans doute on peut dire que celui qui agit au possessoire s'expose à perdre son procès, et qu'en succombant au possessoire il compromet le sort de la propriété. Mais ne le compromettrait-il pas bien plus sûrement en laissant acquérir tranquillement à l'adversaire le bénéfice de la possession annale? Certes ce serait là pour un mandataire une triste manière d'entendre les intérêts de son mandant. Du reste, il était déjà reconnu, du temps de Pothier, que le pouvoir d'administrer emporte celui d'agir au possessoire, et c'est aujourd'hui l'opinion générale (1).

Parcourons les principales applications de cette règle.

150. Le mineur et l'interdit ne peuvent intenter les actions possessoires, pas plus que les autres actions; mais pour le mineur le père administrateur ou le tuteur, pour l'interdit le tuteur, agiront en complainte ou en réintégrande; et le tuteur n'aura pas besoin d'être autorisé par le conseil de famille, car l'art. 450 du Code lui donne l'administration, et si l'art. 464 lui défend d'introduire sans autorisation une action relative aux droits immobiliers du mineur, cet article ne peut parler que d'actions intéressant le fond du droit, et non pas de mesures conservatoires.

Le mineur émancipé est capable de tous les actes d'administration,

---

(1) Pothier, Mandat, nos 150 et suiv.

il intentera donc l'action possessoire sans l'assistance de son curateur; mais la personne pourvue d'un conseil judiciaire ne pourra agir au possessoire sans l'assistance de ce conseil, car, quoique capable de la plupart des actes d'administration, elle ne peut plaider sans être assistée (1).

Les personnes qui ont la capacité nécessaire pour poursuivre au possessoire, peuvent, à plus forte raison, y défendre.

151. Sous le régime de la communauté, le mari est administrateur des biens de la communauté et de ceux de sa femme; il agira donc au possessoire au nom de sa femme et au nom de la communauté. Il exercera également les actions possessoires de sa femme sous le régime sans communauté; mais en cas de séparation de biens, la femme a l'administration de son patrimoine; elle exercera donc elle-même ses actions possessoires, sauf à se munir de l'autorisation maritale qui lui est nécessaire pour ester en justice.

Sous le régime dotal, l'action possessoire sera intentée par le mari pour les biens dotaux, et par la femme elle-même, autorisée de son mari ou de justice, pour les biens paraphernaux (2).

152. Toujours par le même motif, que le pouvoir d'administrer comprend celui d'agir au possessoire, l'action possessoire sera exercée par l'administrateur nommé pour gérer les biens d'un absent, et par les envoyés en possession provisoire (3). En effet, l'art. 128 du Code défend seulement à ces derniers d'aliéner et d'hypothéquer les biens de l'absent;

Par l'héritier bénéficiaire et le curateur à succession vacante, pour les biens de la succession (4);

Pour les biens dépendant d'une société civile, par celui des associés qui est chargé de gérer, ou, si aucun n'a reçu cette mission spéciale, par chacun des associés; pour les biens dépendant d'une société commerciale, si elle est en nom collectif ou en commandite, par les associés chargés de gérer; si elle est anonyme, par ses administrateurs (5);

---

(1) Cod. Nap., art. 484 et 513. — (2) Code Nap., art. 1421, 1428, 1531, 1449, 1536, 215, 1549, 1576.—(3) Code Nap., art. 112 et 125.—(4) Code Nap., art. 803, 813 et 814. — (5) Code Nap., art. 1856 et suiv.; Code de comm., art. 20, 23 à 27, 31.

Pour les biens d'un failli, par les syndics, car ils administrent pour le failli, qui est dessaisi de l'administration de ses biens (1); et même, pour les biens d'un débiteur non commerçant, l'action possessoire pourra être exercée par ses créanciers, car ils peuvent, en vertu de l'art. 1166, exercer les actions de leur débiteur pour la conservation de leurs droits; c'est d'après ce principe que le fermier ou locataire, incapable par lui-même d'intenter la complainte, pourra se faire autoriser à l'intenter au nom de son bailleur; celui-ci doit, en effet, lui fournir une jouissance paisible, et, à ce titre, est son débiteur [114, 128].

L'action possessoire peut être intentée par l'héritier qui n'a pas encore accepté, sans qu'on puisse voir là de sa part un acte de maître emportant acceptation, car c'est là un acte éminemment conservatoire (2); elle est aussi intentée valablement par l'héritier apparent (3).

153. Les actions possessoires relatives au domaine de l'Etat seront exercées par le préfet du département (4); celles qui touchent aux biens de la liste civile et du domaine privé, par les administrateurs de ces biens (5); celles qui touchent aux biens des communes, par le maire, sans qu'il ait besoin, comme autrefois, de l'autorisation préalable du conseil de préfecture (6); celles qui touchent aux biens des départements, par le préfet, sans qu'il soit besoin de délibération préalable du conseil général, ni d'autorisation du conseil d'Etat. Les adversaires des communes et des départements sont dispensés, quand il s'agit d'un simple procès au possessoire, de l'obligation d'adresser un mémoire au préfet, pour lui exposer l'objet et les motifs de leurs réclamations, comme ils doivent le faire pour toutes les autres actions (7).

Pour les biens des hospices, fabriques et autres établissements publics, l'action possessoire est intentée par ou contre les fonctionnaires chargés de la direction de ces établissements.

Tout contribuable inscrit au rôle de la commune a même le droit

---

(1) Code de comm., art. 443, 490. — (2) Code Nap., art. 778 et 779. — (3) Code Nap., art. 132, 134, 138. — (4) Code de procéd., art. 69-1°. — (5) Loi du 2 mars 1832 dérogeant à l'art. 69 du Code de proc.— (6) Code de proc., art. 69-5°; loi du 18 juillet 1837, art. 55. — (7) Loi du 10 mai 1838, art. 36 et 37.

d'exercer, à ses frais et risques, avec l'autorisation du conseil de préfecture, les actions qu'il croirait appartenir à la commune, et que la commune aurait négligé d'exercer ; mais il n'y a plus ici de dispense d'autorisation préalable, même pour les actions possessoires (1).

§ 2. — De l'annalité de l'action.

154. Toute action possessoire doit être intentée dans l'année du trouble ou de la spoliation. Après l'année, le possesseur est déchu de son action ; c'est ce qui résulte des termes formels de l'art. 23 du Code de procédure. Cette condition ne fait pas double emploi avec celle de la possession annale. En exigeant l'annalité de la possession, le législateur a voulu montrer qu'une possession d'une durée respectable lui paraissait seule digne d'être protégée. En restreignant dans un délai d'un an l'exercice de l'action possessoire, il a été préoccupé de cette idée, que les faits qui constituent soit la possession, soit le trouble, doivent toujours être assez récents pour que le juge de paix les apprécie en connaissance de cause. Supposez une suite d'usurpateurs qui se succèdent, sans qu'aucun d'eux parvienne jamais à la possession annale : il faudra recourir jusqu'à une date fort reculée pour trouver le véritable possesseur. L'annalité de l'action fait disparaître tous ces embarras. Il y a aussi cette raison, qu'après un certain temps écoulé la non-réitération du trouble fait bien voir que l'agresseur n'élève plus aucune prétention à la possession ; s'il s'agit d'une spoliation, le spolié montre, en ne réagissant pas immédiatement contre la violence, qu'il reconnaît le droit de son adversaire.

155. L'origine historique de l'annalité de l'action, comme celle de l'annalité de la possession, est assez obscure. Ce délai d'un an n'a été adopté qu'après de nombreux tâtonnements. La jurisprudence des *Olim* semble laisser le délai à l'appréciation du juge. Les assises de Jérusalem adoptèrent un délai de quarante jours, très commun dans le droit féodal [63]. Mais c'est le délai d'une année que nous trouvons dans l'ancien coutumier de Normandie, et enfin dans Beaumanoir, à partir duquel il paraît avoir définitivement triomphé [65].

---

(1) Loi du 18 juillet 1837, art. 49.

Un savant professeur, dont le cours nous a été précieux pour nous diriger dans la partie historique de notre travail, voit deux raisons à l'établissement définitif du délai d'un an pour l'exercice de l'action. La première se trouverait dans une réminiscence des interdits romains, qui ne se donnaient que pendant un an à partir du trouble ou de la dépossession. Une autre raison se tire de l'autre annalité, de l'annalité de la possession. Les avantages de la possession s'acquérant au bout d'un an, il a dû paraître naturel de les faire perdre également après une année.

156. Le possesseur troublé qui aurait laissé passer l'année sans réclamer ne resterait pas pour cela sans ressources. Quand même il n'aurait plus à se plaindre de nouvelles entreprises de la part de l'auteur du trouble, il peut encore avoir un grand intérêt à agir; le trouble lui a peut-être occasionné des pertes considérables, l'a privé de ses récoltes, a endommagé ses bâtiments. Alors il lui restera, même après l'année du trouble, l'action générale en dommages et intérêts, qui résulte des art. 1382 et 1383 du Code Napoléon; cette action sera portée devant le juge de paix lui-même, ou devant les tribunaux civils, suivant l'importance de la valeur réclamée. Le juge de paix sera toujours compétent, s'il s'agit de dommages aux champs, fruits ou récoltes (1). Mais il n'y a plus ici à faire preuve de possession annale.

Dans une foule de cas, la déchéance de l'action, après l'année du trouble, sera sans intérêt; car par le fait du trouble ou de la spoliation, suivis d'un silence d'une année de la part du possesseur troublé ou spolié, l'adversaire aura acquis la possession annale, et c'est à lui qu'appartiendra l'action possessoire.

157. Le délai de l'exercice de l'action n'est plus d'an et jour, comme autrefois, mais simplement d'une année [102]. Il court du jour du trouble. Si le trouble a duré un certain temps, s'il s'agit par exemple de constructions ou autres travaux, le délai courra du jour où les travaux ont commencé. C'est en ce jour qu'il a été élevé une prétention contraire à la possession du demandeur, c'est de ce jour que date véritablement le trouble.

---

(1) Loi du 25 mai 1838, art. 5-1°.

La loi prononce la déchéance de l'action sans faire aucune distinction. Le délai courra donc contre les mineurs, les interdits, les femmes mariées, les absents, l'État, les communes, les établissements publics et les autres incapables. Sans doute, d'après l'art. 2252, la prescription ne court pas contre les mineurs et interdits. Mais d'abord il ne s'agit pas ici d'une prescription, il s'agit d'une déchéance qui est absolue, d'une formalité de procédure qui est rigoureuse. Et quand même il s'agirait d'une prescription, cette prescription rentrerait dans la règle de l'art. 2278, d'après lequel les petites prescriptions courent contre les mineurs et interdits. Enfin la disposition du Code, qui empêche la prescription de courir contre les mineurs et interdits, est une disposition anormale, dangereuse, et ne doit pas être étendue au delà de ses limites. Du reste, dans l'ancien droit déjà le délai de l'annalité de l'action courait contre toutes personnes (1).

L'ignorance du trouble de la part du possesseur n'empêcherait pas non plus le délai de courir. Si la minorité, l'interdiction, l'insouciance du possesseur, pouvaient retarder indéfiniment le jugement des questions possessoires, le but du législateur, qui a voulu les faire trancher promptement, serait manqué. Le Code nous montre lui-même des cas où le possesseur peut être déchu de son action possessoire, malgré son ignorance du trouble. C'est bien ce que suppose l'art. 1768, qui oblige le fermier, sous peine de tous dommages et intérêts, à dénoncer immédiatement au propriétaire les usurpations commises sur le fonds (2).

§ 3. — Du cumul du possessoire et du pétitoire.

158. La règle fondamentale de la procédure en matière possessoire est celle qu'exprime l'art. 25 du Code de procédure, portant que « le « possessoire et le pétitoire ne seront jamais cumulés. »

Cette règle n'existait pas dans le droit romain : on pouvait parfaitement, à Rome, mener de front les deux instances possessoire et pétitoire. « *Nihil commune habet proprietas cum possessione, et ideo non*

---

(1) Charondas, sur l'art. 96 de la cout. de Paris; Duplessis, Actions, livre 1er; Bourjon, t. II, p. 313. — (2) Charondas, sur l'art. 96 de la cout. de Paris.

« *denegatur et interdictum uti possidetis qui cœpit rem vindicare ; non
« enim videtur possessioni renuntiasse qui rem vindicavit* (1). » Chez
nous, au contraire, on considère celui qui agit au pétitoire comme ayant
renoncé au rôle de défendeur et à la possession.

Le droit canonique dans lequel nous avons puisé la fameuse maxime
spoliatus ante omnia restituendus, commença à poser en principe que
la question de spoliation devait être vidée avant tout débat sur le fond.
Toutefois, il ne prohiba pas le cumul d'une manière absolue ; cette prohibition fut un bénéfice auquel la partie atteinte dans sa possession put
facultativement renoncer [60].

Les plus anciens jurisconsultes français proscrivirent le cumul, et
nous avons trouvé cette défense formulée dans le chapitre 32 de Beaumanoir. Selon lui, le demandeur en nouvelle dessaisine qui, au lieu
de prouver simplement sa possession d'an et jour, se met à alléguer
une possession de dix, vingt ans et plus, renonce par cela même à son
action possessoire et se condamne à ne plus plaider que sur la propriété. Boutheillier développe la même idée dans le chapitre 31 du
livre Ier de sa *Somme rurale*. « Item, » nous dit Jean Desmarres (2),
« si l'une des parties, en plaidant sa cause de nouvelleté, plaide sur la
« possession et sur la propriété ensemble, par ce elle confesse sa partie
« adverse estre en possession et la saisine de la chouse contentieuse, et
« que elle en ait joy, et par ce doit estre tenue et gardée en sa posses-
« sion et saisine, et doit joir de ladite chouse pendant le plaid, et
« semble que l'autre partie se départe de la possession ; car la cause de
« la possession doit estre traittié avant celle de la propriété. » Toutefois, avant que la matière du cumul eût été réglée par les ordonnances
royales, il arrivait fort souvent en fait, que le défendeur au possessoire recourait à l'action pétitoire afin de retarder le procès sur la possession. Il obtenait ensuite la permission de joindre les deux instances,
possessoire et pétitoire, de sorte que le trouble était interminable.

L'ordonnance de Montil-les-Tours, rendue en 1446, sous Charles VII,
vint remédier à cet abus : « Avons ordonné et ordonnons, » dit l'article 72, « que dorénavant ne soient baillées lettres en noz chancel-
« leries pour conduire le pétitoire et possessoire en matière de nou-

---

(1) Ulp., l. 12, § 1, *de poss.* — (2) Décision 300.

« velleté ensemble, et si par inadvertance aucunes lettres étaient oc-
« troyées au contraire, que les juges n'y obéissent en aucune manière,
« et voulons que les impétrants d'icelles soient punis d'amende arbi-
« traire. »

L'ordonnance d'Ys-sur-Tille, en 1535, sous François Ier, compléta
cette disposition : « La partie qui sera déchue du possessoire, » dit
l'art. 9 du chapitre 9, « ne sera reçue à intenter le pétitoire que préa-
« lablement elle n'ait payé et satisfait les frais et dépens auxquels elle
« aura été condamnée à cause dudit possessoire. »

L'ordonnance de 1667 sur la procédure reproduisit les mêmes
règles avec plus de détail; il demeura donc bien établi que l'intention
du législateur était de réprimer avant tout les voies de fait et de maintenir en possession, préalablement à tout examen de la question de
propriété, le possesseur troublé ou expulsé.

C'est cette même idée qui se trouve développée dans les art. 24 et
suivants du Code de procédure.

Le cumul a lieu de deux manières : 1° quand un même juge statue
à la fois sur le possessoire et sur le pétitoire; 2° quand le possessoire
et le pétitoire sont menés de front dans deux juridictions différentes.
Nous allons nous occuper successivement de l'une et de l'autre espèce
de cumul.

159. Il y a, dans un seul et même procès, contravention à la prohibition du cumul quand, d'une manière ou d'une autre, le juge du
possessoire statue sur une question de propriété, ou le juge du pétitoire
sur une question de possession, c'est-à-dire quand le jugement possessoire préjuge la question pétitoire, et réciproquement.

Il peut très bien se faire que le cumul ait lieu par la faute de la partie
plutôt que par celle du juge. C'est ce qui arrive si les conclusions de
la citation portent sur le fond du droit, sur la propriété, et non sur la
possession. Le juge ne peut, en effet, statuer que sur les conclusions
du demandeur. En présence de conclusions tendant à obtenir la propriété, il doit se déclarer incompétent. Mais si le demandeur a conclu
en même temps à la possession et à la propriété, il suffira au juge de
paix de rejeter le chef concernant la propriété, et de statuer ensuite
sur la possession. De cette façon, le jugement ne sera pas entaché de
cumul.

Du reste, comme le dispositif des jugements passe seul en force de chose jugée, nous croyons que le cumul n'aurait pas lieu par cela seul que, dans les motifs de son jugement, le juge de paix aurait déclaré que le demandeur a fait preuve, non-seulement de sa possession, mais de sa propriété. *Utile per inutile non vitiatur.* Il en serait de même si, au lieu de se baser sur une possession annale, le juge se basait sur une possession immémoriale (1).

160. Il y aura encore cumul si, même en statuant sur la possession seule, le juge du possessoire base sa décision sur des motifs exclusivement tirés du fond du droit. Ce n'est plus là, en effet, juger le possessoire ; ce n'est plus apprécier des faits de possession. L'art. 24 du Code de procédure montre bien l'intention du législateur à cet égard, quand il défend de faire porter l'enquête sur le fond du droit.

Cette règle est très simple en apparence, mais elle se complique singulièrement dans certains cas. Sans doute, il est clair que le juge cumulera le pétitoire et le possessoire en adjugeant la possession à un demandeur qui, sans établir aucun fait de possession, se borne à produire les titres qui lui attribuent la propriété du fonds litigieux. Mais en parcourant quelques exemples nous verrons que bien souvent la solution de la question de possession est subordonnée nécessairement à l'appréciation des titres ou même à l'examen de questions de droit.

161. Ainsi, un demandeur en complainte prouve sa possession annale ; mais le défendeur soutient que cette possession est précaire. La possession précaire est celle qui a commencé à s'exercer au nom d'autrui ; le défendeur prouvera donc la précarité en produisant le titre d'un bail passé au demandeur. Voilà un premier cas où la décision d'une question de possession entraîne l'examen des titres (2).

Ou bien deux personnes différentes ont acheté le même bien d'un même vendeur ; aucun des acheteurs, Pierre et Paul, n'a encore la possession annale ; Pierre agit en complainte contre Paul, qui le trouble dans sa possession ; Paul soutient être le véritable possesseur ; la victoire doit rester à celui qui a succédé à la possession du vendeur ; car celui-là seul peut, en joignant la possession de son auteur à la sienne,

---

(1) Conf. MM. Chauveau sur Carré, Lois de la proc., t. 1, n° 123 ; Bellme, n° 445. —
(2) MM. Carré et Chauveau, Lois de la proc., t. 1, n° 101 bis.

présenter la condition d'annalité ; mais pour savoir qui a succédé à la possession du vendeur, qui par conséquent de Pierre ou de Paul est le véritable possesseur, il faut juger préalablement qui est le véritable acheteur, examiner les titres de vente et décider une question pétitoire. Le juge de paix pourra-t-il entrer dans cet examen sans enfreindre les règles du cumul (1) ?

Voici un autre exemple cité par Toullier (2) : J'ai vendu à Caïus la Ville-Marie pour une somme de............ qu'il m'a payée comptant. Mais cet acte est nul en la forme ; par exemple le notaire n'était assisté que d'un témoin, et je n'ai pas signé l'acte. Caïus voulant se mettre en possession de fait, je forme contre lui une demande en complainte. Il répond qu'il ne fait qu'user de son droit, puisque je lui ai vendu la Ville-Marie suivant un titre qu'il me représente. Je réplique que le contrat est nul. Si ce titre est valable, Caïus a pu joindre sa possession à la mienne, et il triomphera dans l'action en complainte. Si le titre est nul, Caïus n'ayant pu encore, comme nous le supposons, atteindre à la possession annale, succombera nécessairement, et je serai maintenu dans ma possession. Le juge de paix peut-il, sans cumuler le possessoire avec le pétitoire, examiner préalablement cette question de la validité du titre et motiver sa décision en conséquence ?

Voici enfin un cas qui se présente très fréquemment : il s'agit des servitudes discontinues, qui ne peuvent, comme nous l'avons vu, devenir l'objet de l'action possessoire, qu'autant que l'exercice s'appuie sur un titre. La validité de ce titre peut être contestée, et cependant c'est à cette validité qu'est subordonnée la recevabilité de la complainte [134]. Le juge de paix, en motivant son jugement sur la validité du titre, cumulera-t-il le possessoire et le pétitoire ?

Sur le parti à prendre par le juge de paix en présence de difficultés pareilles, il existe trois systèmes différents.

162. Le premier parti consisterait, sur une question dont la solution dépend de l'examen de la validité des titres, à se déclarer purement et simplement incompétent. Ce système nous paraît peu soutenable. D'abord, c'est le juge de paix qui est chargé spécialement de statuer sur les actions possessoires ; s'abstenir serait un véritable déni

---

(1) Henrion de Pansey, chap. 41 ; Belime, n° 454. — (2) T. VII, p. 622, et Belime, n° 456.

de justice ; les conclusions du demandeur ne concernent que le possessoire ; sa demande est compétemment formée ; refuser de la juger, ce
serait dire qu'elle a été mal à propos intentée , ce serait mettre les frais
à la charge d'une partie qui est dans son droit. D'ailleurs ce serait re-
tomber dans l'inconvénient du cumul , qu'on veut éviter ; car on entend
sans doute faire statuer le tribunal civil sur le possessoire et sur le pétitoire. Aussi, ce système est-il généralement abandonné par les auteurs
et par la jurisprudence.

163. Un second parti, énergiquement soutenu par M. Belime (1),
consisterait, pour le juge de paix, à renvoyer les parties devant le
tribunal civil, afin de faire juger préalablement la question de validité
des titres, mais à ne pas se dessaisir de l'action possessoire régulièrement formée. De cette manière, dit M. Belime, tout est concilié, puisque le juge de paix ne se dessaisit pas d'un procès qui est de sa compétence et qu'il ne statue pas sur une question par l'examen de laquelle
cette compétence serait excédée. La validité des titres sera appréciée par
le juge du pétitoire, et les parties reviendront ensuite faire statuer sur
le possessoire par le juge de paix.

Mais cette marche ne semble-t-elle pas bien anormale ? Car une fois
le pétitoire fixé, les parties n'auront plus grand intérêt à faire juger le
possessoire. Sans doute le possessoire contiendra encore une question
de dommages et intérêts ; mais cet intérêt sera, la plupart du temps,
trop minime pour que les parties fassent les frais d'un nouveau procès.
Le possessoire n'aura donc pas été jugé, et le but de la loi sera manqué.
Et puis, quand même les parties se détermineraient à mener à fin successivement les deux procès, n'est-ce pas un principe que le possessoire
doit toujours précéder le pétitoire ? Et ce principe ne se trouverait-il
pas renversé ?

La doctrine de nos adversaires conduit, en outre à un arbitraire
étonnant : c'est seulement quand le titre sera sérieusement contesté,
disent-ils, que le juge de paix devra renvoyer au tribunal civil la
question préjudicielle de validité ; s'il y a évidence, ou si la contestation
paraît dictée par un pur esprit de chicane, il devra prononcer, sans
hésiter, la maintenue au possessoire. Nous demanderons qu'on nous

<hr>

(1) Nos 450 et suiv.

indique là limite où s'arrête l'évidence et où commence la nécessité du renvoi devant le tribunal civil. La distinction entre les cas évidents et ceux qui ne le sont pas montre seulement que nos adversaires reculent devant les conséquences de leur système.

164. L'inconvénient de l'arbitraire laissé au juge de paix, celui de faire précéder le possessoire par le pétitoire, celui d'engager les parties dans des frais inutiles, disparaissent, à notre avis, si l'on adopte le troisième système, qui consiste, pour le juge de paix, à retenir le jugement de la cause possessoire dont il a été compétemment saisi, et à statuer sur la possession, tout en entrant dans l'examen de la question pétitoire autant qu'il le faut pour s'éclairer sur la possession. « Alors, » dit M. Henrion de Pansey, « ce n'est pas un titre qu'il « applique, c'est un indicateur qu'il consulte ; ce n'est pas le péti- « toire qu'il juge, c'est le possessoire qu'il éclaire ; il ne contrevient « donc pas à la loi qui défend de cumuler le pétitoire et le posses- « soire (1). » Et non-seulement le juge de paix, pour baser sa convic- tion, doit examiner les titres, mais il a le droit d'en apprécier la valeur. Il est clair qu'il ne peut obéir aveuglément à la lettre d'un titre, sans s'inquiéter seulement si ce titre est valable ou nul. « Si le juge a le « droit de consulter les titres pour asseoir son jugement, par là même « ne lui appartient-il pas d'apprécier la valeur de ces titres ?...... « Absolument de la même manière qu'il apprécierait la moralité d'un « témoin avant d'asseoir aucun jugement sur son témoignage ? Nous ne « voulons pas dire qu'il prononcera la nullité........ Il jugera de la « valeur des titres en tant qu'ils sont titres de possession, et il ne s'en « occupera pas en tant qu'ils sont titres de propriété. Ainsi, la ques- « tion de propriété demeurera toujours entière (2). »

On dira bien que le juge de paix est radicalement incompétent pour connaître d'un titre de propriété immobilière. Mais encore une fois, il ne statue pas ici sur le pétitoire ; il cherche dans les titres, comme il pourrait chercher partout ailleurs, les éléments de sa conviction. L'opinion qu'il a pu se former de ces titres ne préjuge en rien la question pétitoire. M. Belime déclare qu'on ne peut ordonner au juge

---

(1) Compétence des juges de paix, chap. 41. — (2) Carré et Chauveau, Lois de la proc., t. 1, n° 101 bis.

de paix de se former une demi-conviction, de rendre une demi-justice, de se déterminer par une simple apparence. Ces arguments nous paraissent plus spécieux que réels. C'est bien une conviction tout entière, que doit se former le juge de paix sur le titre , afin de statuer au possessoire ; et quoique ce titre ne doive lui servir à prononcer que sur la possession, il doit mettre à l'apprécier convenablement ses soins et sa peine, et de cette manière il ne rendra pas une demi-justice, mais la justice aussi parfaite qu'il est donné à toute intelligence humaine de l'entrevoir. Il ne jugera pas sur une simple apparence, mais d'après les raisons les plus décisives qu'il aura pu réunir. Maintenant, on ne saurait trop répéter que l'opinion du juge de paix sur les titres n'est qu'à fins possessoires, qu'elle ne rentre pas dans le dispositif du jugement, mais seulement dans ses motifs, que par conséquent elle ne présentera nullement le caractère de la chose jugée , quand , après avoir vidé le débat sur la possession, les parties viendront agiter leurs droits au pétitoire.

Ce système nous semble seul conforme aux intentions du législateur. N'a-t-on pas voulu en effet, en attribuant les actions possessoires aux juges de paix, que les questions de troubles fussent jugées, que les voies de fait fussent réprimées d'une manière expéditive ? et ne perdrait-on pas de vue le vœu de la loi en engageant les parties dans des procédures longues et coûteuses pour de simples questions préjudicielles ?

Les mêmes principes s'appliqueraient dans des affaires possessoires où, sans qu'il soit question de titres, le juge de paix se trouve amené à examiner préjudiciellement une question pétitoire. C'est ce qui arrivera par exemple, si mon voisin, poursuivi par moi en trouble, pour avoir exhaussé le mur qui nous sépare, allègue que ce mur est légalement mitoyen. Il faudra de toute nécessité que le juge de paix, afin de se mettre à même de décider la question de trouble, s'éclaire sur la question de mitoyenneté, ce qui n'empêchera pas plus tard le juge du pétitoire de décider, contrairement à l'opinion qui a dicté le jugement possessoire, qu'il y a ou qu'il n'y a pas mitoyenneté (1).

105. Nous venons de voir qu'il y a cumul quand le juge décide à

---

(1) La jurisprudence, sur ces grandes questions, est loin d'avoir toujours été constante. En faveur du deuxième système, la cour de cassation a rendu les arrêts des 17 mars 1810

la fois sur le pétitoire et sur le possessoire. Cette règle du reste eût pu être suppléée, même en l'absence de l'art. 24 du Code de procédure; car le juge de paix, qui est compétent pour juger les questions de possession, ne l'est pas pour juger les actions immobilières en revendication; et réciproquement le tribunal civil, compétent sur le pétitoire, ne l'est pas pour connaître des questions possessoires autrement qu'en appel. Aussi le Code de procédure ne donne-t-il aucun détail sur cette première partie de la règle. Mais l'interdiction du cumul a encore un autre sens : le possessoire et le pétitoire ne peuvent être jugés ensemble, même dans deux tribunaux différents. Le législateur, toujours préoccupé de l'idée qu'avant tout les voies de fait doivent être réprimées et le possesseur légal maintenu, a voulu que le possessoire précédât toujours le pétitoire, et il a développé ce principe dans les art. 25 et suivants du Code de procédure.

Ainsi, tant que la question possessoire sera pendante, soit en première instance devant le juge de paix, soit en appel devant le tribunal civil, il ne sera pas permis, même devant les juges compétents, de plaider sur le pétitoire. Quand le débat sur la possession sera vidé, alors seulement il sera possible d'ouvrir le débat sur la propriété.

Parcourons les divers cas d'application de cette seconde partie de la règle.

166. « Le demandeur au pétitoire », dit l'art. 26, « ne sera plus « recevable à agir au possessoire. »

J'ai été dépouillé violemment de mon héritage. Au lieu d'agir par la voie possessoire de la réintégrande, j'intente directement une action pétitoire devant le tribunal civil. Dès lors je ne serai plus recevable à abandonner le procès commencé, pour revenir à la voie possessoire. C'est qu'en effet, en adoptant le parti souvent fort épineux d'une demande au pétitoire, j'ai par cela même renoncé à l'action possessoire et au rôle avantageux de défendeur au pétitoire que ma position de possesseur me donnait ; j'ai reconnu que la possession de mon adversaire était mieux fondée que la mienne; j'ai à jamais abdiqué mon

---

et 3 février 1840; toutefois, le troisième peut être considéré comme étant aujourd'hui le plus généralement admis; de nombreux arrêts l'ont consacré; nous citerons ceux des 8 mai 1838, 16 janvier 1843, 2 février 1848, etc.

action possessoire. Il en serait de même si, après avoir intenté un procès possessoire, je quittais tout à coup ce procès encore pendant, pour agir au pétitoire. Le fait seul d'avoir intenté l'action pétitoire ferait présumer de ma part une renonciation définitive à l'action possessoire.

Les choses ne se passaient pas ainsi dans le droit romain. A Rome, celui qui avait agi en revendication n'en était pas moins recevable à intenter l'interdit *unde vi* (1). Nous avons vu les raisons de cette différence [6,158].

La règle de l'art. 26 est absolue. Quand même le défendeur au pétitoire n'aurait pas encore acquiescé à la demande, quand même il aurait accepté le désistement du demandeur, celui-ci n'en serait pas moins non recevable à agir au possessoire. Qu'a fait en effet le demandeur au pétitoire? Un aveu de la possession de son adversaire; or les aveux ne se rétractent pas (2). Toutefois une simple citation en conciliation n'opérerait pas la déchéance du possessoire; on ne devient réellement demandeur au pétitoire que par l'exploit d'ajournement. Mais une fois la demande faite au pétitoire, le demandeur ne pourrait plus se pourvoir au possessoire, même pour un trouble postérieur à l'introduction de son instance. La demande au pétitoire a produit absolument pour le défendeur le même avantage que si le juge de paix l'avait maintenu en possession; le demandeur n'est plus en possession; il ne peut donc plus être troublé (3).

Quant au défendeur au pétitoire, dont l'art. 26 ne parle pas, il lui sera toujours loisible de se pourvoir au possessoire. Sans doute il jouit, sans avoir agi au possessoire, de tout le bénéfice de la possession; mais il ne faut pas croire pour cela que l'action possessoire soit pour lui sans intérêt: il peut vouloir poursuivre la réparation du dommage que le trouble lui a causé. Cette réparation qui lui est due, le demandeur ne peut l'en frustrer en se hâtant d'agir en revendication. Le défendeur n'a reconnu en aucune façon la possession de son adversaire, il pourra donc agir au possessoire, soit pour trouble antérieur, soit pour trouble postérieur à la demande pétitoire. Il a pour lui ce principe d'ordre

---

(1) Pap., l. 18, § 1, *de vi*. — (2) Code Nap. art. 1356. En ce sens, Carré, Lois de la proc., t. 1, n° 127. Contr., M. Chauveau, sur Carré, *loco cit.* — (3) Conf. M. Chauveau, sur Carré, Lois de la proc., t. 1, n° 128. Contr., Carré, *loc. cit.*

public qu'exprime la maxime *spoliatus ante omnia restituendus*. Il
a été reconnu en possession, et les atteintes portées à cette possession
doivent être réparées avant la décision sur le fond, sans qu'on puisse
voir là aucune infraction aux règles sur le cumul (1).

167. La loi ne dit rien du demandeur au possessoire. Peut-il abandonner son procès commencé sur la possession pour se pourvoir immédiatement au pétitoire? Il le peut sans doute, car c'est abdiquer son
propre droit et reconnaître la possession de son adversaire. Toutefois,
sa demande inconsidérée peut avoir porté préjudice au demandeur, et
il pourra être obligé de l'indemniser.

Quant au défendeur au possessoire, l'art. 27 du Code de procédure
règle formellement sa situation: « Le défendeur au possessoire ne
« pourra se pourvoir au pétitoire qu'après que l'instance sur le posses-
« soire aura été terminée. »

Ainsi, tandis que je vous actionne en réintégrande devant le juge
de paix, pour m'avoir violemment expulsé de la possession d'un héritage, vous intentez contre moi une action en revendication de cet héritage devant le tribunal civil; votre action ne sera plus recevable, et
cela, parce qu'avant de statuer sur la question de propriété, il importe,
dans l'intérêt de l'ordre et de la paix publique, que les choses soient
remises dans l'état où elles se trouvaient avant la spoliation.

Je pourrais vous faire déclarer non recevable à agir au pétitoire,
alors même que mon action possessoire n'aurait pas encore été intentée; car il ne peut pas dépendre de vous d'échapper à l'action en
réintégrande en vous hâtant de m'actionner devant le tribunal civil,
et, comme nous l'avons vu [166], je ne serai pas sans intérêt à vous
opposer cette exception. Sans doute le fait seul de votre demande au
pétitoire m'attribue le bénéfice de la possession et le rôle de défendeur;
mais le règlement de la position respective des parties n'est pas l'u-
nique intérêt de l'action possessoire. Avant tout débat sur la propriété,
je dois rentrer dans la possession du fonds qui m'a été ravi par violence; les fruits que je n'ai pas perçus doivent m'être restitués;
des dommages-intérêts doivent m'être payés à raison du préjudice
qui m'a été causé. Le tribunal civil devra donc surseoir à l'examen

---

(1) Conf. Carré, Lois de la proc., t. 1, n° 128; Boitard, t. 11, n° 120.

de l'action en revendication, jusqu'au moment où toutes ces satisfactions m'auront été donnnées.

Cette rigueur, toutefois, ne doit pas être exagérée. Toute audience au pétitoire sera refusée jusqu'à ce que le possessoire soit vidé; mais l'assignation qui aurait été donnée devant le tribunal civil ne sera pas pour cela frappée de nullité. D'abord aucun exploit ne peut être déclaré nul sans une disposition formelle de la loi; et puis ne faut-il pas laisser au défendeur un moyen d'échapper au danger de la prescription qui pourrait être acquise contre lui pendant le procès? Il serait trop simple, quand on est sur le point d'acquérir par prescription sur son voisin une servitude, un droit de vue par exemple, d'intenter contre lui une action en trouble, afin de l'empêcher de sauvegarder son droit par une assignation au pétitoire (1).

108. Le législateur ne s'est pas contenté d'exiger que le possessoire fût jugé avant le pétitoire : « Le défendeur au possessoire, » poursuit l'art. 27 du Code de procédure, « ne pourra, s'il a succombé, se pour- « voir qu'après qu'il aura pleinement satisfait aux condamnations pro- « noncées contre lui. » Ceci est une exception au droit commun, in- troduite toujours dans le même intérêt d'ordre public, dans l'esprit de la maxime *spoliatus ante omnia restituendus*. En règle générale, vous avez beau être en procès avec quelqu'un et n'avoir pas satisfait aux condamnations qui ont résulté contre vous de ce procès, vous n'en êtes pas moins libre d'intenter à la même personne un autre procès sur un objet différent. Mais ici se retrouvent les motifs qui ont dicté les prohibitions précédentes, et l'interdiction du cumul a reçu une extension nouvelle. L'ordonnance de 1667 était moins sévère; elle permettait d'agir immédiatement au pétitoire, à charge de donner cau- tion d'exécuter les condamnations résultant du jugement sur la pos- session.

C'est seulement au défendeur au possessoire, à l'auteur du trouble, que les termes de l'art. 27 appliquent cette disposition. Dans le silence de la loi, devons-nous l'étendre au demandeur, à celui qui a été vic- time du trouble ou de la spoliation ? S'il échoue dans son procès pos- sessoire, ne pourra-t-il, lui aussi, agir au pétitoire qu'après avoir payé

---

les dépens, les dommages et intérêts, et les autres condamnations du premier jugement ? L'ordonnance d'Ys-sur-Tille, qui, la première, a introduit une disposition pareille, ne distinguait pas entre les deux parties. Mais notre Code de procédure, en ne parlant que du défendeur, nous a paru guidé spécialement par ce motif, que le trouble ou la spoliation doivent être avant tout expiés. Comme ce motif ne s'applique pas au demandeur, nous ne lui étendrons pas cette disposition rigoureuse.

Maintenant il ne faut pas que le mauvais vouloir de la partie qui a obtenu gain de cause au possessoire retarde indéfiniment l'exercice de l'action pétitoire. L'auteur du trouble ou de la spoliation peut fort bien être le véritable propriétaire, et si ses voies de fait doivent êtres punies, elles ne doivent pas l'être du moins de la perte de sa propriété. Ce sont ces considérations qui ont dicté la disposition finale de l'art. 27 : « Si, « néanmoins, la partie qui a obtenu les condanmations était en re- « tard de les faire liquider, le juge du pétitoire pourra fixer, pour « cette liquidation, un délai après lequel l'action au pétitoire sera « reçue. »

§ 4. — De la preuve en matière possessoire.

169. Le demandeur, à qui incombe le fardeau de la preuve, a deux points à prouver : 1° le trouble ; 2° sa possession annale.

Le trouble est d'ordinaire avoué par le défendeur, qui prétend, le plus souvent, avoir agi dans l'exercice de son droit. S'il ne l'avouait pas, il ne s'agirait plus que de la constatation d'un délit, et l'intérêt de l'action se trouverait considérablement diminué, puisqu'il n'existe- rait plus aucune contestation sur la possession. C'est sur la preuve de la possession annale que roule habituellement tout le débat.

On ne se ménage pas à l'avance des preuves de la possession. La possession se prouve par tous les moyens possibles et surtout par té- moins. La preuve testimoniale est, du reste, la seule dont le Code de procédure fasse mention : « Si la possession ou le trouble sont dé- « niés, dit l'art. 24, l'enquête qui sera ordonnée ne pourra porter « sur le fond du droit. » Les témoins, en effet, ne sont pas appelés pour déposer sur une question de propriété, et le juge de paix n'est pas compétent pour entendre leurs dépositions sur une pareille matière. C'est ici une application des règles que nous avons examinées sur le cumul du possessoire et du pétitoire [160].

La plupart du temps c'est sur les lieux mêmes, en vertu de l'art. 38 du Code de procédure, que le juge devra procéder à l'enquête ; ce sera pour lui le seul moyen de bien comprendre les dépositions des témoins, et de se rendre compte de la situation et de l'aspect de l'immeuble litigieux.

170. La possession se prouve aussi par titres. Il ne s'agit pas ici de titres de propriété, qui ne prouvent que le fond du droit, mais des titres qui tendent à établir des faits de possession ; par exemple, un procès-verbal de délivrance de bois d'affouage peut établir la possession de l'usager [139]. Les titres sont utiles encore, non plus précisément pour prouver, mais pour qualifier la possession, notamment en matière de servitudes discontinues [134, 161, 164].

Mais que penser d'actes émanés de la partie même qui se prétend en possession, par exemple, de baux qu'elle aurait consentis, de quittances de contributions par elles payées? Pothier voyait là une preuve suffisante : « C'est au possesseur qui veut opposer la prescription, dit-« il, à en faire la preuve, soit littéralement, soit par des titres, tels « que baux à loyer ou à ferme, rôles d'impositions, reconnaissances « passées par lui pour les charges de l'héritage, quittances et mar-« chés, etc. (1). » Sans doute ce sont là des preuves émanées de celui qui les invoque ; aussi ne les regardons-nous pas comme des preuves complètes, car on ne peut se faire un titre à soi-même. Mais la possession est un point de fait laissé à l'appréciation du juge ; et de même que le juge de paix peut admettre ici la preuve testimoniale, il peut aussi s'en rapporter à de simples présomptions. S'il les trouve suffisamment graves, précises et concordantes, nous croyons qu'elles peuvent parfaitement lui servir à baser sa conviction, de quelque part qu'elles émanent.

171. Nous venons de voir que la possession se prouve par témoins, par titres et par présomptions de l'homme. Rien n'empêche non plus la preuve de se faire par l'aveu ou par le serment. Mais nous ne peu-

---

(1) Prescription, n° 177.

sons pas que des présomptions légales puissent être invoquées en matière de possession annale; car la loi n'en établit aucune, et la doctrine ne peut pas en créer. Cependant l'on objecte l'art. 2234 du Code Napoléon, ainsi conçu : « Le possesseur actuel qui prouve avoir possédé « anciennement est présumé avoir possédé dans le temps intermédiaire, « sauf la preuve contraire. » Rappelons-nous d'abord que les présomptions sont des conséquences que la loi ou le magistrat tirent d'un fait connu à un fait inconnu. Dans le cas de l'art. 2234, le fait connu, c'est la possession actuelle corroborée de faits anciens de possession ; le fait inconnu, c'est la possession de longue durée qui mène à la prescription. Or cette possession actuelle, dont il est question dans l'art. 2234, n'est autre que la possession annale, la possession pour agir au possessoire; en effet, comme le fait observer M. Belime, dont nous ne faisons que reproduire ici l'ingénieuse argumentation, l'art. 2234 suppose le procès engagé au pétitoire, et alors de deux choses l'une : ou bien les parties ont déjà plaidé au possessoire, et dans ce cas le possesseur actuel n'est autre que la partie qui au possessoire a obtenu gain de cause; ou bien les parties ont agi directement au pétitoire, et alors le demandeur, en attaquant son adversaire, lui a reconnu le bénéfice de la possession annale. On conclut donc, dans l'art. 2234, de la possession pour agir au possessoire à la possession pour prescrire; c'est la possession annale qui sert de prémisses au syllogisme; et ici, renversant la marche du raisonnement, on voudrait en faire la conclusion ! Il est clair que c'est là complétement dénaturer la présomption légale de l'art. 2234 ; c'est en créer une autre toute différente. Or « la « présomption légale, » l'art. 1350 nous le dit, « est celle qui est atta- « chée, par une loi spéciale, à certains actes ou à certains faits. » On ne peut étendre une présomption légale par induction ; on ne peut donc transporter la présomption de l'art. 2234 de la matière de la prescription dans celle de la possession annale (1).

Le juge de paix ne sera donc pas tenu, en présence de faits de possession anciens et actuels, de présumer la possession intermédiaire. Maintenant, en fait, ces deux possessions, ancienne et actuelle, seront de puissantes présomptions de l'homme pour arriver à la possession

---

(1) Conf. Belime, n° 324 ; M. Troplong, Prescription, t. 1, n°s 632 et suiv.

ignorée et pour établir l'annalité, d'autant plus que la possession se conserve *solo animo* [18, 05]. Il faudrait, pour motiver une décision contraire, des faits de possession bien positifs de la part de l'adversaire.

172. Il peut très bien se faire, et il arrive souvent, en pratique, que, malgré tous les moyens de preuve mis à sa disposition, le juge du possessoire reste dans le doute, que les faits de possession se balancent de part et d'autre, et qu'il ne sache en définitive à qui donner gain de cause. A quel parti doit-il alors se déterminer ? Cette question avait déjà vivement préoccupé nos anciens jurisconsultes, et elle était devenue un vaste champ de controverses. Nous ne retracerons pas tous les systèmes nombreux et quelquefois bizarres qui se sont élevés à ce sujet. Nous croyons, par exemple, qu'il n'est pas nécessaire de nous arrêter à celui qui veut que le juge partage la chose en parties égales entre les plaideurs. Nous passerons légèrement aussi sur celui qui ne voit d'autre moyen que de consulter le prince, et sur celui qui professe que le plus sûr est encore de s'en rapporter à la voie du sort (1).

173. Quelques auteurs veulent qu'on applique la maxime *actore non probante reus absolvitur*, c'est-à-dire qu'en cas de doute on donne gain de cause au défendeur. Mais il s'agit précisément ici de savoir qui sera demandeur ou défendeur. Deux personnes ont exercé depuis un certain temps sur un même immeuble des actes de possession ; aucune des deux n'est plutôt demanderesse ou défenderesse que l'autre ; c'est au juge de paix à régler ce point. Si l'une des parties s'est portée demanderesse en complainte, c'est que probablement elle a souffert un trouble ou une voie de fait de la part de l'autre partie. Tout l'avantage serait donc ici du côté du possesseur violent, et la solution de la question serait en réalité remise à la force ; aussi Rodier, qui défend cette opinion, avoue que de son temps la plupart des auteurs l'avaient abandonnée (2).

174. M. Henrion de Pansey (3) propose, en cas de partage des faits de possession, de s'en rapporter aux titres et de juger en faveur de la par-

---

(1) Ces divers systèmes sont rapportés par M. Belime, n° 304. — (2) Sur l'art. 8 du titre 18 de l'ordonnance de 1667. — (3) Compétence des juges de paix, chap. 41 ; cette opinion est renouvelée de Faber, sur le titre du Code *uti possidetis*, déf. 3, et de Dumoulin, sur l'article 441 de la coutume du Maine.

tie qui produira les titres les plus apparents. Mais d'abord il peut très bien se faire qu'il n'y ait pas de titres à produire, de sorte que dans une foule de cas la difficulté resterait entière. Il est vrai que M. Henrion de Pansey nous offre une autre ressource, qui est la recréance [176]. Mais quant aux titres, nous croyons que le juge de paix n'a pas le droit de se baser sur eux pour régler une question de possession. Nous avons vu qu'il peut les consulter, pour s'éclairer sur les faits de possession et apprécier leur valeur ; mais c'est toujours en définitive sur les faits de possession qu'il doit motiver son jugement.

175. M. Belime (1) indique au juge de paix divers moyens de se tirer d'affaire. D'abord, dit ce regrettable professeur, il peut se faire que les parties possèdent le même immeuble *sub diverso respectu ;* que l'une par exemple soit en possession de récolter les fruits des arbres d'un verger, et l'autre de faucher le pré qui se trouve dessous ; alors on appliquera la règle prétorienne *uti possidetis ita possideatis ;* Pierre sera maintenu en possession des arbres et Paul en possession du pré. Si les actes de possession sont absolument de même nature, les deux parties seront maintenues concurremment dans la possession de l'immeuble entier. Ce système tout commode qu'il soit, ne nous paraît pas devoir être admis. D'abord, en cas de possession exercée sous des aspects différents, les parties n'en prétendent pas moins chacune à la possession de la totalité de la chose ; autrement il n'y aurait pas de question. Les choses étant ainsi, l'attribution qui leur est faite à chacune ne résout aucunement la difficulté, le possessoire restera toujours à juger aussi bien que le pétitoire et les rôles du demandeur et du défendeur ne seront pas fixés. Dans le cas plus fréquent où, suivant M. Belime, la possession de la totalité de l'immeuble sera adjugée concurremment aux deux parties, les mêmes inconvénients existeront, la question ne sera pas décidée, et de plus, loin de couper court aux voies de fait, le jugement du juge de paix les entretiendra plus que jamais, en exposant les deux adversaires à se trouver chaque jour en face l'un de l'autre.

Vainement on citera l'opinion d'Ulpien qui dispose, dans une hypothèse analogue (2), que *neuter nostrum vincetur.* La décision de ce

---

(1) N° 401. — (2) L. 3, pr., *uti possidetis.*

jurisconsulte n'est pas applicable dans notre droit. A Rome, le procès
au possessoire et le procès au pétitoire pouvaient très bien avoir leur
cours simultanément; la possession n'avait rien de commun avec la
propriété; il importait peu que la question possessoire fût ou non décidée préalablement [6, 158]. Chez nous au contraire le pétitoire ne
peut commencer qu'après qu'il a été fait justice de la voie de fait,
qu'après que les rôles ont été déterminés. Une solution est donc indispensable, et le système de M. Belime n'en donne pas.

C'est du reste un point vivement controversé par les jurisconsultes
anciens et modernes que la question même de savoir si deux personnes
peuvent posséder concurremment la même chose *in solidum*. Il n'entre
pas dans notre cadre de retracer les énormes développements que cette
question a soulevés. Qu'il nous soit seulement permis de faire en passant cette simple observation, qui s'ajoutera aux raisons que nous
avons déjà émises contre le système de M. Belime. Posséder, c'est
avoir une chose sous son pouvoir, à sa disposition (1); plusieurs personnes peuvent posséder une même chose par indivis, car chacune
d'elles n'en recueille les avantages qu'en proportion de son droit; les
actes de possession de chacune sont limités par ceux de ses copossos-
seurs; mais comment concevoir que plusieurs personnes possèdent
intégralement la même chose! Chacune d'elles, ayant la chose à sa
libre disposition, pourra la déplacer, en user à sa fantaisie, et la soustraire ainsi à la disposition de son voisin; celui-ci ne l'aura donc plus
en son pouvoir, il ne la possédera donc plus. La libre disposition ou la
possession totale d'une chose est donc exclusive de toute concurrence,
et cette considération seule devrait servir à faire rejeter le système que
nous combattons.

176. Un autre parti est enseigné au juge de paix par notre ancienne
jurisprudence : « Lorsque les enquêtes sont contraires, dit Pothier (1),
« de manière que le juge ne puisse connaître laquelle des parties qui se
« disputent la possession de l'héritage a cette possession, le juge, en ce
« cas, sans rien statuer sur la possession, ordonne que les parties ins-
« truiront au pétitoire;..... quelquefois le juge accorde *la récréance*
« à l'une des parties, c'est-à-dire une possession provisionnelle pen-

---

(1) Possession, n° 103.

« dant le procès au pétitoire. Cette récréance n'a d'autre effet que de
« donner à la partie à qui elle a été accordée le droit de jouir de l'hé-
« ritage contentieux pendant le procès au pétitoire, à la charge d'en
« rendre compte à l'autre partie, dans le cas auquel cette partie ob-
« tiendrait au pétitoire. Mais cette récréance n'a pas l'effet qu'a la
« sentence de pleine maintenue de déclarer possesseur celui qui l'a
« obtenue, et de le faire présumer propriétaire, sans qu'il ait besoin
« de prouver son droit de propriété, tant que l'autre partie n'aura pas
« pleinement justifié le sien. Au contraire, la sentence de simple ré-
« créance laisse la possession *in incerto*, et ne déclare point possesseur
« celui qui l'a obtenue; elle ne le dispense pas, par conséquent, d'éta-
« blir, sur l'instance au pétitoire, le droit de propriété qu'il prétend
« avoir de l'héritage contentieux. »

La récréance paraît avoir été usitée dès les temps les plus reculés de
notre droit. Il en est parlé dans Beaumanoir et dans Boutheillier (1).
Mais les quelques notions que nous donnent ces anciens auteurs sont
contradictoires et fort obscures. C'est plus tard seulement que le caractère de la récréance commence à se dessiner. La récréance était
l'une des phases de la complainte; les demandes en complainte étaient
d'ordinaire accompagnées de conclusions tendant au séquestre et à la
récréance. « Il est tout vulgaire, nous dit Charondas, que la com-
« plainte contient trois chefs : récréance, maintenue et séquestre (2). »
Le juge commençait par ordonner soit le séquestre proprement dit, soit
la récréance, variété du séquestre propre aux actions possessoires. Par
la récréance l'un des plaideurs était constitué gardien. Mais cette première décision ne dessaisissait pas le juge de la question de possession,
et avant qu'il fût question de l'action pétitoire, il avait encore à statuer
sur la pleine maintenue, c'est-à-dire sur la véritable action en complainte. De là des longueurs interminables et de graves abus que les
ordonnances de nos rois s'efforcèrent plus d'une fois de réprimer.
L'ordonnance de Villers-Cotterets, sous François Ier, en 1539, abrogea
cette double procédure; elle défendit aux juges de faire ainsi deux
degrés possessoires. « Nous défendons à tous nos juges, dit l'art. 59,

---

(1) Cout. de Beauvoisis, chap. 53; Somme rurale, livre 1, chap. 21. — (2) Sur l'art. 98
de la cout. de Paris.

« de ne faire ainsi deux instances séparées sur la récréance et maintenue
« des matières possessoires, ainsi voulons être conduites par un seul
« procès ou moyen. »

A l'époque de l'ordonnance de 1667, les tribunaux n'ordonnaient
plus la récréance ou le séquestre que lorsque, dans l'impossibilité de
s'éclairer suffisamment sur le possessoire, ils renvoyaient les parties à
procéder au pétitoire. La récréance n'était plus considérée comme un
préliminaire du jugement possessoire, mais comme le seul préliminaire du jugement pétitoire lui-même, et comme rendant inutile tout
autre débat sur la possession. Les juges, pour l'accorder, avaient
l'habitude de se déterminer par des raisons tirées du fond du droit,
notamment par les titres, et c'est en quoi le système de la récréance,
dans ces derniers temps de l'ancienne jurisprudence, se rapproche du
second système que nous avons examiné (174). Il n'est du reste question ni du séquestre, ni de la récréance, dans le titre *des complaintes
et réintégrandes* de l'ordonnance. A cette époque, la récréance n'était
plus guère en usage que pour les matières bénéficiales (1).

177. Est-il vrai que la récréance existe encore dans notre droit
actuel ? Le juge de paix peut-il, en présence de faits de possession qui
se balancent, accorder une possession provisionnelle à l'une des parties
jusqu'au jugement sur le pétitoire ? M. Henrion de Pansey, toujours
préoccupé de l'ancien droit, ne croit pas la question douteuse. « Il y a
« lieu, dit-il, à cette récréance et au renvoi au pétitoire, lorsque les
« parties se prétendent également en possession d'an et jour, que les
« actes qu'elles produisent et les faits qu'elles articulent respective-
« ment sont de nature à exiger une discussion longue et difficile, et
« que cependant il y a, en faveur de l'une d'elles, ou une notoriété
« plus imposante, ou des titres plus apparents, ou des faits plus vrai-
« semblables. Au surplus la loi s'en rapporte, à cet égard, à la pru-
« dence des juges (2). » Le maintien de la récréance est consacré par
la jurisprudence et par de si graves autorités qu'il ne peut plus être
considéré comme douteux.

---

(1) Jousse, sur l'art. 3 du titre 18 de l'ord. de 1667 ; Denizart, Dict. de jurispr., v° Récréance ; Ferrière, sur l'art. 96 de la cout. de Paris. — (2) Comp. des juges de paix,
chap. 33. Dans le même sens : MM. Troplong, Prescription, t. 1, n° 320 ; Carré, Lois de
la proc., n° 111 ; Garnier, p. 73 ; Rej. 14 nov. 1832, 10 nov. 1842.

Toutefois, ce système n'est peut-être pas à l'abri de toute objection. S'abstenir de rien décider sur le possessoire qui doit cependant recevoir une solution aussi bien que le pétitoire, n'est-ce pas commettre un véritable déni de justice ? N'est-ce pas méconnaître l'intention du législateur, qui a voulu qu'avant toute instance au pétitoire le possesseur annal fût maintenu, que satisfaction lui fût donnée ? Il n'est pas juste de dire, avec un arrêt de cassation du 14 novembre 1832, que nos Codes ne contiennent rien de contraire à l'ancienne jurisprudence sur la récréance. Les art. 24 et suivants du Code de procédure disposent de la manière la plus formelle que l'on ne pourra plaider au pétitoire avant que le possessoire soit vidé, avant même que les condamnations prononcées au possessoire soient exécutées. De plus, la récréance, telle que la propose M. Henrion de Pansey, telle que la consacre la jurisprudence, a l'inconvénient de tout laisser en question et de ne pas fixer, pour le procès au pétitoire, la position respective des parties. L'ancienne récréance, celle qui a formé le véritable système de l'ancienne jurisprudence, celle qui ne constituait qu'un avant-dire-droit du jugement possessoire, ne présentait pas ces inconvénients, et nous croyons que le Code Napoléon s'en est sensiblement rapproché lorsqu'il a dit dans son art. 1961 : « La justice peut ordonner le séquestre... « d'un immeuble... dont la propriété ou la possession est litigieuse « entre deux ou plusieurs personnes. » Nul ne peut, en effet, forcer le juge de paix à statuer avant d'être suffisamment éclairé, et en attendant, il peut ordonner des mesures conservatoires. Mais telle n'est pas la récréance de Pothier et de la cour de cassation.

178. Voici la marche qui nous semblerait la plus conforme aux principes. Le possessoire doit, de toute nécessité, être réglé avant le procès au pétitoire. Refuser de décider le possessoire, sous prétexte d'obscurité des faits de possession, est un déni de justice. Le juge de paix devra donc, d'une manière ou d'une autre, statuer sur la possession. Après tout, l'on ne trouverait pas dans ce monde deux choses absolument pareilles, et le juge verra bien quelque motif de se décider d'un côté ou de l'autre ; il pourra se tromper ; c'est un malheur qui peut arriver à tous les hommes ; encore, ici son erreur n'est-elle pas irréparable, car la voie de l'appel est ouverte pour faire réformer son jugement (183). Il adjugera la possession à Pierre s'il croit que la

balance penche en faveur de Pierre; à Paul, si c'est en faveur de Paul; mais, nous le répétons, nous ne croyons pas, avec M. Belime [175], qu'il puisse attribuer à la fois la possession à Pierre et à Paul, par ce fait seul qu'il ne sait pas lequel des deux est le véritable possesseur.

Qu'on ne dise pas maintenant que nous forçons le juge à statuer sans connaissance de cause! Il a à sa disposition tous les moyens de preuve que nous avons indiqués plus haut, témoignages, titres, présomptions de l'homme. Il peut, de plus, jusqu'au moment où il sera suffisamment éclairé, user de la faculté que lui donne l'art. 1961 du Code Napoléon, et ordonner le séquestre de la chose litigieuse. Ce séquestre ressemblera beaucoup à la véritable récréance de notre ancien droit [176], à part que celle-ci était le dépôt de la chose entre les mains de l'une des parties, et que le séquestre est le dépôt entre les mains d'un tiers; ce séquestre durera jusqu'au jugement, non pas sur le fond, mais sur le possessoire seulement. Mais, quant à la récréance elle-même, et surtout la récréance telle que nous l'avons vue transformée dans les derniers temps, elle a été abrogée par l'article 1041 du Code de procédure, qui fait table rase de toutes les lois et coutumes antérieures sur la procédure civile, et nous ne voyons rien dans nos lois actuelles qui autorise le juge de paix à ordonner une semblable mesure.

179. Les jugements à rendre par les juges de paix sur les actions possessoires doivent être motivés, nous l'avons vu, sur des faits constituant la possession annale [160]. Ils ne peuvent se baser sur des motifs tirés du fond du droit, sauf ce qui a été dit pour le cas où les titres sont nécessaires pour corroborer les faits de possession [161 à 164].

Le juge doit d'abord statuer sur le point capital du procès, soit en rejetant la demande, s'il la trouve mal fondée, soit, dans le cas contraire, suivant qu'il s'agit d'un trouble ou d'une spoliation, en maintenant le demandeur dans sa possession, ou en ordonnant que la possession lui sera restituée.

Il statuera ensuite sur la restitution des fruits, s'il y a lieu, sur le paiement des dommages-intérêts, s'il en est dû, et sur les frais. En cas de réintégrande, pour l'exécution de ces diverses condamnations, sauf la dernière, il ordonnera la contrainte par corps [182].

L'effet du jugement ainsi rendu au possessoire sera, en outre, de régler la position des parties pour la preuve au pétitoire, et d'attribuer provisoirement à la partie qui a triomphé la jouissance de la chose, jusqu'au jugement sur le fond.

180. La partie maintenue au possessoire se trouvera défenderesse au pétitoire, et se verra définitivement attribuer la prospérité, à défaut de preuve suffisante de la part de l'adversaire. Toutefois, il ne faut pas prendre trop à la lettre cette idée que la possession fait présumer la propriété. Ce n'est pas là une présomption légale, mais simplement l'effet de ce principe élémentaire en matière de preuve que c'est à celui qui avance un fait contraire à l'état naturel des choses à justifier son allégation. Sans doute, il est normal que le possesseur soit en même temps le propriétaire [3]; mais, d'après l'art. 1350 du Code Napoléon, la propriété ne peut résulter d'une circonstance déterminée qu'en vertu d'une présomption légale, et les présomptions légales ne peuvent être établies que par une loi spéciale qui les attache à certains actes ou à certains faits. Or, nul texte de loi n'attache une présomption de propriété à la possession. Si donc le possesseur est réputé propriétaire, c'est en sa qualité de défendeur, et seulement à défaut de preuve contraire.

Ainsi, l'avantage de la possession pourra être détruit au pétitoire, non-seulement par la preuve testimoniale ou littérale, mais par une présomption légale de propriété au profit du demandeur, ce qui pourrait bien ne pas avoir lieu si la possession était elle-même une présomption de propriété. Par exemple, la personne à qui aurait été attribuée la possession annale d'un mur ou d'une haie, opposera vainement cette possession à son voisin, armé de présomptions de mitoyenneté des art. 653 et 670. Si l'art. 670 excepte de sa présomption le cas où il y a « titre ou possession suffisante au contraire, » il ne peut vouloir parler que d'une possession équivalente à un titre, c'est-à-dire de la possession nécessaire pour prescrire (1).

L'avantage de la possession cédera donc aux présomptions légales; et nous croyons qu'il céderait également aux présomptions de

---

(1) Belime, n°² 450 et suiv.

l'homme, dans les cas où la loi les admet; car elles doivent suffire à déterminer le juge, quand elles sont graves, précises et concordantes.

181. Un autre effet du jugement rendu au possessoire, c'est que le possesseur annal reste provisoirement en jouissance de la chose. Il en récolte les fruits, et agit en maître jusqu'au jugement sur le fond. Toutefois, comme le jugement au pétitoire peut très bien tourner contre lui, il agira prudemment en se bornant aux actes ordinaires de jouissance. En défrichant, en démolissant, en changeant la face des choses, il s'exposerait à une action en indemnité de la part de son adversaire triomphant au pétitoire. En aliénant, il exposerait les acquéreurs à une éviction, il s'exposerait lui-même à une action en garantie de leur part. Mais si, sortant de la réserve que lui impose sa position provisoire, il venait à dépasser les limites de la simple administration, même une fois le procès engagé sur la propriété, nous ne croyons pas que le juge soit autorisé pour cela à ordonner le séquestre de l'immeuble litigieux. Le possesseur annal a été maintenu jusqu'au jugement sur le fond, et le priver de cette possession serait porter atteinte à la chose jugée. L'art. 1961, qui permet d'ordonner le séquestre, ne nous semble pas applicable au cas où la loi a organisé elle-même, sous forme de maintenue possessoire, un séquestre d'une nature particulière (1).

De même que le possesseur évincé sera responsable des détériorations par lui commises, il devra aussi lui être tenu compte de ses dépenses, ou de l'amélioration qu'il aura procurée au fonds, suivant les distinctions de l'art. 555 du Code Napoléon.

Le jugement au pétitoire peut décider conformément au possessoire, ou, au contraire, ordonner au possesseur annal de restituer la chose à son adversaire. Dans ce dernier cas, le possesseur devra-t-il restituer avec la chose les fruits que le jugement au possessoire lui avait donné le droit de percevoir? En d'autres termes, le jugement au possessoire attribue-t-il définitivement au possesseur annal les fruits de la chose jusqu'au jugement sur le fond? Il n'y a pas de question pour les fruits perçus avant la maintenue en possession; car le juge de paix, en

____

(1) Conf., M. Garnier, p. 484. Contr., Belime, n° 494.

attribuant la possession à l'une des parties, n'avait pas à juger si cette possession était de bonne ou de mauvaise foi; or, d'après l'article 549 du Code Napoléon, le possesseur de bonne foi fait seul les fruits siens; le tribunal civil reste pleinement libre de décider cette question. Quant aux fruits perçus depuis la maintenue en possession, le possesseur annal, dit-on, n'a pas à les restituer, la jouissance exclusive lui en a été attribuée par le jugement au possessoire. Mais, du moment que le juge de paix ne juge pas la question de bonne foi, il n'attribue pas définitivement les fruits au possesseur; si le tribunal civil juge que la possession a été de mauvaise foi, il appliquera l'art. 549, portant que « le possesseur de mauvaise foi est tenu de rendre ses pro-« duits avec la chose du propriétaire qui la revendique; » il n'y aura là aucune atteinte à la chose jugée; la jouissance des fruits était, pour le possesseur annal, aussi provisoire que sa possession elle-même. Cette opinion, du reste, était admise dans notre ancienne jurisprudence : « Le vrai propriétaire, » dit Argou, « est réduit à se servir de l'ac-« tion pétitoire, à justifier le titre de sa propriété, et à laisser jouir le « possesseur durant le cours du procès, *sauf à demander contre lui la* « *restitution des fruits* (1). »

182. En cas de simple trouble, l'exécution des diverses condamnations qui peuvent être prononcées contre la partie qui succombe au possessoire sera poursuivie par les voies ordinaires. Mais en cas de spoliation, c'est-à-dire dans le cas de l'action qui porte encore le nom de réintégrande, une voie d'exécution toute spéciale est instituée par l'article 2060 du Code Napoléon. Suivant le 2° de cet article, la *contrainte par corps* a lieu « en cas de réintégrande, pour le délaissement, or-« donné par justice, d'un fonds dont le propriétaire a été dépouillé « par voies de fait; pour la restitution des fruits qui en ont été perçus « pendant l'indue possession, et pour le paiement des dommages et « intérêts adjugés au propriétaire. »

Relevons en passant une grave erreur de rédaction : il ne s'agit pas ici du *propriétaire*, mais bien du *possesseur légal;* le juge de paix ne peut pas, ne doit pas savoir qui est le propriétaire; son jugement ne

---

(1) Instit. au droit français, t. ii, chap. 9. En ce sens : Bellime, nos 407 à 409; M. Garnier, p. 401.

préjuge en rien la propriété; il ne peut que la faire présumer, et c'est sans doute cette dernière considération qui a causé l'inadvertance des rédacteurs.

Remarquons aussi que le cas qui nous occupe est classé parmi ceux où la contrainte par corps est obligatoire. Le juge de paix ne peut pas se dispenser de la prononcer, et il la prononcera pour la restitution du fonds, celle des fruits, et le paiement des dommages et intérêts. Quant aux dépens, leur recouvrement ne tombe pas sous le coup de cette disposition rigoureuse; ils restent dans le droit commun.

183. Les jugements sur les actions possessoires sont soumis aux mêmes voies de recours que les autres décisions du juge de paix, et notamment à l'appel, qui se porte devant le tribunal d'arrondissement. Avant la loi du 25 mai 1838 sur les justices de paix, c'était une question vivement controversée que de savoir si ces jugements étaient, dans tous les cas, sujets à appel. Suivant quelques personnes, l'appel n'était pas recevable quand le montant des dommages-intérêts réclamés n'excédait pas 50 francs. En effet, d'après les art. 9 et 10 de la loi du 24 août 1790, le juge de paix statuait en dernier ressort sur les demandes dont la valeur était de 50 francs, ou au-dessous. La cour de cassation avait longtemps jugé en ce sens; mais elle était revenue avec raison sur cette jurisprudence, par le motif que l'indemnité réclamée ne présente, dans la cause, qu'un intérêt tout à fait secondaire. L'intérêt principal, qui est inappréciable, est de savoir qui sera maintenu en possession, qui jouera au pétitoire le rôle de défendeur. Cette considération devait suffire pour faire admettre dans tous les cas l'appel des jugements possessoires. Mais aujourd'hui aucun doute n'est plus possible à ce sujet, car l'art. 6 de la loi de 1838 a consacré d'une manière formelle et définitive la dernière jurisprudence de la cour de cassation, en classant les actions possessoires, sans aucune distinction, parmi les causes dont les juges de paix ne connaissent qu'à charge d'appel.

184. Nous touchons au terme d'une tâche que nous avons entreprise sans en connaître toutes les difficultés. Une fois engagé, nous n'avons pas voulu reculer; mais notre sujet est si vaste que, même en dépas-

sant les limites ordinaires des thèses, nous avons dû forcément nous borner à une esquisse des traits principaux. Et puis, après les écrivains si remarquables qui nous ont servi de guides, nous ne pouvions avoir la prétention.d'écrire un traité complet des actions possessoires. La seule utilité possible de notre œuvre sera donc celle que les fils du laboureur de La Fontaine ont trouvée en retournant le champ paternel, celle qui est inséparable du travail : leur terre fut plus fertile ; leurs bras devinrent plus vigoureux. Que ce résultat nous soit donné, et notre temps n'aura pas été perdu !

PROPOSITIONS SUR LES ACTIONS POSSESSOIRES.

DROIT ROMAIN.

I. La possession était perdue sitôt que l'on avait perdu l'un de ses éléments, soit le fait, soit l'intention; cette règle se concilie avec les lois 8, *de possessione*, et 153, *de regulis juris*, au Digeste.

II. La possession juridique a toujours été nécessaire, sans distinction, pour obtenir l'interdit *unde vi*.

III. L'origine et l'usage fréquent du *precarium* peuvent s'expliquer indépendamment de l'*ager publicus*.

IV. L'*actio momentariæ possessionis* ne peut indiquer qu'une modification secondaire au système des interdits possessoires.

ANCIEN DROIT FRANÇAIS.

I. L'origine de la possession annale est à la fois germaine et féodale.

II. L'action de réintégrande, dispensée des conditions ordinaires de possession, n'est pas mentionnée dans Beaumanoir.

III. Le sens de la maxime *spoliatus ante omnia restituendus* était l'interdiction du cumul du possessoire et du pétitoire.

IV. La récréance, que consacre aujourd'hui la jurisprudence, ne trouve pas de fondements solides dans notre ancien droit.

DROIT FRANÇAIS ACTUEL.

I. La réintégrande ne diffère de la complainte que par la disposition de l'art. 2060 du Code Napoléon.

II. La dénonciation de nouvel œuvre se confond avec la complainte.

III. L'annalité de la possession est nécessaire pour agir au possessoire aussi bien contre un nouveau venu que contre un ancien possesseur.

IV. La saisine de l'héritier n'est autre chose que la possession légale.

V. L'action possessoire est inapplicable aux universalités de meubles.

VI. L'action possessoire s'applique aux servitudes discontinues dont l'exercice s'appuie sur un titre.

VII. Le juge du possessoire peut et doit consulter et apprécier les titres pour s'éclairer sur la question de possession.

VIII. La récréance ne peut plus être ordonnée dans notre droit actuel.

IX. Ce n'est pas au possesseur légal d'une servitude à prouver au pétitoire que cette servitude existe, mais au propriétaire du fonds servant à prouver que son héritage n'en est pas grevé.

X. La possession que l'art. 670 du Code Napoléon déclare suffisante pour faire tomber une présomption de mitoyenneté n'est pas une simple possession annale, mais une possession de dix, vingt ou trente ans.

PROPOSITIONS SUR LES DIVERSES PARTIES DU DROIT.

DROIT ROMAIN.

I. Le pupille qui contractait sans autorisation était obligé naturellement, même pour la valeur dont il ne s'était pas enrichi.

II. Le créancier-gagiste qui vendait la chose engagée n'était pas tenu de l'éviction vis-à-vis de l'acheteur.

III. Dans un procès entre deux acheteurs *a non domino*, ayant tous deux juste titre et bonne foi, la victoire devait rester au premier mis en possession, s'ils avaient acheté la chose à la même personne, et au possesseur actuel, s'ils avaient acheté à des personnes différentes.

IV. La gentilité était l'agnation dans les familles patriciennes, quand cette agnation remontait à une époque antérieure à la loi des Douze Tables.

DROIT CIVIL FRANÇAIS.

I. La séparation de corps prive de ses avantages matrimoniaux l'époux contre qui elle a été prononcée.

II. On ne peut adopter l'enfant naturel qu'on a reconnu.

III. Les légataires universels, même sans concours avec des héritiers réservataires, ne peuvent être tenus des dettes *ultra vires*.

IV. Le droit du preneur est personnel et non réel.

DROIT PUBLIC.

I. Le lit des rivières qui ne sont ni navigables ni flottables appartient aux riverains et non à l'État.

II. La femme étrangère a une hypothèque légale sur les biens de son mari situés en France.

DROIT CRIMINEL.

I. L'accusé acquitté par une cour d'assises ne peut plus être accusé de nouveau pour le même fait, même qualifié différemment.

II. Les cours d'assises jugeant par contumace peuvent admettre des circonstances atténuantes en faveur des accusés.

Vu par le Président de la thèse,
DEMANTE

Vu par le Doyen,
C.-A. PELLAT.

Permis d'imprimer :
Le Recteur de l'Académie,
CAYX.

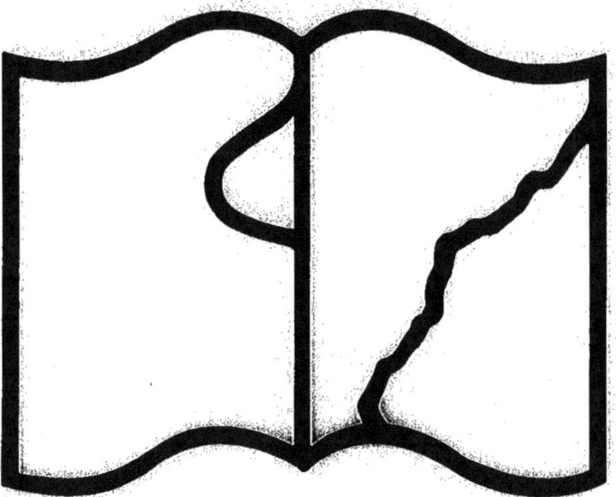

Texte détérioré — reliure défectueuse

NF Z 43-120-11